Sicherheit. Polizeiwissenschaft und Sicherheitsforschung im Kontext

Herausgegeben von

Prof. Dr. Andrea Fischbach
Prof. Dr. Thomas Görgen
Prof. Dr. Joachim Kersten
Prof. Dr. Ralf Kölbel
Prof. Dr. Dieter Kugelmann
Prof. Dr. Rolf Ritsert
Prof. Dr. Antonio Vera

Band 6

Dieter Kugelmann [Hrsg.]

Verfahrensrecht für die Sicherheit von Großveranstaltungen

Nomos

Die Deutsche Nationalbibliothek verzeichnet diese Publikation in der Deutschen Nationalbibliografie; detaillierte bibliografische Daten sind im Internet über http://dnb.d-nb.de abrufbar.

ISBN 978-3-8487-1983-9(Print)
ISBN 978-3-8452-6126-3 (ePDF)

1. Auflage 2015

Vorwort

Die Sicherheit von Veranstaltungen kann aus der Perspektive des Rechts vorrangig durch Verfahren gewährleistet werden. Veranstaltungen werden zunächst geplant, dann durchgeführt und letztlich nachbereitet. Rechtsfragen im Zusammenhang mit der Durchführung stellen sich etwa für das Recht der Gefahrenabwehr. Im Nachgang der Veranstaltung können Haftungsfragen und Probleme rechtlicher Verantwortung auftauchen. Der Schwerpunkt für die Anwendung des Verwaltungsrechts liegt jedoch auf der Stufe der Planung.

Im Vorfeld der Veranstaltungen sind die Interessen der Beteiligten auf der Grundlage des geltenden Rechts in Ausgleich zu bringen. Da es kein Veranstaltungsgesetz auf Bundesebene oder auf Landesebene gibt, sind abhängig vom Charakter der Veranstaltung unterschiedliche rechtliche Regeln anwendbar. Im Kern betreffen sie die Zuständigkeiten und das Verfahren über das Treffen von Entscheidungen. Die Zuständigkeiten sind maßgebend für die Beantwortung der Frage, wer im Vorfeld was zu tun hat, um die Sicherheit der Veranstaltung zu gewährleisten. Die Regelungen über Zuständigkeiten betreffen die Frage: Wer macht was? Die Regeln für das Verfahren betreffen die Frage: Wie soll es gemacht werden? Diese zentralen Fragen werden durch die rechtlichen Regelungen beantwortet. Ihr Ziel liegt darin, ausgewogene Genehmigungen zustande zu bringen, die für ein Höchstmaß an Sicherheit bei der Durchführung einer konkreten Veranstaltung sorgen. Die inhaltliche Gewährleistung von Sicherheit, die Anforderungen an bestimmte Standards, die Ausgestaltung der Anforderungen an den Veranstalter, den privaten Sicherheitsdienst oder die Kommune sind unterschiedlich, weil sie von den konkreten Gegebenheiten abhängen, denen bei der Anwendung des jeweiligen Rechts Rechnung zu tragen ist.

Nach der bestehenden Rechtslage in der Bundesrepublik Deutschland ist eine Zersplitterung des anwendbaren Rechts festzustellen. Teils handelt es sich um Bundesrecht wie im Fall der Gewerbeordnung, teils um Landesrecht wie im Fall des Ordnungsrechts. Die Sonderbaunutzungsverordnung ist zwar als Muster bundesweit anerkannt und wird teils sinngemäß angewendet, sie ist allerdings nicht in allen Ländern als geltende Rechtsregel in Kraft. Zudem ist ihr Anwendungsbereich begrenzt. Lediglich in Bayern und Thüringen besteht eine zentrale Rechtsgrundlage für die Genehmigung von Veranstaltungen. In anderen Ländern wird das Ordnungsrecht oder Gefahrenabwehrrecht als Ausgangspunkt genutzt oder aber das Straßenrecht, falls Sondernutzungserlaubnisse erforderlich sind. Andere behördliche Entscheidungen und Genehmigungen, etwa nach dem Bauordnungsrecht oder dem Straßenverkehrsrecht, können hinzu treten. Diese unübersichtliche Rechtslage führt dazu, dass Verantwortlichkeiten oftmals schwer zu benennen sind. Denn die gesetzlichen Vorgaben greifen nicht schlüssig ineinander, sondern bestehen nebeneinander. Konflikte zwischen den rechtlichen Regeln sind dabei nicht ausgeschlossen.

Die Praxis behilft sich oftmals mit formellen oder informellen Kooperationen. Dies führt vielfach zu zufrieden stellenden Ergebnissen, insbesondere im Fall wiederkehrender Veranstaltungen. Eine jedes Jahr statt findende Kirmes oder ein jährlich stattfindendes Festival werden durchaus mit einem hohen Grad an Sicherheit durchgeführt. Hier können die in einer Kommune zuständigen Behörden regelmäßige Kontakte aufbauen und eingespielte Abläufe in dem oder den Genehmigungsverfahren einhalten. Die Einzelheiten hängen von der Art der Veranstaltung, den jeweils zuständigen Behörden und insbesondere auch von der internen Organisation der jeweils eingebundenen Kommune(n) ab. Die Kommune tritt bei wiederkehrenden Veranstaltungen zudem oft selbst als Veranstalter auf. Sie genehmigt gleichsam ihre eigene Veranstaltung.

Eine andere Ausgangslage liegt dann vor, wenn eine einzelne Veranstaltung abgehalten werden soll. Hier beantragt der private Veranstalter bei den zuständigen Behörden die erforderlichen Genehmigungen. Wenn eine Kommune eine derartige Veranstaltung verwirklichen will, wird sie auf Erfahrungen mit parallelen Veranstaltungen zurückgreifen, wenn solche vorliegen. Besondere Schwierigkeiten entstehen dann, wenn es weder eingespielte Abläufe noch einschlägige Erfahrungen gibt. Die einzelne Veranstaltung, vielleicht gerade auch die Veranstaltung, die zum ersten Mal und vielleicht zum einzigen Mal durchgeführt werden soll, bereitet damit tendenziell nicht unerhebliche Sicherheitsprobleme. Das Beispiel der Loveparade in Duisburg im Jahr 2010 hat gezeigt, dass solche Sicherheitsprobleme sich in schrecklichen Folgen realisieren könnten.

Rechtliche Ansatzpunkte für die Effektivität des Verfahrens für die Genehmigung von Veranstaltungen können auf der gesetzlichen oder auf der untergesetzlichen Ebene gefunden werden. Dazu bedarf es zunächst einer sorgfältigen Analyse der gesetzlichen Rahmenbedingungen. Diese Analyse leistet das umfassende Rechtsgutachten des Forschungsinstituts für öffentliche Verwaltung der Deutschen Universität für Verwaltungswissenschaften in Speyer, das Professor Dr. Ulrich Stelkens und Dr. Thorsten

Perabo erstellt haben. Dieses Gutachten bildet den Hauptteil des vorliegenden Bandes. Die Gesetzeslage wird darauf untersucht, ob und in welchem Umfang sicherheitsrelevante Anordnungen getroffen werden können. Im Vordergrund stehen Verpflichtungen des Veranstalters zur Erarbeitung, Vorlage, Abstimmung und Durchführung von Sicherheitskonzepten, die durch Nebenbestimmungen oder selbständige Anordnungen auferlegt werden.

Auf der untergesetzlichen Ebene können die anwendbaren Verfahrensregeln mit dem Ziel einer beschleunigten und effektiveren Anwendung fortentwickelt werden. Hier kommen Ansatzpunkte in Betracht, die teils auf Erfahrungen der behördlichen Praxis Rückgriff nehmen. Die Frage, ob ein einheitlicher Ansprechpartner für den Veranstalter zu einer Beschleunigung und einfacheren Abwicklung des Genehmigungsverfahrens führt, behandelt Dr. Saniye Öcal in ihrem Beitrag. Derartige Modelle liegen praktischen Kooperationsformen von Ordnungsämtern mit anderen Behörden in einer Reihe größerer Kommunen zu Grunde. Diese Erfahrungen wurden ausgewertet und werden auf ihre Tauglichkeit untersucht, generell einen Beitrag für die Sicherheit von Großveranstaltungen durch Vereinfachung des Verfahrens zu leisten. Vereinfachungen kann auch die Anwendung von Instrumenten und Formen des E-Governement bringen. Antonia Buchmann erörtert die Rahmenbedingungen, die der Anwendung moderner Kommunikationsformen in verwaltungsrechtlichen Verfahren zu Grunde liegen. Die digitale Agenda des Verwaltungsrechts ist noch lange nicht ausgeschöpft. Hier können gerade auch für das Zusammenspiel von unterschiedlichen Akteuren in einem komplexen Verfahren zur Genehmigung und Durchführung einer Großveranstaltung noch weitere Verbesserungen erzielt werden.

Der vorliegende Band ist ein Ergebnis des Forschungsprojektes Bausteine für die Sicherheit von Großveranstaltungen (BaSiGo). Dieses vom Bundesministerium für Bildung und Forschung geförderte Projekt mit einer Laufzeit von 2012 bis 2015 hat eine Reihe von Verbundpartnern zusammengeführt. Die Universität Wuppertal ist mit mehreren Professoren beteiligt, die Deutsche Hochschule der Polizei mit einem polizeilichen und einem rechtswissenschaftlichen Fachgebiet, aber auch die Anwendungspraxis ist mit den Feuerwehren Berlin und München sowie weiteren Akteuren im Projekt vertreten. Das Fachgebiet öffentliches Recht (FG 07) der Deutschen Hochschule Polizei hat in dem Forschungsprojekt BaSiGo die rechtlichen Anteile verantwortet und in diesem Rahmen das Gutachten in Auftrag gegeben, das den wesentlichen Teil des vorliegenden Bandes ausmacht. Das Gutachten hat Prof. Dr. Stelkens auf einem Workshop vorgestellt und mit den Projektpartnern diskutiert, der am 12. November 2013 an der Deutschen Hochschule Polizei in Münster stattfand. Dank der Förderung durch das Bundesministerium für Bildung und Forschung können nunmehr das Gutachten sowie die begleitenden Beiträge der Mitarbeiterinnen des Fachgebietes öffentliches Recht der Öffentlichkeit zugänglich gemacht werden. Das Verbundprojekt BaSiGo hat als weitere Ergebnisse Sicherheitsbausteine hervorgebracht, die von Behörden oder Veranstaltern oder auch anderen Akteuren genutzt werden können, um die Sicherheit von Großveranstaltungen zu verbessern. Diese Sicherheitsbausteine sollen nach Projektende auf digitalem Wege zugänglich gemacht werden. Die rechtliche Grundlage für die Sicherheitsbausteine bilden die vorliegenden Überlegungen sowie die weiteren Forschungsarbeiten des Fachgebiets öffentliches Recht mit seinen Partnern.

Das Recht der Sicherheit von Großveranstaltungen bedarf der Fortentwicklung. Es fehlt an Klarheit und Transparenz, die für die Planung und Genehmigung der Veranstaltung hilfreich sein können. Großveranstaltungen werden zweifellos regelmäßig sorgfältig geplant und oftmals mit einem hohen Maß an Sicherheit durchgeführt. Dennoch bleibt Einiges zu tun. Für die rechtliche Betrachtung können gesetzliche Verbesserungen ein Weg sein. Diese eher langfristige Perspektive sollte nicht ausgeblendet werden. Kurz und mittelfristig sollte aber versucht werden, auf der Anwendungsebene Harmonisierungen und Klärungen herbeizuführen. Dazu einen Beitrag zu leisten ist das Ziel dieses Bandes

Münster, den 17. Dezember 2014
Professor Dr. Dieter Kugelmann

Inhaltsverzeichnis

Pflichten zur Erarbeitung, Vorlage, Abstimmung und Durchführung von Sicherheitskonzepten in Verfahren zur Genehmigung von Großveranstaltungen und rechtliche Rahmenbedingungen ihrer Durchführung (Aufgaben der Akteure und Kooperation zwischen ihnen) in den Ländern der Bundesrepublik Deutschland Gutachten im Projekt Bausteine zur Sicherheit von Großveranstaltungen (BaSiGo)

Ulrich Stelkens / Thorsten Perabo

A. Einleitung – Gegenstand des Gutachtens

Die hohen Besucherzahlen und das hierdurch u. U. entstehende Gedränge bilden eine spezifische Gefahrenquelle für Besucher und Unbeteiligte bei Großveranstaltungen, wie die Ereignisse beim Open-Air-Festival in Roskilde im Jahr 2000,[1] der Love-Parade 2010 in Duisburg[2] oder anlässlich einer Autogrammstunde der Casting-Show „*Deutschland sucht den Superstar*" in Oberhausen 2011[3] gezeigt haben. Sie erschweren bei Unglücksfällen die Steuerung des Publikums und das Eingreifen von Rettungs- und Sicherheitskräften. Unkontrollierte Fluchtbewegungen der Betroffenen können weitere Gefahren für die einzelnen Mitglieder der Menge begründen. Um derartige Gefahren zu minimieren, ist es notwendig, die spezifischen Risiken, die mit den hohen Besucherzahlen auf dem konkreten Veranstaltungsgelände verbunden sind, bereits im Vorfeld der Veranstaltung zu erkennen und entsprechende Vorsorge zu treffen.[4] Dies ist nicht nur

1 Vgl. http://www.spiegel.de/panorama/massenpanik-mindestens-acht-tote-bei-rockfestival-in-roskilde-a-83334.html, zuletzt abgerufen am 10.9.2013.

2 Umfangreich dazu: http://www.spiegel.de/thema/love_parade_unglueck_2010/, zuletzt abgerufen am 10.9.2013; http://www.derwesten.de/staedte/duisburg/love parade/, zuletzt abgerufen am 10.9.2013.

3 Vgl. Paul/ Sakschweski, in: Paul/Ebner/Klode/Sakschweski, Sicherheitskonzepte für Veranstaltungen, 2012, S. 8 f.

4 Risch/Kerst, Eventrecht kompakt, 2. Aufl. 2011, S. 439 f.

Aufgabe der Veranstalter, sondern auch des Staates auf Grund seines Schutzauftrags für Leben und Gesundheit.

Geeignetes Mittel der Gefahrenvorsorge ist eine dem Veranstaltungsbeginn vorgelagerte Überprüfung der sicherheitsrelevanten Rahmenbedingungen der Veranstaltung durch eine insoweit kompetente – mit entsprechendem Sachwissen ausgestattete – Behörde und eine Verpflichtung des Veranstalters, vor Veranstaltungsbeginn für diese Veranstaltung (auf eigene Kosten) ein Sicherheitskonzept zu erarbeiten, dies der Behörde vorzulegen, es mit dieser abzustimmen und natürlich auch, dieses Sicherheitskonzept dann anschließend durchzuführen. Diese Pflicht muss wieder mit einer Befugnis der zuständigen Behörde verbunden sein, die Durchführung der Veranstaltung ohne ein tragfähiges Sicherheitskonzept des Veranstalters zu unterbinden.

Rechtstechnisch kann dies in zweierlei Formen geschehen: Klassisches Instrument wäre die Einführung eines „Verbots mit Erlaubnisvorbehalt", bei dem die Berechtigung zur Durchführung von derartigen Großveranstaltungen von einer behördlichen Erlaubnis abhängig gemacht wird. Deren Erteilung könnte mit „sicherheitsbezogenen" Nebenbestimmungen i. S. des § 36 Abs. 2 VwVfG (bzw. der entsprechenden Bestimmungen des Landesrechts[5]) versehen werden, wenn hierfür eine entsprechende Ermächtigungsgrundlage vorliegt. Eine Alternative wäre die Etablierung eines „Anzeigeverfahrens mit Untersagungsbefugnis" bei dem der Veranstalter verpflichtet wird, eine geplante Großveranstaltung bei der zuständigen Behörde unter Vorlage eines Sicherheitskonzepts anzuzeigen, was der Behörde so ermöglicht, auf Grundlage einer speziellen Ermächtigungsgrundlage ggf. zusätzliche Sicherheitsmaßnahmen zu fordern oder die Veranstaltung auch ganz zu untersagen. Ein vergleichbares Anzeigemodell liegt etwa den §§ 14 f. VersG zu Grunde.[6]

---

5 Regelmäßig werden in Zusammenhang mit Großveranstaltungen (nahezu) ausschließlich Landes- oder Kommunalbehörden tätig werden, so dass durchgehend das Verwaltungsverfahrensgesetz des jeweiligen Landes einschlägig sein wird. Siehe insoweit die Zusammenstellung der Landes-VwVfG mit Fundstellenangaben bei http://www.saarheim.de/Gesetze_Laender/vwvfg_laender.htm. Da diese Gesetze im Wesentlichen mit dem VwVfG des Bundes identisch sind, soll im Folgenden nur dieses zitiert werden.

6 Zu diesen Formen der Eröffnungskontrollen siehe *Burgi/Durner*, Modernisierung des Verwaltungsverfahrensrechts durch Stärkung des VwVfG, 2012, S. 49 ff. und S. 109 ff.; *Siegel,* Entscheidungsfindung im Verwaltungsverbund, 2009, S. 90 ff.

In der folgenden Untersuchung soll dementsprechend zunächst die derzeitige Gesetzeslage darauf hin geprüft werden, ob derartige „Eröffnungskontrollen“ für Großveranstaltungen bestehen, wie sie ausgestaltet sind und in welchem Umfang dem Veranstalter durch selbständige Anordnungen oder auch in Form von Nebenbestimmungen zu einer Veranstaltungsgenehmigung Sicherheitskonzeptpflichten auferlegt werden können. Damit ist die Pflicht gemeint, auf eigene Kosten ein Sicherheitskonzept zu erarbeiten, der Behörde vorzulegen, es mit ihr abzustimmen und es schließlich auch durchzuführen (B.). Anschließend werden die unterschiedlichen Verwaltungsverfahren im Hinblick auf die verschiedenen Akteure auf Veranstalter- und Behördenseite untersucht und gefragt, wie diese Verfahren untereinander koordiniert werden können bzw. in welchem Verhältnis die Verfahren zueinander stehen (C.). Schließlich ist auf die Besonderheiten einzugehen, die bestehen, wenn kein Privater, sondern eine Gemeinde, der Bund, ein Land oder eine sonstige juristische Person des öffentlichen Rechts (im Folgenden: Verwaltungsträger) Veranstalter einer Großveranstaltung ist (D.).

Zuvor sollen jedoch noch die zentralen Begriffe der *Großveranstaltung* (I.) und des *Sicherheitskonzeptes* (II.) skizziert werden. Ausgehend von der Erkenntnis, dass sich für den Veranstalter die Auferlegung von Sicherheitskonzeptpflichten als eine Belastung und Grundrechtseingriff darstellt, der dementsprechend nach allgemeinen Grundsätzen einer gesetzlichen Grundlage bedarf, ist zudem von Bedeutung, dass das geltende Recht zwischen zwei Formen von sicherheitskonzeptbezogenen Befugnissen der zuständigen Behörden unterscheidet. Einerseits bestehen Befugnisse, die die Behörde schon bei *abstrakter Gefährlichkeit* der Großveranstaltung ermächtigen, dem Veranstalter Sicherheitskonzeptpflichten aufzuerlegen. Andererseits bestehen solche Ermächtigungen, nach denen eine Befugnis zur Auferlegung von Sicherheitskonzeptpflichten nur und nur in dem Umfang möglich ist, wie dies zur Abwehr *konkreter Gefahren* notwendig ist, die von der Veranstaltung ausgehen (III).

I. Begriff der Großveranstaltung

1. Ausnahme von öffentlichen Versammlungen i. S. von Art. 8 GG – Einschluss sonstiger grundrechtsgeprägter Großveranstaltungen

Vom Begriff der Großveranstaltung im Sinne der vorliegenden Untersuchung sollen zunächst alle öffentlichen Versammlungen i. S. von Art. 8

GG ausgenommen werden. Die Besonderheiten des Versammlungsrechts verbieten es den Versammlungsbehörden weitgehend, dem Versammlungsveranstalter hinsichtlich der Sicherheit der Versammlungsteilnehmer und Dritter Vorgaben zu machen. Die Versammlungsbehörden haben deren Sicherheit vorrangig selbst und durch eigene Kräfte bzw. unter Zuhilfenahme der Vollzugspolizei zu gewährleisten.[7] Die Beachtung und Darstellung dieser Versammlungsspezifika würde daher den Blick auf den eigentlichen Gegenstand der Untersuchung verstellen.

Soweit die Durchführung von Großveranstaltungen dagegen in den Schutzbereich anderer besonderer Freiheitsrechte fällt, werden sie dagegen nicht vom Gegenstand dieser Untersuchung ausgenommen. Anders als eben im Versammlungsrecht haben sich in Bezug auf die sonstigen Freiheitsrechte bisher keine besonderen Risikoverteilungen im Verhältnis zwischen dem Veranstalter und den Behörden entwickelt, die für Sicherheitsbelange zuständig sind. Anders als die Versammlungsfreiheit sind die sonstigen speziellen Freiheitsrechte des Grundgesetzes daher nicht allgemein „polizeifest".[8] Soweit von Veranstaltungen Gefahren ausgehen, gelten somit für die polizei- und ordnungsrechtliche Inanspruchnahme des Veranstalters die allgemeinen polizei- und ordnungsrechtlichen Grundsätze, sofern keine fachrechtlichen Regelungen über die Verantwortlichkeiten des Veranstalters bestehen.[9]

So wird etwa bei Veranstaltungen, die in den Schutzbereich der Religionsfreiheit (Art. 4 Abs. 1 und 2 GG) fallen (z. B. Kirchentage, Papstbesuch), im Grundsatz von der Anwendbarkeit der allgemeinen sicherheitsbezogenen Vorschriften ausgegangen, bei deren Heranziehung zwar die Religionsfreiheit u. U. als Ermessensgrenze berücksichtigt werden muss, ohne dass die Religionsfreiheit jedoch eine völlige Freistellung von derartigen Vorschriften gebietet, sofern ihr Einsatz dem Schutz anderer Grundrechte und Verfassungsgüter dienen soll[10] – wie eben dem mit Sicherheitskonzepten verfolgten Schutz von Leben und Gesundheit. § 17 VersG wird dementsprechend heute vor allem als Klarstellung verstanden, dass

---

7 Vgl. *Ullrich*, Typische Rechtsfragen bei Demonstrationen und Gegendemonstrationen/Gegenaktionen, DVBl. 2012, 666 (667 f.); *Schoch*, Der Zweckveranlasser im Gefahrenabwehrrecht, Jura 2009, 360 (364 f.).

8 *Rasch*, Polizei und Grundrechte, DVBl. 1987, 194 (198 f.).

9 Vgl. *Trunit*, Eingriffsbefugnisse bei Veranstaltungen, Jura 2012, 365 (368).

10 Vgl. *Kugelmann*, Polizei- und Ordnungsrecht, 2. Aufl. 2012, Rn. 27 f.; *Pieroth/Schlink/Kniesel*, Polizei- und Ordnungsrecht mit Versammlungsrecht, 7. Aufl. 2012, § 10 Rn. 10.

religiöse Veranstaltungen unter freien Himmel nicht in den Anwendungsbereich des Versammlungsgesetzes fallen, sondern dass insoweit das allgemeine und besondere Gefahrenabwehrrecht einschließlich des Straßenrechts und des Straßenverkehrsrechts gilt.[11] Entsprechendes gilt, soweit Großveranstaltungen auch Ausdruck der Kunstfreiheit (Art. 5 Abs. 3 GG) sind, wie dies etwa bei Konzertveranstaltungen i. d. R. der Fall sein wird.[12]

2. Veranstaltungen unter freiem Himmel

Die vorliegende Untersuchung wird ferner ausschließlich *Veranstaltungen unter freiem Himmel* in den Blick nehmen, die nicht in festen Anlagen stattfinden, die für derartige Veranstaltungen speziell konstruiert wurden. Veranstaltungen in Stadien oder fest angelegten Open-Air-Bühnenanlagen werden also ebenso wenig betrachtet wie Veranstaltungen in Diskotheken oder Messehallen. Die Untersuchung wird sich folglich auf diejenigen Großveranstaltungen konzentrieren, die nicht gleichzeitig bereits den bauordnungsrechtlichen Spezialbestimmungen für Versammlungsstätten unterliegen (s. a. unten B. V. 2.). Sie wird sich folglich vornehmlich mit Volksfesten und Märkten, Open-Air-Konzerten, Festivals und Sportveranstaltungen auf Flächen befassen, die nicht extra für derartige Veranstaltungen hergerichtet worden sind. Unerheblich für den Begriff der Großveranstaltung soll daher sein, welche Flächen genau sie in Anspruch nehmen: Großveranstaltungen können auf öffentlichen Straßen, auf öffentlichen Grünflächen, auf Privatgrundstücken oder auch auf Kombinationen dieser Flächen stattfinden. Hieraus können sich unterschiedliche Anforderungen an die Erlaubnisse ergeben. Als Beispiel hierfür soll eine motorsportliche Veranstaltung aufgeführt werden: Soweit die Veranstaltung ausschließlich auf öffentlichen Straßenflächen stattfindet, erfolgt eine Erlaubniserteilung nach der Straßenverkehrsordnung bzw. den Straßengesetzen (s. u. B. I. 1. und 2.). Findet die gleiche Veranstaltung auch teilweise auf privaten Flächen statt, können neben der straßenverkehrsrechtlichen

---

11 *Dietl/Gintzel/Kniesel*, Versammlungsgesetz, 16. Aufl. 2011, § 17 Rn. 14; Offczors, in: Ridder/Breitbach/Rühl/Steinmeier, Versammlungsrecht – Kommentar, 1992, § 17 Rn. 7 f.

12 Vgl. auch *Scheidler*, Behördliches Vorgehen gegen Skinhead-Konzerte in Bayern, NVwZ 2013, 1449 (1452).

oder straßenrechtlichen Erlaubnis – und neben der privatrechtlichen Zustimmung des Grundstückseigentümers oder sonstigen Verfügungsberechtigten – noch weitere Erlaubnisse einzuholen sein.

3. Veranstaltungen ab 1000 Besucher

Die Schwelle, ab wann eine große Veranstaltung ihre Benennung als *Groß*veranstaltung rechtfertigt, kann schließlich nur schwer einheitlich bestimmt werden. Als Großveranstaltungen sollen für den Zweck dieses Gutachtens jedoch nur Veranstaltungen bezeichnet werden, bei denen aufgrund ihrer Besucherzahl und dem hierdurch u. U. entstehendem Gedränge der Einzelne erhöht gefährdet ist. Eine konkrete Besucherzahl, bei deren Überschreiten dieser spezifische Gefährdungseffekt eintritt, so dass deshalb von einer Großveranstaltung gesprochen werden kann, lässt sich insoweit kaum benennen. Denn der Gefährdungsgrad ergibt sich nicht nur aus der bloßen Anzahl der Besucher, sondern er resultiert u. a. auch aus der Größe und der Beschaffenheit des Veranstaltungsortes sowie dem Charakter der Veranstaltung. Veranstaltungen, die auf großen Flächen stattfinden, werden regelmäßig weniger gefährlich sein, als Veranstaltungen, bei denen sich die gleiche Besucheranzahl auf einer wesentlich kleineren Fläche aufhält. Weniger gefährlich sind auch Veranstaltungen auf Flächen, die eine *offene Gestalt* haben, was z. B. bei einem nicht eingehegten öffentlichen Park der Fall sein kann, nicht aber bei einem kleinen verwinkelten Dorfplatz. Schließlich kommt es auch auf den Charakter der Veranstaltung und ihrer „Wirkung" auf die Besucher an: Bei einem Fahrradrennen wird das Publikum weniger „aufgeputscht" sein als beim Oktoberfest.

Um dennoch eine Zahl zu nennen, soll in Anlehnung an Art. 19 Abs. 3 BayLStVG und § 42 Abs. 3 ThürOBG (hierzu unten B. II. 4.) davon ausgegangen werden, dass Großveranstaltungen mit ihren typischen Gefährdungen i. d. R. vorliegen, wenn mehr als 1000 Besucher gleichzeitig erwartet werden und die Veranstaltung im Freien und auf oder in nicht eigens dafür ausgerichteten Anlagen (wie Stadien) stattfinden. Dass aus soziologischer, sozialpsychologischer oder lebenspraktischer Sicht in einem konkreten Fall die „Besucherzahlschwelle" höher sein kann, um die für Großveranstaltungen typischen Gefährdungen auszulösen, soll hiermit nicht bestritten werden.

II. Begriff des Sicherheitskonzeptes

Unter einem Sicherheitskonzept soll im Folgenden die Summe aufeinander abgestimmter Sicherheitsmaßnahmen verstanden werden, die die Sicherheitsrisiken einer Großveranstaltung minimieren und eine möglichst effektive Bewältigung eingetretener Notfallsituationen gewährleisten sollen.[13] Im Sicherheitskonzept werden die grundlegenden Bedingungen der Veranstaltung erfasst. Sicherheitskonzepte enthalten typischerweise: die Benennung von Verantwortlichen, eine Veranstaltungsbeschreibung und eine Gefährdungsanalyse, Informationen zur Infrastruktur und dem Gelände, Festlegungen und Beschreibungen besonderer Wege (Rettungswege, Einlass- und Auslassbereiche, Warteflächen für Besucher etc.), Angaben zur Organisation der Veranstaltung (Publikumslenkung, Verkehrslenkung, Kommunikation, Sicherheits- und Ordnungsdienst, Rettungsdienst, Feuerwehr) sowie Maßnahmenbeschreibungen für verschiedene Szenarien, Sicherheitsdurchsagen.

Den individuellen Gegebenheiten der einzelnen Veranstaltungen entsprechend weisen die Anforderungen an ein Sicherheitskonzept verschiedene Schwerpunkte auf und sind jeweils auf die einzelne Veranstaltung zuzuschneiden. Um ein möglichst vollständiges Sicherheitskonzept anfertigen zu können, werden von verschiedenen Stellen Orientierungshilfen angeboten.[14] Dabei ist diesen Orientierungshilfen gemein, dass die vorgeschlagenen Regelungen bei Vorliegen der entsprechenden rechtlichen Voraussetzungen, d. h. insbesondere bei Vorliegen entsprechender Ermächtigungsgrundlagen – entweder als Nebenbestimmung (i. d. R. als Auflage i.

---

13 Siehe hierzu ausführlich *Ebner,* in: Paul/Ebner/Klode/Sakschweski, Sicherheitskonzepte für Veranstaltungen, 2012, S. 104 ff.

14 Vgl. z. B. das „Mustersicherheitskonzept“ des Ministeriums für Inneres und Kommunales des Landes Nordrhein-Westfalen: (abrufbar unter: http://www.mik.nrw.de/themen-aufgaben/schutz-sicherheit/gefahrenabwehr-feuerwehr-katastrophenschutz/grossveranstaltungen.html, zuletzt abgerufen am 13.9.2013). Ferner die „Sicherheitskonzepte für Großveranstaltungen“ des Ministeriums für Inneres und Sport Sachsen-Anhalt (abrufbar unter: http://www.sachsen-anhalt.de/fileadmin/Elementbibliothek/Bibliothek_Politik_und_Verwaltung/Bibliothek_Ministerium_des_Innern/ PDF_Dokumente/Stabsbereich/Z_1/Brosch%C3%BCre_05_10_I.pdf, zuletzt abgerufen am 13.9.2013). Siehe auch die „Checkliste Sicherheitskonzept“ der Stadt München (abrufbar unter: http://www.muenchen.de/rathaus/dms/Home/Stadtverwaltung/Kreisverwaltungsreferat/fachspezifisch/HA-I/VVB/Dokumente/Sonstiges/Checkliste-Sicherheitskonzept/Checkliste_ Sicherheitskonzept.pdf, zuletzt abgerufen am 13.9.2013).

S. des § 36 Abs. 2 Nr. 4 VwVfG) einer Veranstaltungsgenehmigung beigefügt werden können oder als selbständige Verfügung gegenüber den Veranstalter erlassen werden können. Entscheidend bei der Nutzung solcher Orientierungshilfen ist jedoch, dass die dort gegebenen Beispiele keinen Anspruch auf Vollständigkeit erheben können und insbesondere die Auswahl der erforderlichen Regelungen im Einzelfall auf die entsprechende Veranstaltung abzustimmen ist, wobei gerade auch der jeweilige Rechtsrahmen für derartige Genehmigungen, Nebenbestimmungen oder selbständige Verfügungen eingehalten werden muss.

III. Verschiedene Arten von Ermächtigungen zur Auferlegung von Sicherheitskonzeptpflichten

Die näher im Teil B der Untersuchung dargestellten gesetzlichen Ermächtigungen der zuständigen Behörden zur Auferlegung von Sicherheitskonzeptpflichten auf die Veranstalter sind vielfach gefahrenabwehrrechtlichen Ursprungs oder werden jedenfalls in Anlehnung an die gängigen Begriffe des Polizei- und Ordnungsrechts verstanden und ausgelegt. Hiervon ausgehend lassen sich – wie bereits erwähnt – zwei Formen von sicherheitskonzeptbezogenen Befugnissen der zuständigen Behörden unterscheiden. Zum einen bestehen Befugnisse, die die Behörde ermächtigen, schon bei abstrakter Gefährlichkeit der Großveranstaltung dem Veranstalter Sicherheitskonzeptpflichten aufzuerlegen. Zum anderen bestehen Ermächtigungen, nach denen eine Auferlegung von Sicherheitskonzeptpflichten auf die Veranstalter nur und nur in dem Umfang möglich ist, wie dies zur Abwehr konkreter Gefahren notwendig ist, die von der Veranstaltung ausgehen.

Wird die Auferlegung von Sicherheitskonzeptpflichten letztlich unabhängig von der konkreten Situation des Einzelfalls allein deshalb ermöglicht, weil eine Veranstaltung eines bestimmten Typs oder einer bestimmten Größenordnung durchgeführt werden soll, sieht dies der Gesetzgeber letztlich wegen der abstrakten Gefährlichkeit derartiger Veranstaltungen vor. Gefahrenabwehrrechtlich werden unter einer derartigen *abstrakten Gefahr* die Situationen verstanden, in denen (nur) eine generell-abstrakte Betrachtung von bestimmten Arten von Verhaltensweisen oder Zuständen zu dem Ergebnis führt, dass mit hinreichender Wahrscheinlichkeit ein

Schaden im Einzelfall einzutreten pflegt.[15] Liegt somit eine solche Befugnis zur Auferlegung von Sicherheitskonzeptpflichten schon bei abstrakter Gefährlichkeit vor, ermächtigt das Gesetz die Behörde letztlich *zu generellen und gleichförmigen Auflagen* für alle Veranstaltungen einer bestimmten Art ohne Rücksicht auf deren konkrete Ausgestaltung. Beispiele hierfür wären etwa die allgemeine Pflicht bei Veranstaltungen einer bestimmten Art geeignete Rettungswege auszuweisen, Vorkehrungen für Sicherheitsdurchsagen zu treffen, Ordner oder Sanitätsdienste zu stellen etc.

Soweit dagegen die einschlägige Befugnisnorm eine im Einzelfall bestehende (= *konkrete*) *Gefahr* für die Auferlegung von Sicherheitskonzeptpflichten voraussetzt, muss eine Sachlage vorliegen, die bei ungehindertem Ablauf des zu erwartenden Geschehens mit hinreichender Wahrscheinlichkeit in absehbarer Zeit zu einem Schadenseintritt führt.[16] Der allgemeine Hinweis auf die große Besucherzahl reicht in derartigen Fällen nicht aus, um vom Veranstalter Sicherheitsvorkehrungen zu verlangen; denn dies würde letztlich nur eine Verlagerung von solchen Überwachungsaufgaben auf den Veranstalter bedeuten, die an sich den zuständigen Behörden obliegen.[17] Auch Erfahrungen aus anderen Veranstaltungen können nicht einfach übertragen werden, da diese letztlich nur die abstrakte Gefährlichkeit eines bestimmten Veranstaltungstyps belegen können, nicht aber als tatsächliche Grundlage für die Prognose dienen können, dass auch eine andere ganz konkrete Veranstaltung in einer konkreten Umgebung konkret gefährlich sein wird. Nur derartige tatsächliche Grundlagen ermöglichen aber eine genügend abgesicherte Prognose, die auf den drohenden Eintritt von Schäden hindeutet.[18] Fehlt die Wissensbasis, liegt

---

15 Zum Begriff der abstrakten Gefahr: BVerwG, Urt. v. 26.6.1970 – IV C 99.67 – juris Rn. 14 ff. = NJW 1970, 1890 (1892 f.); BVerwG, Urt. v. 3.7.2002 – 6 CN 8/01 – juris Rn. 35 = BVerwGE 116, 347 (356); OVG Magdeburg, Urt. v. 17.3.2010 – 3 K 319/09 – juris Rn. 40 ff. = DVP 2011, 211 (215 f.); VGH Mannheim, Urt. v. 28.7.2009 – 1 S 2200/08 – juris Rn. 35 = NVwZ-RR 2010, 55 (56).

16 Vgl. zum Begriff der konkreten Gefahr: BVerwG, Urt. v. 28.3.2012 – 6 C 12/11 – juris Rn. 27 = BVerwGE 143, 74 Rn. 27; *Götz*, Allgemeines Polizei- und Ordnungsrecht, 15. Aufl. 2013, § 6 Rn. 3 ff.; *Kugelmann*, Polizei- und Ordnungsrecht, 2. Aufl. 2012, 5. Kapitel Rn. 145 ff.; *Pieroth/Schlink/Kniesel*, Polizei- und Ordnungsrecht mit Versammlungsrecht, 7. Aufl. 2012, § 4 Rn. 9 ff.

17 Vgl. für § 69a GewO deutlich *Schönleiter*, in: Landmann/Rohmer (Begr.), Gewerbeordnung, Loseblatt, § 69a Rn. 8a.

18 Vgl. OVG Münster, Urt. v. 9.2.2012 – 5 A 2375/10 – juris Rn. 31 = NVwZ-RR 2012, 470 (471).

(wenn überhaupt), ein bloßer Gefahrenverdacht vor.[19] Dieser soll die Behörden jedoch auch bei einer Gefahr für besonders hochwertige Rechtsgüter nur dazu berechtigen, weitere Maßnahmen zur Ermittlung des Sachverhaltes (auf ihre Kosten) zu treffen.[20]

Ist somit eine konkrete Gefahr Voraussetzung für die Auferlegung von Sicherheitskonzeptpflichten, können allgemeine Erfahrungswerte zur Gefahrengeneigtheit bestimmter Großveranstaltungsformen nicht zum Anlass genommen werden, auf Grund derartiger Ermächtigungen im Vorfeld einer Großveranstaltung Anordnungen gegenüber deren Veranstalter zu erlassen. Dies wirft insbesondere dann Probleme auf, wenn eine Veranstaltung erstmals (jedenfalls in dieser Form an diesem Ort) stattfinden soll. Da für diese Veranstaltung keine Erfahrungswerte über den zu erwartenden Ablauf vorliegen, fehlt es an den tatsächlichen Grundlagen zur Prognostizierung einer Gefahrenlage. Die Auferlegung allgemeiner Sicherheitskonzeptpflichten ist somit ausgeschlossen. Nur die Bekämpfung von Risiken, deren Verwirklichung aufgrund von konkreten veranstaltungsbezogenen Anknüpfungstatsachen prognostiziert werden kann, lässt sich also auf Ermächtigungen stützen, die konkrete Gefahren voraussetzen.[21] Dementsprechend wäre es auf Grundlage einer Ermächtigung zur Bekämpfung konkreter Gefahren wohl zulässig gewesen, dem Veranstalter der Love-Parade 2010 in Duisburg zu untersagen, den konkreten Tunneldurchlass, in dem sich die Katastrophe schließlich abspielte, als Zugang zum Veranstaltungsgelände zu nutzen, da die Enge des Tunnels verbunden mit der erwarteten Besucherzahl hinreichend konkrete Anhaltspunkte für die Einschätzung der konkreten Gefährlichkeit gerade dieses Tunnels erlaubte.[22] Ebenso kann als konkrete Gefahr angesehen werden, wenn konkrete Anhaltspunkte dafür bestehen, dass eine bestimmte Veranstaltung als „Schauplatz“ gewalttätiger Auseinandersetzungen rivalisierender Rocker-

---

19 Vgl. *Heckel*, Scherbenmeer im Karneval, NVwZ 2012, 88 (89).

20 *Durner*, Glasverbot im Kölner Karneval, JA 2010, 398 (400).

21 So zutreffend: VG Köln Urt. v. 16.9.2010 – 20 K 441/10– juris Rn. 21 (das nur bei der Beurteilung der Konkretheit der Gefahr von der nachfolgenden Entscheidung des OVG Münster [OVG Münster, Urt. v. 9.2.2012 – 5 A 2375/10 = NVwZ-RR 2012, 470 ff.] zum Glasverbot beim Kölner Karneval abweicht).

22 Siehe ferner die Beispiele zu „unmöglichen Veranstaltungsorten“ bei *Klode*, in: Paul/Ebner/Klode/ Sakschweski, Sicherheitskonzepte für Veranstaltungen, 2012, S. 161 ff.

banden missbraucht werden soll.[23] Schon einen Grenzfall stellt dagegen die Anordnung eines allgemeinen Glasverbots für den Kölner Straßenkarneval dar, wie es seit 2010 verfügt wird. Im Ergebnis ist dies (noch) auf Grund der Erfahrungen der Vorjahre gerade bei dieser „Veranstaltung" als Maßnahme zur Bekämpfung einer konkreten Gefahr angesehen worden.[24] Die entsprechenden „Erfahrungen" lassen sich aber nicht ohne weiteres auf andere Großveranstaltungen übertragen.[25] Daher scheiden etwa Verbote des Mitführens und Konsums von Alkohol in der Öffentlichkeit i. d. R. aus, da es hier an einer konkreten Gefahr der Begehung von Gewalttaten fehlt.[26]

B. (Mögliche) Rechtsgrundlagen für die Anordnung der Erarbeitung, Vorlage, Abstimmung und Durchführung von Sicherheitskonzepten

Als gesetzliche Grundlage für eine „Sicherheitssteuerung" von Großveranstaltungen kommen Gesetze aus verschiedenen Bereichen des Besonderen Verwaltungsrechts in Betracht. Diese tragen jedoch in ganz unterschiedlichem Maß dem besonderen Gefährdungspotential von Großveranstaltungen Rechnung. Hinsichtlich ihrer Relevanz für Großveranstaltungen lassen sich die in Frage kommenden Rechtsgrundlagen drei verschiedenen Kategorien zuordnen. Zunächst sind die Rechtsgrundlagen in den Blick zu nehmen, die Maßnahmen ermöglichen, die sich auf das von der Veranstaltung genutzte Grundstück beziehen, insbesondere in dem sie dieses Grundstück für die Nutzung für die Großveranstaltung frei geben, wie z.B. die straßenrechtliche Sondernutzungserlaubnis (I.). Danach ist auf die Rechtsgrundlagen einzugehen, die eine Regelung der Veranstaltung insgesamt erlauben, wie z.B. die gewerberechtliche Festsetzung von Volksfesten (II.). Schließlich gibt es noch Rechtsgrundlagen, die nur Maßnahmen im Hinblick auf einzelne Aspekte einer Großveranstaltung erlauben, wie z. B. die Regelungen über das Brandschutzwesen. Auch wenn sie wegen ih-

23 Wobei sich allerdings die Frage stellt, inwieweit diese Gefahr dem Veranstalter zugerechnet werden kann, vgl. *Trunit*, Eingriffsbefugnisse bei Veranstaltungen, Jura 2012, 365 (367).

24 Hierzu OVG Münster, Urt. v. 9.2.2012 – 5 A 2375/10 = NVwZ-RR 2012, 470 ff.; *Heckel*, Scherbenmeer im Karneval, NVwZ 2012, 88 ff.

25 Vgl. *Ley*, NWVBl 2012, 169 (171).

26 Vgl. VGH Mannheim, Urt. v. 28.7.2009 – 1 S 2200/08 – juris Rn. 35 ff. = NVwZ-RR 2010, 55 (56 ff.).

rer Ausrichtung auf einzelne „Gefahrenherde“ von vornherein als ungeeignet erscheinen, eine „umfassende“ Sicherheitssteuerung von Großveranstaltungen zu ermöglichen, soll auf sie in Form eines Exkurses näher eingegangen werden, weil sie aufgrund ihres spezifischen Zuschnitts gute Hinweise geben können, was für die Sicherheit von Großveranstaltungen im Vorfeld ihrer Durchführung beachtet werden muss (III.).

I. Rechtsgrundlagen für Maßnahmen, die an das genutzte Grundstück anknüpfen

Die grundstücksbezogenen Maßnahmen knüpfen daran an, dass der Veranstalter ein bestimmtes Grundstück benötigt bzw. nutzen will, das er nicht ohne eine Erlaubnis einer Behörde (in der beabsichtigten Form) nutzen darf. Zu dieser Kategorie gehört am ehesten auch die straßenverkehrsrechtliche Erlaubnis nach § 29 Abs. 2 StVO. Hierfür spricht, dass die Großveranstaltungen zumeist ortsfest Verkehrsraum nutzen. Die Sonderregelung des § 29 Abs. 3 StVO für den Groß- und Schwerverkehr, die z. B. für Karnevalsumzüge Relevanz haben kann, ist indes als eine Genehmigung, die nur einen Einzelaspekt einer Veranstaltung regelt, in diesem Abschnitt nicht zu behandeln (s. aber unten B. III. 1.).

1. Straßenrecht

a) Relevanz für Großveranstaltungen – Allgemeines

Das Straßenrecht regelt u.a. den Gebrauch öffentlicher Straßen, Wege und Plätze. Hierzu gehören – entsprechend den Legaldefinitionen des § 1 Abs. 4 FStrG und den vergleichbaren Regelungen der Landesstraßengesetze[27] – neben dem eigentlichen Straßenkörper auch Radwege, Gehwege, Parkplätze, Böschungen etc.[28] Das Straßenrecht ist daher für eine Vielzahl von Veranstaltungen relevant, da diese vielfach auf öffentlichen Straßenflä-

---

27 § 1 Abs. 2 und 3 StrG RhPf sowie § 2 Abs. 2 der übrigen Landesstraßengesetze.

28 *Sauthoff*, Öffentliche Straßen, 2. Aufl. 2010, § 1 Rn. 11 ff.

chen stattfinden, wie z.B. Volksfeste im Innenstadtbereich, Konzertveranstaltungen, Sportveranstaltungen etc.[29]

Die Kompetenz für das Straßenrecht ist gemäß Art. 74 Abs. 1 Nr. 22 GG ein Bestandteil der konkurrierenden Gesetzgebung. Die Bundeskompetenz umfasst die Regelung des Verkehrs (insoweit hat der Bund das StVG und die auf ihm beruhenden Verordnungen erlassen) sowie den Bau und die Unterhaltung von *Landstraßen für den Fernverkehr*, womit die „Bundesstraßen des Fernverkehrs" i. S. des Art. 90 GG, also die Bundesautobahnen und Bundesstraßen, gemeint sind.[30] Regelungen zum Bau und der Unterhaltung der Bundesautobahnen und -straßen hat der Bund im FStrG getroffen. Nicht von der Bundesgesetzgebungskompetenz umfasst sind die Regelung des Baus und der Unterhaltung derjenigen Straßen, die nicht dem Fernverkehr dienen. Hier liegt die Gesetzgebung bei den einzelnen Ländern. Diese haben jeweils Landesstraßengesetze[31] erlassen, die – seit der Neuordnung des Straßenrechts in Bund und Ländern in den 1950er und 1960er Jahren – im Wesentlichen gleichartige Regelungen beinhalten, die auch mit dem Regelungsmodell des FStrG abgestimmt sind.[32] Zu beachten ist, dass die Landesstraßengesetze Konzentrationsregelungen zugunsten des straßenverkehrsrechtlichen Erlaubnisverfahrens beinhalten (vgl. unten C. III. 2. b). Die im Folgenden behandelte straßenrechtliche Sondernutzungserlaubnis wird deshalb regelmäßig im straßenverkehrsrechtlichen Sondererlaubnisverfahren nach § 29 Abs. 2 StVO (s. u. B. I. 2.) miterteilt werden.

b) Gemeingebrauch und Sondernutzung

Durch die Widmung[33] wird eine öffentliche Fläche für die Nutzung als Straße durch die Allgemeinheit (Gemeingebrauch) freigegeben. Soweit

---

29 Vgl. *Funke/Müller*, Eventrecht, 3. Aufl. 2009, Rn. 630; *Güllemann/Mertens*, Veranstaltungsmanagement, Event- und Messerecht, 6. Aufl. 2013, S. 209; *Risch/Kerst*, Eventrecht kompakt, 2. Aufl. 2011, S. 433 f.

30 *Herber*, in: Kodal (Begr.), Straßenrecht, 7. Aufl. 2010, Kap. 2 Rn. 18 f.

31 Siehe insoweit die Zusammenstellung der Straßengesetze mit Fundstellenangaben bei http://www.saarheim.de/Gesetze_Laender/strg_laender.htm.

32 Zu dieser Neuordnung *Herber*, in: Kodal (Begr.), Straßenrecht, 7. Aufl. 2010, Kap. 2 Rn. 78 ff., 92 ff.

33 § 2 Abs. 1 FStrG; § 5 StrG BW; Art. 6 Abs. 1 BayStrWG; § 3 Abs. 1 BerlStrG; § 6 Abs. 1 BbgStrG; § 5 Abs. 1 BremLStrG; § 6 Abs. 1 HmbWG; § 4 Abs. 1 HessStrG; § 7 Abs. 1 StrWG MV; § 6 Abs. 1 NdsStrG; § 6 Abs. 1 StrWG NRW; § 36

sich der Einzelne im Rahmen dieses Gemeingebrauchs hält, erhält er durch die Widmung ein subjektives Nutzungsrecht.[34] Die „gemeingebräuchliche Nutzung“ bedarf insoweit keiner besonderen Erlaubnis.[35] Der Inhalt des Gemeingebrauchs ergibt sich dabei im Wesentlichen aus der Funktion der Straße. Diese liegt vor allem im Verkehr, d.h. der Fortbewegung zur Ortsveränderung.[36] Der Gemeingebrauch wird insoweit vom Charakter der genutzten Straße bzw. des genutzten Straßenteils geprägt. Neben der Fortbewegung als Hauptzweck ist für Fußgängerzonen und verkehrsberuhigte Bereiche auch die Kommunikation als Nebenzweck und vom Gemeingebrauchsrecht gedeckt anerkannt.[37]

Eine Erlaubnis wird aber benötigt, wenn der Straßenraum über den Gemeingebrauch hinaus (Sondernutzung) genutzt werden soll.[38] Eine Sondernutzung liegt dabei schon vor, wenn eine Nutzung den Gemeingebrauch des Verkehrsraums beeinträchtigt bzw. wenn sie (abstrakt) zur Beeinträchtigung des Gemeingebrauchs geeignet ist.[39] Für die hier in Frage stehenden Großveranstaltungen kann generell gesagt werden, dass die Straße durch sie mehr als gebrauchsüblich genutzt wird. Die Veranstaltung wird durch ihre Einrichtungen (Stände, Bühnen, Sanitäranlagen, Absperrungen, Parkplatzbedarf etc.) die Leichtigkeit des Verkehrs beeinflussen und ist daher als eine Sondernutzung anzusehen.

Abs. 1 LStrG RhPf; § 6 Abs. 1 SaarlStrG; § 6 Abs. 1 SächsStrG; § 6 Abs. 1 StrG LSA; § 6 Abs. 1 StrWG SH; § 6 Abs. 1 ThürStrG.

34 *U. Stelkens*, Das Recht der Öffentlichen Sachen – Allgemeines Verwaltungsrecht, Besonderes Verwaltungsrecht, Trümmerhaufen – oder was?, Die Verwaltung 46 (2013), S. 493 (525 f.).

35 § 7 Abs. 1 FStrG; § 13 Abs. 1 StrG BW; Art. 14 Abs. 1BayStrWG; § 10 Abs. 2 BerlStrG; § 14 Abs. 1 BbgStrG; § 15 Abs. 1 BremLStrG; § 16 Abs. 1 HWG; § 14 HessStrG; § 21 Abs. 1 StrWG MV; § 14 Abs. 1 NdsStrG; § 14 Abs. 1 StrWG NRW; § 34 Abs. 1 LStrG RhPf; § 14 Abs. 1 SaarlStrG; § 14 Abs. 1 SächsStrG; § 14 Abs. 1 StrG LSA; § 20 Abs. 1 StrWG SH; § 14 Abs. 1 ThürStrG.

36 Zusammenfassend *Schoch*, Sondernutzung öffentlicher Straßen, Jura 2013, 911 f.

37 BVerwG, Urt. v. 9.11.1989 – 7 C 81/88 – juris Rn. 7 = BVerwGE 84, 71 (73); *Sauthoff*, Öffentliche Straßen, 2. Aufl. 2010, § 8 Rn. 301 f.

38 § 8 Abs. 1 FStrG; § 16 Abs. 1 StrG BW; Art. 18 Abs. 1BayStrWG; § 11 Abs. 1 BerlStrG; § 18 Abs. 1 BbgStrG; § 18 Abs. 1 BremLStrG; § 19 Abs. 1 HmbWG; § 16 Abs. 1 HessStrG; § 22 Abs. 1 StrWG MV; § 18 Abs. 1 NdsStrG; § 18 Abs. 1 StrWG NRW; § 41 Abs. 1 LStrG RhPf; § 18 Abs. 1 SaarlStrG; § 18 Abs. 1 SächsStrG; § 18 Abs. 1 StrG LSA; § 21 Abs. 1 StrWG SH; § 18 Abs. 1 ThürStrG.

39 S. nur *Sauthoff*, Öffentliche Straßen, 2. Aufl. 2010, § 8 Rn. 358 f.; *Schoch*, Sondernutzung öffentlicher Straßen, Jura 2013, 911 (912).

Ob eine Sondernutzungserlaubnis erteilt wird, steht nach den einschlägigen straßenrechtlichen Bestimmungen im Ermessen der Behörde,[40] wobei nur in Berlin die Erlaubniserteilung als Soll-Vorschrift ausgestaltet ist[41] (s. u. B. I. 2. e. aa). Da die Entscheidung über die Erteilung einer Sondernutzungserlaubnis im Ermessen der Behörde liegt, hat sich die Entscheidung nach § 40 VwVfG am Sinn und Zweck der Erlaubnis sowie der vom Gesetzgeber gewollten Ordnung der jeweiligen Rechtsmaterie zu richten.[42] Daher darf die Behörde nach § 8 FStrG und den entsprechenden Regelungen in den Flächenländern die Erlaubnis nur aus straßenrechtlichen Erwägungen versagen (zur abweichenden Rechtslage der Stadtstaaten s. u. B. I. 2. e).[43] Hauptversagungsgründe sind somit die Sicherheit und Leichtigkeit des Verkehrs sowie die Wahrung eines einwandfreien Straßenzustandes.[44] Die Erlaubnis kann auch aus planerischen und baupflegerischen Gründen versagt werden, soweit diese im sachlichen Zusammenhang mit der Straße stehen.[45] Belange, die keinen sachlichen Zusammenhang zur Straße aufweisen – wie z.B. allgemeine ordnungspolitische Belange[46] oder Gesichtspunkte der Abfallvermeidung – dürfen nicht in die Entscheidung mit einfließen. Diese Belange werden zudem regelmäßig außerhalb des Zuständigkeitsbereichs der Straßenbehörde liegen.[47]

40 Ausdrücklich aufgeführt in: § 16 Abs. 2 S.1 StrG BW; § 18 Abs. 2 S. 2 BbgStrG; § 18 Abs. 4 S. 1 BremLStrG; Regelung als Kann-Vorschrift in Hamburg § 19 Abs. 1 S.4 HmbWG. Zur Rechtslage in den übrigen Ländern: *Sauthoff*, Öffentliche Straßen, 2. Aufl. 2010, § 8 Rn. 361.

41 § 11 Abs. 2 S. 2 BerlStrG.

42 *Sauthoff*, Öffentliche Straßen, 2. Aufl. 2010, § 8 Rn. 361.

43 Vgl. *Sauthoff*, Öffentliche Straßen, 2. Aufl. 2010, § 8 Rn. 361 (Fn. 361) mit Nachw. zur Rechtsprechung für Baden-Württemberg, Bayern, Hessen, Nordrhein-Westfalen und Schleswig-Holstein; ferner *Kniesel*, Veranstaltung traditioneller Märkte durch Kommunen, GewArch 2013, 270 (271).

44 *Stahlhut*, in: Kodal (Begr.), Straßenrecht, 7. Aufl. 2010, Kap. 27 Rn. 14.

45 Vgl. OVG Koblenz, Beschl. v. 15.8.2013 – 1 B 10669/13 – juris Rn. 4– DVBl. 2014, 195 (196); OVG Münster, Beschl. v. 2.8.2006 – 11 A 2642/04 – juris Rn. 21 = NWVBl. 2007, 64 f.; VG Düsseldorf, Urt. v. 6.2.2001 – 16 K 4925/98 – juris Rn. 22 = NVwZ 2001, 1191 (1192); *Sauthoff*, Öffentliche Straßen, 2. Aufl. 2010, § 8 Rn. 366; *Schoch*, Sondernutzung öffentlicher Straßen, Jura 2013, 911 f. (919); *Stahlhut*, in: Kodal (Begr.), Straßenrecht, 7. Aufl. 2010, Kap. 27 Rn. 14.

46 OVG Münster, Beschl. v. 2.8.2006 – 11 A 2642/04 – juris Rn. 24 = NWVBl. 2007, 64 (65).

47 *Stahlhut*, in: Kodal (Begr.), Straßenrecht, 7. Aufl. 2010, Kap. 27 Rn. 14

c) Steuerungsmöglichkeiten durch Nebenbestimmungen zur Sondernutzungserlaubnis?

Der Sondernutzungserlaubnis können Nebenbestimmungen beigefügt werden, entweder auf Grundlage besonderer Ermächtigungen in den Straßengesetzen[48] oder auf Grund dem in § 36 Abs. 2 VwVfG zum Ausdruck kommenden Grundsatz, dass dann, wenn eine Erlaubnis im behördlichen Ermessen steht, diese Behörde nicht nur die Wahl hat zwischen Erlass und Nicht-Erlass dieser Erlaubnis, sondern auch die Möglichkeit, die Erlaubnis mit Nebenbestimmungen zu erlassen.[49] Welchen Inhalt die Nebenbestimmungen haben können, sagen jedoch auch die Straßengesetze jedoch nicht, die ausdrücklich zur Beifügung von Nebenbestimmungen ermächtigen. Daher gelten insoweit die zu § 36 Abs. 2 VwVfG aufgestellten Regeln. Nebenbestimmungen müssen folglich den Ermessensmaßstäben gerecht werden, die der Hauptentscheidung zugrunde liegen.[50] Sie müssen sich folglich am Zweck der Ermessenermächtigung – hier also der Ermächtigung zum Erlass einer Sondernutzungserlaubnis – orientieren (§ 40 Alt. 1 VwVfG).

Konkret bedeutet dies, dass Nebenbestimmungen zur Sondernutzungserlaubnis ebenfalls nur aus solchen – straßenbezogenen – Gründen beigefügt werden dürfen, die auch eine ermessensgerechte Versagung der Sondernutzungserlaubnis getragen hätten (s. o. B. I. 1. b). Die Nebenbestimmungen müssen also einen sachlichen Bezug zur Straße haben und dürfen keine „ressortfremden" Zwecke – wie z. B. allgemeine sicherheitsrechtliche oder umweltpolitische Zwecke – verfolgen.[51] Dementsprechend wurde entschieden, dass allgemeine ordnungsbehördliche Gesichtspunkte nicht

---

48 § 8 Abs. 2 FStrG; § 11 Abs. 4 BerlStrG; § 18 Abs. 2 BbgStrG; § 18 Abs. 4 BremLStrG; § 16 Abs. 2 HessStrG; § 22 Abs. 1 S. 3 StrWG MV; § 18 Abs. 2 NdsStrG; § 18 Abs. 2 StrWG NRW; § 41 Abs. 2 LStrG RhPf; § 18 Abs. 2 SaarlStrG; § 18 Abs. 2 SächsStrG; § 18 Abs. 2 StrG LSA; § 21 Abs. 1 S. 3 StrWG SH; § 18 Abs. 2 ThürStrG.

49 *U. Stelkens* in: P. Stelkens/Bonk/Sachs (Hrsg.), VwVfG, 8. Aufl. 2014, § 36 Rn. 134

50 *U. Stelkens* in: P. Stelkens/Bonk/Sachs (Hrsg.), VwVfG, 8. Aufl. 2014, § 36 Rn. 146.

51 VGH München, Urt. v. 22.6.2010 – 8 BV 10.182– juris Rn. 18 = NVwZ-RR 2010, 830 (831 f.); OVG Schleswig, Urt. v. 24.8.1993 – 4 L 170/92 – juris Rn. 26 ff. = NVwZ-RR 1994, 553 f.; *Sauthoff*, Öffentliche Straßen, 2. Aufl. 2010, § 8 Rn. 390.

zur Versagung einer Sondernutzungserlaubnis und damit auch nicht zum Erlass entsprechender Nebenbestimmungen berechtigen.[52]

Vor diesem Hintergrund erscheint das Verfahren für die Erteilung von Sondernutzungserlaubnissen (jedenfalls außerhalb der Stadtstaaten) in der Regel als ungeeignetes „Trägerverfahren“, um gegenüber dem Veranstalter allgemeine Sicherheitsmaßnahmen und die Erarbeitung, Vorlage, Abstimmung und Durchführung bestimmter Sicherheitskonzepte zu verlangen. Es könnten allenfalls solche Regelungen einer Sondernutzungserlaubnis als Nebenbestimmung beigefügt werden, die die Substanz der Straße sichern, übermäßige Straßenverunreinigungen vermeiden oder Verkehrsgefährdungen verhindern sollen. Demgegenüber können einer straßenrechtlichen Sondernutzungserlaubnis in den Flächenstaaten Nebenbestimmungen, die der Bekämpfung solcher Gefahren dienen, die sich („nur“) daraus ergeben, dass es sich bei der Veranstaltung um eine Großveranstaltung mit ihrem typischen Gefährdungspotential als Großveranstaltung handelt, nicht beigefügt werden.

d) Steuerungsmöglichkeiten durch Sondernutzungssatzungen?

Die überwiegende Anzahl der Länder eröffnen in ihren Straßengesetzen den Gemeinden die Möglichkeit, für die Nutzung von Gemeindestraßen Sondernutzungssatzungen zu erlassen.[53] Ein Aspekt der in solchen Sondernutzungssatzungen geregelt werden kann, ist die Freistellung bestimmter Tatbestände von der Erlaubnispflicht.[54] Die Satzung kann dann neben der Regelung der Erlaubnis Festlegungen über die Ausübung der Nutzung nach Ort, Zeit und Art enthalten.[55] Vor diesem Hintergrund könnte „an sich“ auch eine Großveranstaltung durch Sondernutzungssatzung von der Erlaubnispflicht freigestellt werden. Dies wird indes allenfalls bei traditio-

---

52 OVG Münster, Beschl. v. 2.8.2006 – 11 A 2642/04 – juris Rn. 21, 24 = NWVBl. 2007, 64 (65).

53 § 2 Abs. 1 FStrG; § 16 Abs. 7 StrG BW; Art. 22a BayStrWG; § 18 Abs. 1 S. 4 BbgStrG; § 18 Abs. 9 BremLStrG; § 19 Abs. 7 HmbWG; § 37 HessStrG; § 24 Abs. 1 StrWG MV; § 18 Abs. 1 S. 4 NdsStrG; § 19 StrWG NRW; § 42 Abs. 2 LStrG RhPf; § 52 SaarlStrG; § 18 Abs. 1 S. 4 SächsStrG; § 50 Abs. 1 Nr. 1 StrG LSA; § 23 Abs. 1 StrWG SH; § 18 Abs. 1 S. 4 ThürStrG.

54 *Sauthoff*, Öffentliche Straßen, 2. Aufl. 2010, § 8 Rn. 432; *Stahlhut*, in: Kodal (Begr.), Straßenrecht, 7. Aufl. 2010, Kap. 27 Rn. 35.2.

55 *Stahlhut*, in: Kodal (Begr.), Straßenrecht, 7. Aufl. 2010, Kap. 27 Rn. 35.2.

nellen Veranstaltungen in Betracht kommen, deren straßenrechtliche Aspekte dann auch in der Sondernutzungssatzung näher beschrieben werden müssten. Jedenfalls bieten die Sondernutzungssatzungen keinen Anknüpfungspunkt zur Regelung der Sicherheit von Großveranstaltungen, weil es ausgeschlossen ist, durch eine solche Satzung die bei der Erteilung einer Sondernutzungserlaubnis zu berücksichtigenden Belange zu Lasten des Antragstellers zu erweitern.[56]

e) Sondersituation in den Stadtstaaten

Sofern nicht Bundesstraßen betroffen sind, für die allein § 8 FStrG gilt, stellt sich in den Stadtstaaten die Rechtslage hinsichtlich der Erlaubnisentscheidung und der Steuerungsmöglichkeit durch Nebenbestimmungen abweichend von der Rechtslage in den übrigen Ländern dar:

aa) Sondernutzungserlaubnis und Nebenbestimmungen nach dem BerlStrG

Anders als die Straßengesetze aller anderen Länder ist die Erlaubniserteilung in Berlin nicht ins pflichtgemäße Ermessen gestellt, sondern als Soll-Vorschrift ausgestaltet und mit zusätzlichen Kriterien versehen, die bei der Entscheidung miteinbezogen werden müssen. Die insoweit einschlägigen § 11 Abs. 2 Satz 1 und 2 BerlStrG lauten:

> „Die Erlaubnis nach Absatz 1 soll in der Regel erteilt werden, wenn überwiegende öffentliche Interessen der Sondernutzung nicht entgegenstehen oder ihnen durch Nebenbestimmungen zur Erlaubnis entsprochen werden kann. Die Erlaubnis soll versagt werden, wenn behinderte Menschen durch die Sondernutzung in der Ausübung des Gemeingebrauchs erheblich beeinträchtigt würden."

Der Begriff des öffentlichen Interesses ist hier weit zu verstehen. Die Erlaubnis kann deshalb unter jedem sachlichen Gesichtspunkt abgelehnt werden, soweit eine Erteilung nicht unter Gleichheitsgesichtspunkten geboten ist.[57] Die Erlaubnisversagung muss also ebenso wenig straßenbezogene Gründe haben wie dies für die Beifügung von Nebenbestimmungen

---

56 *Sauthoff*, Öffentliche Straßen, 2. Aufl. 2010, § 8 Rn. 434.

57 OVG Berlin-Brandenburg, Urt. v. 3.11.2011 – OVG 1 B 65.10 – juris Rn. 20, 21 = NVwZ-RR 2010, 217 (218).

notwendig ist.[58] Da sogar der Klimaschutz als „öffentliches Interesse" angesehen worden ist, der die Versagung einer Sondernutzungserlaubnis für die Aufstellung von Heizpilzen rechtfertigen soll,[59] wird offenbar auch angenommen, dass bereits das Vorliegen abstrakter Gefahren für die „überwiegenden öffentlichen Interessen" ausreichen soll, um in Berlin die Ablehnung von Sondernutzungserlaubnissen bzw. die Beifügung von Nebenbestimmungen zur Sondernutzungserlaubnis zu rechtfertigen (s. o. A III.). Folglich könnte die straßenrechtliche Sondernutzungserlaubnis in Berlin zur umfassenden Regelung der Sicherheitsbelange von Großveranstaltungen herangezogen werden. Auf Grundlage des § 11 Abs. 2 BerlStrG können deshalb den Veranstaltern auch formularmäßig und gleichförmig Sicherheitskonzeptpflichten auferlegt werden.

bb) Sondernutzungserlaubnis und Nebenbestimmungen nach dem BremStrG

Auch Bremen besitzt mit § 18 Abs. 4 Satz 5 BremStrG eine Regelung, die die Versagungsgründe weiter fasst als die Landesstraßengesetze der Flächenländer. Der einschlägige § 18 Abs. 4 Satz 5 BremStrG lautet:

> „Die Erlaubnis ist zu versagen, wenn die Sondernutzung die Sicherheit oder Leichtigkeit des Verkehrs oder straßen- oder städtebauliche oder andere öffentliche Belange beeinträchtigen würde oder ihr Gründe der öffentlichen Sicherheit oder Ordnung entgegenstehen."

Soweit hier auf Gründe der öffentlichen Sicherheit oder Ordnung verwiesen wird, wird offenbar auf die überkommenen gefahrenabwehrrechtlichen Begriffe zurückgegriffen. Der unbestimmte Rechtsbegriff der öffentlichen Sicherheit umfasst insoweit sowohl den Schutz individueller Rechtsgüter (nämlich Leben, Gesundheit, Freiheit, Ehre und Vermögen des Einzelnen) als auch der des Staates und seiner Einrichtungen sowie der gesamten Rechtsordnung.[60] Damit wird in § 18 Abs. 4 Satz 5

---

58 *Sauthoff*, Öffentliche Straßen, 2. Aufl. 2010, § 8 Rn. 362.

59 OVG Berlin-Brandenburg, Urt. v. 3.11.2011 – OVG 1 B 65.10 – juris Rn. 20, 21 = NVwZ-RR 2010, 217 (218).

60 Siehe nur BVerfG, Beschl. v. 14.5.1985 – 1 BvR 233, 341/81 – juris Rn. 77 = BVerfGE 69, 315 (352); BVerwG, Urt. v. 28. 3. 2012 – 6 C 12/11 – juris Rn. 23 = BVerwGE 143, 74 Rn. 23; *Götz*, Allgemeines Polizei- und Ordnungsrecht, 15. Aufl. 2013, § 4 Rn. 3; *Kugelmann*, Polizei- und Ordnungsrecht, 2. Aufl. 2012, 5.

BremStrG gerade mit dem Verweis auf die „Gründe der öffentlichen Sicherheit“ ermöglicht, auch allgemeine Sicherheitsbelange – und damit auch Sicherheitsbelange bei Großveranstaltungen – zum Gegenstand (auch) von Nebenbestimmungen zur Sondernutzungserlaubnis zu machen. Wie in Berlin scheint in Bremen eine konkrete Gefahr für die öffentliche Sicherheit zudem nicht Voraussetzung für die Ablehnung von Sondernutzungserlaubnissen bzw. die Beifügung von Nebenbestimmungen zur Sondernutzungserlaubnis zu sein. Es reicht wohl aus, dass der Sondernutzung „Gründe der öffentlichen Sicherheit entgegenstehen“, was wohl auch eine (teilweise) Versagung wegen bloß abstrakter Gefährlichkeit der Sondernutzung gestattet. Auf Grund von § 18 Abs. 4 Satz 5 BremStrG können deshalb den Veranstaltern auch in Bremen formularmäßig und gleichförmig Sicherheitskonzeptpflichten auferlegt werden. Darauf hinzuweisen ist indes, dass es an Gerichtsentscheidungen zur Auslegung des § 18 Abs. 4 Satz 5 BremStrG noch fehlt.

cc) Sondernutzungserlaubnis und Nebenbestimmungen nach dem HmbWG

Schließlich bestehen noch Besonderheiten in Hamburg. Die einschlägigen Sätze 3 und 4 des § 19 Abs. 1 HmbWG lauten:

> „Ein Anspruch auf die Erlaubnis oder auf eine erneute Erteilung der Erlaubnis besteht nicht. Sie kann erteilt werden, wenn die Sicherheit des Verkehrs nicht eingeschränkt und die Leichtigkeit des Verkehrs nicht unverhältnismäßig beeinträchtigt wird, der Gemeingebrauch entweder nicht unverhältnismäßig eingeschränkt oder nicht für unverhältnismäßige Dauer ausgeschlossen wird und insbesondere Wegebestandteile, Maßnahmen der Wegebaulast, die Umgebung oder die Umwelt, städtebauliche oder sonstige öffentliche Belange einschließlich der Erzielung von öffentlichen Einnahmen auf Grund der Wegenutzung und die öffentlichen oder privaten Rechte Dritter nicht unverhältnismäßig beeinträchtigt werden.“

§ 19 Abs. 1 Satz 4 Nr. 3 HmbWG eröffnet damit durch den Begriff der *sonstigen öffentlichen Belange* – wie in Bremen und Berlin – wohl ebenfalls ein weites Anwendungsfeld auch für Nebenbestimmungen, so dass eine umfangreiche sicherheitsrelevante Steuerung von Großveranstaltungen mit entsprechenden Sicherheitskonzeptpflichten mit der straßenrecht-

---

Kapitel Rn. 35 ff.; *Pieroth/Schlink/Kniesel*, Polizei- und Ordnungsrecht mit Versammlungsrecht, 7. Aufl. 2012, § 8 Rn. 3 ff.;

lichen Sondernutzungserlaubnis verbunden werden könnte. Auch in Hamburg wird zudem eine konkrete Gefährdung der öffentlichen Belange durch die Sondernutzung nicht verlangt, sondern es scheint eine „Beeinträchtigung" auszureichen. Rechtsprechung, die die Begriffe „öffentliche Belange" und „beeinträchtigen" i. S. von § 19 Abs. 1 Satz 4 Nr. 3 HmbWG klärt, existiert jedoch soweit ersichtlich nicht.

f) Zusammenfassung und Ergebnis zu 1

Das Verfahren zur Erteilung von Sondernutzungserlaubnissen nach § 8 FStrG und den Landesstraßengesetzen der Flächenstaaten scheint nach alledem als ungeeignet, um als „Trägerverfahren" zur Regelung von Nebenbestimmungen zu dienen, die die Sicherheit einer sondernutzungserlaubnispflichtigen Großveranstaltung umfassend regeln und insofern z. B. die Erarbeitung, Vorlage, Abstimmung und Durchführung von Sicherheitskonzepten verlangen. Bei näherer Betrachtung erscheint dies auch als sachgemäß, weil die Straßenbehörden i. d. R. nicht über die notwendige Sachkunde in diesem Zusammenhang verfügen.

Anders ist dies in den Stadtstaaten. Die dort weiter gefassten Untersagungstatbestände, die auch sicherheitsrelevante Nebenbestimmungen für Großveranstaltungen (wohl auch unabhängig von konkreten Gefahren) ermöglichen, sind allerdings gerade durch die Besonderheiten der Stadtstaaten gerechtfertigt. Deren mehr oder weniger einheitliche Verwaltungsstrukturen jedenfalls auf der unteren Ebene des Verwaltungsaufbaus ohne rechtliche Trennung zwischen staatlichen Gefahrenabwehraufgaben und kommunalen Gestaltungsaufgaben lassen dem Gedanken der „Ressortfremdheit" ein geringeres Gewicht zukommen.[61] Gerade deshalb wäre es aber auch kaum sinnvoll, die Regelungen der Stadtstaaten auf die Flächenländer zu übertragen.[62]

---

61 Zur Verwaltungsorganisation der Stadtstaaten siehe für Berlin den Beitrag von *Hurnik*, für Bremen den Beitrag von *Göbel* und für Hamburg den Beitrag von *Bull* in: Mann/Püttner (Hrsg.), Handbuch der kommunalen Wissenschaft und Praxis – Band 1: Grundlagen und Kommunalverfassung, 3. Aufl. 2007, § 26a Rn. 14 ff.; § 26b Rn. 28 ff.; 43 ff.; § 26c Rn. 55 f.

62 *Sauthoff*, Öffentliche Straßen, 2. Aufl. 2010, § 8 Rn. 362.

2. Straßenverkehrsrecht

a) Relevanz für Großveranstaltungen – Allgemeines

Bei Großveranstaltungen kann es zu vielerlei Berührungspunkten mit dem Straßenverkehr kommen. Diese können durch die Nutzung von Verkehrsflächen als Veranstaltungsort entstehen, soweit sich die Veranstaltung auf den Verkehrsfluss auswirkt (wie z. B. bei Radveranstaltungen oder Marathonveranstaltungen oder durch den Aufbau von Buden und Karussells auf Verkehrsflächen).[63] Möglich ist aber auch eine Beeinflussung des Verkehrs „nur" durch den An- und Abgangsverkehr bzw. durch parkende Veranstaltungsteilnehmer.

Das Straßenverkehrsrecht ist zunächst in dem – auf Grundlage des Art. 74 Abs. 1 Nr. 22 GG vom Bund erlassenen – StVG geregelt. Im StVG finden sich Verordnungsermächtigungen, aufgrund derer u.a. die StVO erlassen worden ist. Regelungsgegenstand des Straßenverkehrsrechts ist der öffentliche Straßenverkehr. Unter primär ordnungsrechtlichen Gesichtspunkten[64] sollen die spezifischen Gefahren, Behinderungen und Belästigungen geregelt werden, die durch die Straßennutzung der Verkehrsteilnehmer entstehen.[65] Anders als im Straßenrecht geht es also weniger um die Nutzung des Straßenkörpers als um ein Verhalten bei der Straßennutzung. Beides kann deckungsgleich sein. In diesen Fällen greifen die Konzentrationsregelungen zugunsten der Straßenverkehrsbehörde (s. u. C. III. 2. b). Eine Nutzung kann aber auch mit dem Straßenrecht übereinstimmen und gleichzeitig einer straßenverkehrsrechtlichen Regelung bedürfen.

b) Regelungsstruktur des § 29 StVO

Die Nutzung öffentlicher Verkehrsflächen ist grundsätzlich erlaubnisfrei. § 29 StVO schränkt diese Erlaubnisfreiheit für die Fälle der übermäßigen Straßennutzung ein. Es wird zwischen drei Tatbeständen unterscheiden: Durch § 29 Abs. 1 StVO werden allgemein Rennen mit Kraftfahrzeugen

---

63 Vgl. *Güllemann/Mertens,* Veranstaltungsmanagement, Event- und Messerecht, 6. Aufl. 2013, S. 212.

64 BVerfG, Beschl. v. 10.12.1975 – 1 BvR 118/71 – juris Rn. 33 = BVerfGE 40, 371 (380); *König,* in: Hentschel/König/Dauer, Straßenverkehrsrecht, 42. Aufl. 2013, Einleitung Rn. 6, 49.

65 Vgl. *Herber,* in: Kodal (Begr.), Straßenrecht, 7. Aufl. 2010, Kap. 4 Rn. 4.3.

untersagt, die jedoch nach § 46 Abs. 2 StVO für bestimmte Einzelfälle oder allgemein für bestimmte Antragsteller von den nach Landesrecht zuständigen Stellen erlaubt werden können.[66] § 29 Abs. 2 StVO betrifft sonstige Veranstaltungen, für die Straßen mehr als verkehrsüblich in Anspruch genommen werden, und macht sie von einer straßenverkehrsrechtlichen Erlaubnis abhängig. Damit stellen sowohl § 29 Abs. 1 StVO als auch § 29 Abs. 2 StVO ein Verbot mit Erlaubnis- bzw. Ausnahmevorbehalt dar.[67] Die Regelung über den Schwerverkehr in § 29 Abs. 3 StVO betrifft dagegen allenfalls einen Einzelaspekt einer Großveranstaltung und wird daher an anderer Stelle behandelt (s. u. B. III. 1).

c) Anwendbarkeit der StVO

§ 29 StVO setzt zunächst die Anwendbarkeit der StVO und damit eine Teilnahme am *öffentlichen Straßenverkehr* voraus. Öffentlicher Straßenverkehr umfasst zunächst die Nutzung aller öffentlichen Wege, die aufgrund straßenrechtlicher Widmung zum allgemeinen Gebrauch zugelassen sind (rechtliche öffentliche Wege). Der Begriff des öffentlichen Straßenverkehrs beinhaltet jedoch auch die Nutzung von nicht straßenrechtlich gewidmeten Wegen, die der Allgemeinheit mit Zustimmung des Berechtigten zum Gemeingebrauch überlassen worden sind (tatsächlich-öffentliche Wege).[68] Dementsprechend bestimmt die Allgemeine Verwaltungsvorschrift zur Straßenverkehrs-Ordnung (VwV-StVO) in Abs. II zu § 1 StVO:

> „Öffentlicher Verkehr findet auch auf nicht gewidmeten Straßen statt, wenn diese mit Zustimmung oder unter Duldung des Verfügungsberechtigten tatsächlich allgemein benutzt werden. Dagegen ist der Verkehr auf öffentlichen Straßen nicht öffentlich, solange diese, zum Beispiel wegen Bauarbeiten, durch Absperrschranken oder ähnlich wirksame Mittel für alle Verkehrsarten gesperrt sind."

---

66 BVerwG, Urt. v. 13.3.1997 – 3 C 2/97 – juris Rn. 24 = BVerwGE 104, 154 (156); OVG Münster, Urt. v. 12.6.1996 – 25 A 199/96 – juris Rn. 2 = NVwZ-RR 1997, 4; *Janker* in: Burmann/Heß/Jahnke/Janker, Straßenverkehrsrecht, 22. Aufl. 2012, § 29 StVO Rn. 3; *König*, in: Hentschel/König/Dauer, Straßenverkehrsrecht, 42. Aufl. 2013, § 29 StVO Rn. 3.

67 Vgl. OVG Lüneburg, Beschl. v. 30.4.2010 – 12 ME 111/10 – juris Rn. 7 = NordÖR 2010, 253 f.

68 Vgl. (m. w. N.) BGH, Urt. v. 25.4.1985 – III ZR 53/84 – juris Rn.8 = NJW-RR 1986, 189; *König*, in: Hentschel/König/Dauer, Straßenverkehrsrecht, 42. Aufl. 2013, § 1 StVO Rn. 13 f.

Die Prüfung verkehrsrechtlicher Vorschriften ist somit bei Großveranstaltungen unabhängig vom Eigentum und der straßenrechtlichen Widmung des in Anspruch genommenen Grundstücks geboten, wenn die Fläche dem Verkehr freigegeben ist, sie also zum öffentlichen Verkehrsraum gehört.[69] Die Beurteilung der Zugänglichkeit richtet sich dabei nach den erkennbaren äußeren Umständen.[70] Die StVO gilt jedoch nicht außerhalb des so feststellbaren öffentlichen Verkehrsraums.[71] Umgekehrt bedeutet dies, dass die StVO dann nicht anwendbar ist, wenn zwar eine Fläche genutzt wird, die nach Maßgabe der Straßengesetze Straßenbestandteil ist (s. o. B I. 1. a), aber nicht selbst dem Verkehr dient, wie z. B. ein Grünstreifen.[72]

d) Erlaubnis nach § 29 Abs. 2 Satz 1 StVO

§ 29 Abs. 2 StVO, der den mehr als verkehrsüblichen Gebrauch öffentlicher Verkehrsflächen durch Veranstaltungen regelt, ist die Vorschrift der Straßenverkehrsverordnung, die durch Großveranstaltungen regelmäßig berührt wird. § 29 Abs. 2 StVO lautet:

> „Veranstaltungen, für die Straßen mehr als verkehrsüblich in Anspruch genommen werden, bedürfen der Erlaubnis. Das ist der Fall, wenn die Benutzung der Straße für den Verkehr wegen der Zahl oder des Verhaltens der Teilnehmenden oder der Fahrweise der beteiligten Fahrzeuge eingeschränkt wird; Kraftfahrzeuge in geschlossenem Verband nehmen die Straße stets mehr als verkehrsüblich in Anspruch. Veranstaltende haben dafür zu sorgen, dass die Verkehrsvorschriften sowie etwaige Bedingungen und Auflagen befolgt werden."

Eine „Veranstaltung" i. S. dieser Vorschrift liegt vor, wenn die Veranstaltung einen gewissen organisatorischen Aufwand und Umfang aufweist und deren Wirkung den allgemeinen Verkehr stört.[73] Daher ist der Begriff

---

69 S. auch VGH München, Urt. v. 26.2.2013 – 8 B 11.1708 – juris Rn. 32 = BayVBl. 2013, 629, 630.

70 *König*, in: Hentschel/König/Dauer, Straßenverkehrsrecht, 42. Aufl. 2013, § 1 StVO Rn. 14.

71 *König*, in: Hentschel/König/Dauer, Straßenverkehrsrecht, 42. Aufl. 2013, § 1 StVO Rn. 16a.

72 BGH, Urt. v. 8.6.2004 – 4 StR 160/04 – juris Rn. 6 f. = NZV 2005, 50 (51); *König*, in: Hentschel/König/Dauer, Straßenverkehrsrecht, 42. Aufl. 2013, § 1 StVO Rn. 16.

73 *Janker* in: Burmann/Heß/Jahnke/Janker, Straßenverkehrsrecht, 22. Aufl. 2012, § 29 StVO Rn. 4; *König*, in: Hentschel/König/Dauer, Straßenverkehrsrecht, 42. Aufl. 2013, § 29 StVO Rn. 4.

der „Veranstaltung“ i. S. des § 29 Abs. 2 StVO auch nicht mit dem Begriff des „Vorhabens“ gleichzusetzen. Es geht folglich nicht um die Aufstellung von „Verkehrshindernissen“ (vgl. § 32 StVO), wie etwa das Aufstellen von Tischen und Stühlen durch einen Gastwirt oder eines Imbisswagens auf der Verkehrsfläche. Vielmehr kann eine „Veranstaltung“ i. S. des § 29 Abs. 2 StVO nur vorliegen, wenn mehrere Personen etwas zusammen machen. Insoweit bezieht sich die Erlaubnis nach § 29 Abs. 2 StVO auch nur auf die „Veranstaltung“ insgesamt, ohne Regelungen zur Zulässigkeit der Errichtung von „Infrastrukturen“ derartiger Veranstaltungen (Imbissbuden, Bestuhlung, sanitäre Anlagen) zu treffen (s. auch unten C III. 2. b). Neben den Veranstaltungen, die Verkehrsflächen zu Zwecken der Teilnahme am Verkehr nutzen, gilt die Erlaubnispflicht allerdings auch bei stationären Veranstaltungen.[74] Auch soweit die Veranstaltung reflexhaft, z.B. durch Zu- und Abgangsverkehr oder durch ein großes Aufkommen parkender Autos in den Verkehrsfluss eingreift, kann eine verkehrsrechtliche Erlaubnis erforderlich sein.[75] Eine straßenverkehrsrechtliche Erlaubnis ist aber nur dann einzuholen, wenn die übermäßige Nutzung noch im Rahmen der Widmung der Straße erfolgt.[76] Dies ist nicht der Fall, wenn für die Veranstaltung die Straße vollkommen gesperrt wird und dadurch den anderen Verkehrsteilnehmer entzogen wird.[77] Bei übermäßiger Nutzung, bei der der Widmungszweck nicht erhalten bleibt, ist daher ausschließlich die straßenrechtliche Sondernutzungserlaubnis einzuholen.[78]

Worin eine *mehr als verkehrsübliche Inanspruchnahme* gesehen wird, konkretisiert § 29 Abs. 2 Satz 2 StVO. Hiernach sind neben der Zahl und des Verhaltens der Teilnehmer auch die Zuschauer der Veranstaltung relevant.[79] Eine Erlaubnis nach § 29 Abs. 2 StVO ist daher z.B. einzuholen bei[80] Veranstaltungen mit Kraftfahrzeugen, die nicht unter den Begriff des Rennens fallen (Oldtimer-Veranstaltungen, Sternfahrten), Sportveranstal-

---

74 BVerwG Urt. v. 21.4.1989 – 7 C 50/88 – juris Rn. 8 ff. = BVerwGE 82, 34 (36 f.).

75 *Ley*, Rechtshandbuch der Märkte und Volksfeste, 1. Aufl. 2008, Rn. 280.

76 *Sauthoff*, Öffentliche Straßen, 2010, § 23 Rn. 845.

77 OVG Schleswig, Urt. v. 29.6.1995 – 4 M 65/95 – juris Rn. 3.

78 *Sauthoff*, Öffentliche Straßen, 2010, § 23 Rn. 845.

79 *Janker*, in: Burmann/Heß/Jahnke/Janker, Straßenverkehrsrecht, 22. Aufl. 2012, § 29 StVO Rn. 5.

80 Vgl. die Beispiele bei *König*, in: Hentschel/König/Dauer, Straßenverkehrsrecht, 42. Aufl. 2013, § 29 StVO Rn. 4.

tungen (Radsportveranstaltungen, Radtouristikveranstaltungen[81], Stadtläufe, Marathon-, Duathlon- und Triathlonveranstaltungen, Inline-Skater-Veranstaltungen), Umzügen (Fastnachts- und Karnevalsumzüge, Brauchtums- und Festumzüge), Volkswanderungen[82], Märkten auf öffentlichen Verkehrsflächen (Spezialmarkt, Jahrmarkt) und Straßenfesten (Stadtfeste, Weinfeste, Konzerte) etc.

Der Erlaubnis, die im Ermessen der Straßenverkehrsbehörde liegt, können nach § 36 Abs. 2 VwVfG Nebenbestimmungen beigefügt werden. Auch hier richtet sich die Bandbreite der Steuerungsmöglichkeiten nach Sinn und Zweck der Ermächtigung. § 29 StVO bezweckt den Schutz des allgemeinen Verkehrs, d.h. seiner Leichtigkeit und Sicherheit, dient aber z. B. nicht dem Schutz des einzelnen Anliegers.[83] Anerkannt ist jedoch, dass die straßenverkehrsrechtlichen Regelungen nicht nur der Abwehr der dem Verkehr selbst drohenden Gefahren dienen, sondern auch der Abwehr der vom Straßenverkehr ausgehenden Gefahren für die Umwelt, z. B. für die Natur und für die erholungssuchende Bevölkerung.[84] Dennoch ist etwa entschieden worden, dass die Frage, inwieweit der Berliner Tiergarten durch die Durchführung der Love-Parade 1997 naturschutz- oder denkmalschutzrechtlich beeinträchtigt wird, nicht zum Prüfungsgegenstand der sich auf die Nutzung des Ernst-Reuter-Platzes, der Straße des 17. Juni, des Platzes vor dem Brandenburger Tor und des Großen Sterns beziehenden Erlaubnis nach § 29 Abs. 2 StVO gehört.[85] Wie bei der straßenrechtlichen Sondernutzungserlaubnis können damit die allgemeinen, nichtverkehrsbezogenen Gefahren einer Großveranstaltung nicht zum Gegenstand von Nebenbestimmungen zur Erlaubnis nach § 29 Abs. 2 StVO gemacht werden. So zählt denn auch die VwV-StVO zu § 29 zwar vielfältige sicherheitsbezogene Auflagen auf, die dem Erlaubnisbescheid beigefügt werden können. Alle diese Auflagen haben aber einen straßen- oder verkehrsbezogenen Charakter und betreffen keine allgemeinen Gefahren von

---

81 Nach Rn. 9 der Verwaltungsvorschrift zu § 29 StVO ab mehr als 100 Teilnehmern.

82 Nach Rn. 10 der Verwaltungsvorschrift zu § 29 StVO ab mehr als 500 Teilnehmern.

83 *Janker,* in: Burmann/Heß/Jahnke/Janker, Straßenverkehrsrecht, 22. Aufl. 2012, § 29 StVO Rn. 1.

84 OVG Lüneburg, Urt. v. 12.8.1998 – 12 L 7814/95 – juris Rn. 43 = DVBl. 1996, 1441 (1443).

85 OVG Berlin, Beschl. v. 4.7.1998 – 1 SN 154/97 – NJW 1998, 1423.

Großveranstaltungen, wie z. B. Regelungen über Rettungswege, Brandschutz, Ordner etc.

e) Rennen mit Kraftfahrzeugen: Ausnahmegenehmigung nach § 29 Abs. 1 i. V. mit § 46 Abs. 2 Satz 1 und Satz 3 Halbsatz 2 StVO

§ 29 Abs. 1 StVO ist einschlägig, wenn mit der Veranstaltung die Durchführung von Rennen mit Kraftfahrzeugen im öffentlichen Verkehrsraum einhergeht. Rennen sind nach VwV-StVO zu § 29 Nr. 1[86]:

> „...Wettbewerbe oder Teile eines Wettbewerbes (z. B. Sonderprüfung mit Renncharakter) sowie Veranstaltungen zur Erzielung von Höchstgeschwindigkeiten oder höchsten Durchschnittsgeschwindigkeiten mit Kraftfahrzeugen (z. B. Rekordversuch). Auf die Art des Starts (gemeinsamer Start, Gruppen- oder Einzelstart) kommt es nicht an.
>
> Indizien für das Vorliegen eines Wettbewerbs sind die Verwendung renntypischer Begriffe, die Beteiligung von Sponsoren, gemeinsame Start-, Etappen- und Zielorte, der nahezu gleichzeitige Start aller Fahrzeuge, Startnummern, besondere Kennzeichnung und Werbung an den Fahrzeugen sowie vorgegebene Fahrtstrecken und Zeitnahmen (auch verdeckt) und die Verbindung zwischen den einzelnen Teilnehmern bzw. zwischen den Teilnehmern und dem Veranstalter (per Funk, GPS o. ä.). Die Einhaltung der geltenden Verkehrsregeln oder das Fahren im Konvoi widerspricht dem Renncharakter nicht.“

Umstritten ist dabei, ob ein Rennen i. S. von § 29 Abs. 1 StVO auch vorliegt, wenn die Straße eigens abgesperrt ist und deshalb kein anderer Verkehr außerhalb des Rennens stattfindet.[87]

§ 29 Abs. 1 StVO verbietet Rennen mit Kraftfahrzeugen grundsätzlich. Eine Ausnahmegenehmigung kann nach § 46 Abs. 2 Satz 1 StVO durch die zuständigen obersten Landesbehörde oder einer nach Landesrecht dazu bestimmten Stelle erteilt werden. Die Genehmigungserteilung liegt im Ermessen der Behörde. Bei ihrer Ermessenserwägung muss diese beach-

---

86 S. auch OVG Münster, Urt. v. 12.6.1996 – 25 A 199/96 – juris Rn. 2 = NVwZ-RR 1997, 4.

87 So *Janker*, in: Burmann/Heß/Jahnke/Janker, Straßenverkehrsrecht, 22. Aufl. 2012, § 29 StVO Rn. 2; *Sauthoff*, Öffentliche Straßen, 2. Aufl. 2010, § 23 Rn. 844; *Stahlhut*, in: Kodal (Begr.), Straßenrecht, 7. Aufl. 2010, Kap. 25 Rn. 121; a. A. OVG Münster, Urt. v. 12.6.1996 – 25 A 199/96 – juris Rn. 2 = NVwZ-RR 1997, 4 (6) und *König*, in: Hentschel/König/Dauer, Straßenverkehrsrecht, 42. Aufl. 2013, § 1 StVO Rn. 16 (die eine, für eine Rennveranstaltung abgesperrte Verkehrsfläche nicht dem öffentlichen Verkehr zuordnen).

ten, dass das Verbot von Rennen mit Kraftfahrzeugen zunächst ausnahmslos ist und die Ausnahmemöglichkeit nur für sachlich besonders gelagerte Fälle bestehen soll.[88] Eine Ausnahme kann nur erteilt werden, wenn das Schutzgut der Vorschrift nicht wesentlich beeinträchtigt wird. Die Interessen der Allgemeinheit (insbesondere auch der Anlieger) sind mit dem Interesse des Antragstellers abzuwägen. Der Antragsteller muss die besonderen Umstände, die die Versagung einer Ausnahmeerteilung als eine besondere Härte erscheinen ließen, substantiiert vorbringen.[89]

Soweit die Ausnahmegenehmigung erteilt wird, stehen der Erteilungsbehörde mit der Beifügung von Nebenbestimmungen nach § 46 Abs. 3 Satz 1 StVO die Möglichkeit einer Steuerung zur Verfügung. Die Bandbreite der Nebenbestimmungen, die der Ausnahmegenehmigung beigefügt werden können, wird zunächst durch den Zweck der Ermächtigung des § 46 Abs. 3 StVO vorgegeben. Das Rennverbot des § 29 Abs. 1 StVO dient der Sicherheit der übrigen Verkehrsteilnehmer. Darüber hinaus ist bei der Ermessensentscheidung und somit auch bei den Nebenbestimmungen darauf zu achten, dass die Auswirkung der Entscheidung nicht den Zielen der Verordnungsermächtigung aus § 6 Abs. 1 Nr. 3 lit. d StVG (Schutz der Wohnbevölkerung und Erholungssuchenden gegen Lärm und Abgas durch den Kraftfahrzeugverkehr und über Beschränkungen des Verkehrs an Sonn- und Feiertagen) entgegensteht.[90] Somit dürfen Nebenbestimmungen beigefügt werden, die Belästigungen vermeiden sollen, insbesondere den Schutz der Wohnbevölkerung und der Erholungssuchenden vor Abgas und Kraftfahrzeugverkehr.[91] Entsprechend können der Ausnahmegenehmigung Nebenbestimmungen beigefügt werden, die rennbedingte Gefährdungen und Belästigungen betreffen.[92]

Rennen, die eine Ausnahmegenehmigung nach § 46 Abs. 3 Satz 1 StVO erhalten, werden dadurch aber noch nicht straßenverkehrsrechtlich erlaubt. Vielmehr werden sie hierdurch nur zu einer erlaubnisfähigen Veranstal-

---

88 BVerwG, Urt. v. 13.3.1997 – 3 C 2/97 – juris Rn. 27 = BVerwGE 104, 154 (157); OVG Münster, Urt. v. 12.6.1996 – 25 A 199/96 – juris Rn. 2 = NVwZ-RR 1997, 4 (6).

89 BVerwG, Urt. v. 13.3.1997 – 3 C 2/97 – juris Rn. 40 = BVerwGE 104, 154 (161).

90 OVG Lüneburg, Urt. v. 12.8.1996 – 12 L 7814/95 – juris Rn. 38 = DVBl. 1996, 1441 (1443).

91 BVerwG, Urt. v. 16.3.1994 – 11 C 48/92 – juris Rn. 24 f. = NVwZ 1994, 1095 (1097); *Sauthoff*, Öffentliche Straßen, 2. Aufl. 2010, § 23 Rn. 844.

92 Vgl. die in den Rn. 41 bis 60 der VwV zu § 29 StVO genannten Bedingungen.

tung i. S. von § 29 Abs. 2 Satz 1 StVO (VwV zu § 29 StVO Nr. 40) und unterliegen den dafür gegeben Steuerungsmöglichkeiten. Da die Ermessenerwägungen für eine Erlaubnis nach § 29 Abs. 2 StVO aber engeren Voraussetzungen unterliegt (s.o. B. I. 2. d), folgt hieraus keine Erweiterung der Steuerungsmöglichkeiten durch Nebenbestimmungen. Hierbei kann bereits in Zweifel gezogen werden, ob Gefahren, die durch die Zuschauermenge selbst entstehen, durch Nebenbestimmungen nach § 29 Abs. 2 StVO begegnet werden kann.

f) Zusammenfassung und Ergebnis zu 2

Zwar ist die straßenverkehrsrechtliche Erlaubnis nach § 29 Abs. 2 StVO bei Großveranstaltungen auf öffentlichen Verkehrsflächen regelmäßig einzuholen. Die Variationsbreite der möglichen Nebenbestimmungen reicht aber nicht zur umfassenden sicherheitsbezogenen Regelung von Großveranstaltungen aus. Auch die Erlaubnis nach § 29 Abs. 2 StVO ist daher weitgehend ungeeignet, als „Trägerverfahren" zur Regelung von Nebenbestimmungen zu dienen, die die Sicherheit einer sondernutzungserlaubnispflichtigen Großveranstaltung umfassend regeln und insofern z. B. die Erarbeitung, Vorlage, Abstimmung und Durchführung von Sicherheitskonzepten verlangen. Dies spiegelt sich eindeutig in den Auflagen der VwV zu § 29 StVO wieder. Auch der etwas erweiterte Bezugsrahmen bei der Entscheidung nach §§ 29 Abs. 1 i. V. mit 46 Abs. 2 Satz 1 und Satz 3 Halbsatz 2 StVO bei Autorennveranstaltungen ermöglicht keine umfassende Regelung von Sicherheitsfragen derartiger Veranstaltungen durch Nebenbestimmungen.

3. Recht der Nutzung sonstiger Grundstücke und Anlagen der öffentlichen Hand, insbesondere Recht der (kommunalen) öffentlichen Einrichtungen

a) Relevanz für Großveranstaltungen – Allgemeines

Großveranstaltungen finden vielfach auch in öffentlichen Grünanlagen, auf kommunalen Festplätzen oder sonstigen Grundstücken der öffentlichen Hand statt, die keine öffentlichen Straßen oder Verkehrsflächen sind. Hierbei handelt es sich oftmals um kommunale öffentliche Einrichtungen, wenn die Einrichtung von einer Kommune „betrieben", d. h. wenn sie unabhängig von der Eigentumslage in der Lage ist, die öffentliche Zweckbindung der Einrichtung durch Ausübung von (ggf. vertraglichen) Mitwirkungs- und Weisungsrechten durchzusetzen.[93] Die entsprechenden Grundstücke und Anlagen können im Einzelfall aber auch einer anderen juristischen Person des öffentlichen Rechts – z. B. (wie bei der Bonner Hofgartenwiese) einer Universität – gehören, die diese Flächen dann (bei entsprechender Widmung) letztlich auf Grund des allgemeinen Gleichbehandlungsgrundsatzes (Art. 3 Abs. 1 GG) nach ganz ähnlichen Grundsätzen zu verwalten hat, wie sie für kommunale öffentliche Einrichtungen gelten.[94] Dies erlaubt sich im Folgenden pars pro toto auf die Nutzung *kommunaler* Anlagen und Grundstücke für Großveranstaltungen zu konzentrieren. Die hier gefundenen Ergebnisse lassen sich vollständig auf die Nutzung von Grundstücken und Anlagen übertragen, die von anderen Verwaltungsträgern „gehalten“ und „betrieben“ werden, nur dass dann eben über die Zulassung der Veranstaltung nicht eine Kommune, sondern eben dieser andere Verwaltungsträger entscheidet.

Zu unterscheiden sind insoweit drei Fallkonstellationen, die aber gemeinsam haben, dass Straßenrecht hier mangels straßenrechtlicher Widmung keine Anwendung findet:[95] Zunächst kann die Nutzung eines kommunalen Grundstücks für eine Großveranstaltung durchaus dem Widmungszweck dieses Grundstücks entsprechen, wie dies etwa bei kommunalen Festplätzen der Fall ist, die die Gemeinde gerade für die Veranstaltung z. B. von Jahrmärkten oder Zirkusvorführungen bereit hält (und die bei „Leerzeiten“ oft als kommunale Parkplätze genutzt werden, ohne straßenrechtlich gewidmet zu sein). Anders ist es, wenn eine Kommune z. B. ihre Grünanlagen, die an sich nur Naherholungszwecken gewidmet sind, oder ein kommunaler Schulträger (weitläufiges) Schulgelände ausnahmsweise für die Durchführung einer Großveranstaltung zur Verfügung stellt. In diesen Fällen handelt es sich bei der Nutzung dieser Grundstücke für eine Großveranstaltung um eine von deren Widmung nicht gedeckte Sondernutzung, die eigenen Regeln folgt. Schließlich sind noch Fälle denkbar, in denen eine Kommune ein Grundstück für eine Großveranstaltung zur Verfügung stellt, das allein dem Finanz- oder Verwaltungsvermögen der

93 Siehe m. w. N. nur OVG Lüneburg, Beschl. v. 11.12.2012 – 10 ME 130/12 – juris Rn. 20 = DVBl. 2013, 253 (254).

94 Vgl. für die Bonner Hofgartenwiese: BVerwG, Urt. v. 29.10.1992 – 7 C 34/91 – juris Rn. 13 = BVerwGE 91, 135 (137 f.).

95 Dies scheint nicht überall bekannt zu sein, vgl. etwa *Funke/Müller*, Eventrecht, 3. Aufl. 2009, Rn. 630, 634.

Kommune zugeordnet ist, und daher grundsätzlich nicht für die Öffentlichkeit zugänglich ist, so wenn z. B. kommunales Brachland für eine (einmalige) Großveranstaltung „zwischengenutzt“ werden soll.

b) Zulassung zu (kommunalen) Fest- und Veranstaltungsplätzen

Soweit eine Großveranstaltung auf einem kommunalen Fest- oder Veranstaltungsplatz stattfinden soll, richtet sich die Frage, ob und wie die Veranstaltung auf diesem Platz durchgeführt werden kann, nach den allgemeinen kommunalrechtlichen Grundsätzen über die Nutzung öffentlicher Einrichtungen. Von erheblicher Bedeutung ist insoweit die Reichweite der „Widmung“ dieser Einrichtung. Als „Widmung“ wird in diesem Zusammenhang die Rechtsgrundlage für solche Ansprüche bezeichnet, die auf Zulassung zur Nutzung derjenigen Personen durch die Kommune gerichtet sind, die die Sache widmungskonform nutzen wollen.[96] Insoweit ist die Widmung (ggf. i. V. m. den kommunalrechtlichen Regelungen über den Zugang zu öffentlichen Einrichtungen und Art. 3 Abs. 1 GG) Rechtsquelle, die in verschiedenen Rechtsetzungsformen auftreten kann: Naheliegend ist es, solche Ansprüche durch formellen Rechtssatz zu begründen, insbesondere durch (kommunale) Satzung.[97] Nach mittlerweile überwiegender Auffassung ist es aber auch möglich, diese Ansprüche mittels (öffentlich bekannt zu gebender) sachbezogener Allgemeinverfügung i. S. der § 35 Satz 2 Alt. 2 oder 3 VwVfG als „rechtsgeschäftliche Rechtsetzungsform“[98] zur Entstehung zu bringen.[99] Anerkannt ist schließlich auch eine Anspruchsbegründung durch „konkludente Widmung“, also durch einen

---

96 Deutlich *Axer,* Die Widmung als Schlüsselbegriff des Rechts der öffentlichen Sachen, 1994, S. 176 ff.; *Ehlers*, Rechtsprobleme der Nutzung kommunaler öffentlicher Einrichtungen, Jura 2012, 849 (850 f.); *Püttner/Lingemann*, Aktuelle Probleme der Zulassung zu öffentlichen Einrichtungen, JA 1984, 121 (123 f.); *U. Stelkens*, Das Recht der Öffentlichen Sachen – Allgemeines Verwaltungsrecht, Besonderes Verwaltungsrecht, Trümmerhaufen – oder was?, Die Verwaltung 46 (2013, S. 493 (534).

97 Ausführlich hierzu *Becker/Sichert,* Einführung in die kommunale Rechtsetzung am Beispiel gemeindlicher Benutzungssatzungen, JuS 2000, 348 (349).

98 *U. Stelkens*, Das Recht der Öffentlichen Sachen – Allgemeines Verwaltungsrecht, Besonderes Verwaltungsrecht, Trümmerhaufen – oder was?, Die Verwaltung 46 (2013), S. 493 (534).

99 *U. Stelkens*, in: P. Stelkens/Bonk/Sachs (Hrsg.), VwVfG, 8. Aufl. 2014, § 35 Rn. 324 m. w. N.

sich u. U. über Jahre erstreckenden tatsächlichen Verhaltensprozess. Hierbei handelt es sich letztlich um die Anerkennung „lokalen Gewohnheitsrechts“ (Observanz), wobei jedoch für die Entstehung und Beendigung der Observanz vergleichsweise geringe Anforderungen gestellt werden.[100]

Aus der – in welcher Form auch immer erlassenen – „Widmung“ ergibt sich (ggf. i. V. mit den kommunalrechtlichen Zugangsansprüchen oder Art. 3 Abs. 1 GG) in der Regel jedoch nur, ob eine bestimmte Großveranstaltung überhaupt auf einem bestimmten Festplatz regulär durchgeführt werden kann bzw. ob der Veranstalter einen Anspruch auf Durchführung der Veranstaltung auf dem Festplatz hat. Allerdings wird zumeist zwischen der eigentlichen „Widmung“ und den hiervon (nicht immer eindeutig trennbaren) „Nutzungsbedingungen“ unterschieden, die das Nutzungsverhältnis zwischen dem Veranstalter und der Kommune näher ausgestalten. Insoweit hängt die Rechtsnatur dieser Nutzungsbedingungen davon ab, wie die öffentliche Einrichtung organisiert ist, insbesondere ob sich die Gemeinde – im Rahmen ihrer sog. „Wahlfreiheit“ – dafür entschieden hat, das Einrichtungsnutzungsverhältnis öffentlich-rechtlich oder privatrechtlich auszugestalten.[101] Unabhängig von der Rechtsnatur des Nutzungsverhältnisses ist jedenfalls zu beachten, dass die Nutzungsbedingungen den sich aus der „Widmung“ ergebenden Zulassungsanspruch wiederum nicht aushöhlen, insoweit also keine „erdrosselnde Wirkung“ haben dürfen.[102] Ist das Nutzungsverhältnis privatrechtlich ausgestaltet[103] und werden die Nutzungsbedingungen dann durch (echte) Allgemeine Geschäftsbedingungen i. S. der §§ 305 ff. BGB konkretisiert, spricht zudem viel für eine aus Art. 3 Abs. 1 GG herzuleitende Pflicht der Kommune, bei gleicharti-

100 *U. Stelkens*, Das Recht der Öffentlichen Sachen – Allgemeines Verwaltungsrecht, Besonderes Verwaltungsrecht, Trümmerhaufen – oder was?, Die Verwaltung 46 (2013), S. 493 (534).

101 Siehe zu den Gestaltungsmöglichkeiten nur (m. w. N.) *Ehlers*, Rechtsprobleme der Nutzung kommunaler öffentlicher Einrichtungen, Jura 2012, 692 (694 ff.).

102 Vgl. für Zugangsansprüche politischer Parteien: *Gassner*, Grenzen des Zulassungsanspruchs politischer Parteien zu kommunalen öffentlichen Einrichtungen, VerwArch. 85 (1994), 533 (561 ff.); *Ossenbühl*, Rechtliche Probleme der Zulassung zu öffentlichen Stadthallen, DVBl. 1973, 289 (298); *Vollmer*, Inhalt und Umfang des Zulassungsanspruchs politischer Parteien zu den kommunalen öffentlichen Einrichtungen, DVBl. 1989, 1087 (1093); allgemein *U. Stelkens*, Verwaltungsprivatrecht, 2005, S. 999.

103 Dies scheint die Regel bei derartigen öffentlichen Einrichtungen zu sein, vgl. *Güllemann/Mertens*, Veranstaltungsmanagement, Event- und Messerecht, 6. Aufl. 2013, S. 7 f.

gen Sachverhalten auch identische Geschäftsbedingungen ihren Verträgen zu Grunde zu legen.[104] Gerade auch deshalb kann die Kommune aber durch Satzung detaillierte Vorgaben machen, wie diese privatrechtlichen Nutzungsverträge auszusehen haben.[105]

Allgemein anerkannt ist zudem, dass Ziel derartiger Nutzungsbedingungen auch sein kann, die von einer Veranstaltung ausgehenden Gefahren und Risiken für die Veranstaltungsteilnehmer, Anlieger und Dritte sowie auch für die Sachsubstanz der Einrichtung angemessen zwischen dem Veranstalter und der Kommune zu verteilen.[106] So können etwa bei „schadensgeneigten Veranstaltungen“ Haftungsübernahmen, Sicherheitsleistungen oder auch der Nachweis einer Haftpflichtversicherung vom Veranstalter verlangt werden.[107] Auch können die Verpflichtungen, die der Kommune als Einrichtungsbetreiber gegenüber ihren Grundstücksnachbarn obliegen, auf den Veranstalter „weitergeleitet“ werden, etwa durch Festlegung der Veranstaltungsdauer und zulässige Geräuschemissionen in den Nutzungsbedingungen. Dabei wird nicht als Voraussetzung derartiger Regelungen gesehen, dass die Veranstaltung im oben beschriebenen Sinne (s. o. A III) konkret gefährlich ist. Eine abstrakte Gefährlichkeit der Veranstaltung reicht aus.

Aus alledem ergibt sich, dass die Kommune selbst bei einem bestehenden Zulassungsanspruch des Veranstalters über vielfältige Möglichkeiten verfügt, in die Nutzungsbedingungen auch Regelungen aufzunehmen, die die Sicherheit einer Großveranstaltung unabhängig von ihrer konkreten Gefährlichkeit umfassend regeln und insofern z. B. auch formularmäßig und allgemein die Erarbeitung, Vorlage, Abstimmung und Durchführung von Sicherheitskonzepten oder auch eine unmittelbare Kooperation mit den Polizei- und Ordnungsbehörden zu verlangen. Dementsprechend kön-

---

104 Vgl. für Zugangsansprüche politischer Parteien: *Brand,* Zur Gleichbehandlung von Parteien bei der Überlassung kommunaler Einrichtungen auf der vertraglichen Ausgestaltungsstufe, BayVBl. 2001, 104 (106 ff.); allgemein (m. w. N.) *U. Stelkens*, Verwaltungsprivatrecht, 2005, S. 1000 f.

105 Siehe hierzu (m. w. N.) *U. Stelkens*, Verwaltungsprivatrecht, 2005, S. 407 ff.; *U. Stelkens*, in: P. Stelkens/Bonk/Sachs (Hrsg.), VwVfG, 8. Aufl. 2014, § 35 Rn. 118.

106 *U. Stelkens*, Verwaltungsprivatrecht, 2005, S. 999.

107 Vgl. jeweils für Zugangsansprüche politischer Parteien: BVerwG, Urt. v. 18.7.1969 – VII C 56/68 – juris Rn. 37 = BVerwGE 32, 333 (337 f.); OVG Lüneburg, Beschl. v. 7.6.1985 – 2 B 36/85 – NJW 1985, 2347 (2349); VGH Mannheim, Beschl. v. 19.4.1987 – 1 S 851/87 – NJW 1987, 2697 f.; VGH München, Beschl. v. 22.11.2012 – 4 CE 12.2511 – juris Rn. 4 = BayVBl. 2013, 346.

nen alle denkbaren sicherheitsbezogenen „Auflagen und Bedingungen" dem Veranstalter rechtmäßigerweise entweder vertraglich auferlegt oder zum Gegenstand von Nebenbestimmungen zu einem u. U. zu erlassenden Zulassungsbescheid gemacht oder auch unmittelbar satzungsrechtlich geregelt werden. Ob die Kommune die Zulassung der Großveranstaltung von derartigen Bedingungen und Auflagen abhängig macht, hängt also zunächst im Wesentlichen von ihr selbst ab, also davon, ob sie bei der Zulassung von Großveranstaltungen auf ihrem Festplatz auch den spezifischen Gefahren derartiger Veranstaltungen für die Besucher und Dritte Rechnung tragen will. Ob sie ihrerseits von den Polizei- und Ordnungsbehörden verpflichtet werden kann, diesen Gefahren bei der Vergabe ihrer öffentlichen Einrichtungen Rechnung zu tragen, bestimmt sich nach den später darzustellenden Grundsätzen, die gelten, wenn eine Kommune selbst Veranstalterin einer Großveranstaltung ist (s. u. D.).

c) Zulassung zu sonstigen „öffentlichen Einrichtungen" (insbesondere Grünanlagen)

Neben den hierfür ausdrücklich gewidmeten kommunalen Festplätzen gibt es oft auch weitere kommunale Anlagen, die an sich für die Durchführung von Großveranstaltungen geeignet, hierzu aber nicht gewidmet sind, sondern der Öffentlichkeit primär auf andere Weise dienen sollen. Insoweit sind insbesondere die kommunalen Park- und Grünanlagen zu nennen. Weitere Beispiele wären Spiel-, Bolz- und Sportplätze oder auch (weitläufiges) Schulgelände. Soweit derartige Anlagen – wie insbesondere Park- und Grünanlagen – im Rahmen der Widmung (ggf. unter Beachtung von Öffnungszeiten) auch ohne vorherige Zulassung genutzt werden können, handelt es sich letztlich um „öffentliche Einrichtungen im Gemeingebrauch", deren Nutzung typischerweise durch kommunale Satzung oder Allgemeinverfügung i. S. des § 35 Satz 2 Alt. 3 VwVfG näher ausgestaltet wird.[108]

---

108 Für die Annahme, Grundstücksflächen könnten nur in den Formen des Straßenrechts dem Gemeingebrauch eröffnet werden, fehlt jeder Anhalt: so aber OLG Hamm, Beschl. v. 4.5.2010 – 3 RBs 12/10 – juris Rn. 30 ff. = NVwZ 2010, 1319 (1320); dem zustimmend *Brückner*, Die Verfassungsmäßigkeit des § 9 a SächsPolG – Grenzen abstrakt-genereller Alkoholverbote im öffentlichen Raum, LKV 2012, 202 (206 f.). Wie hier dagegen *Ehlers*, Rechtsprobleme der Nutzung kommunaler öffentlicher Einrichtungen, Jura 2012, 692 (696); *Lenski*, Der öffentliche

Werden derartige Anlagen nun von der Kommune „widmungsfremd" für die Durchführung von Großveranstaltungen zur Verfügung gestellt, handelt es sich letztlich um die Zulassung einer Sondernutzung. Das hier einschlägige „Sondernutzungsrecht" ist von der Rechtsprechung jedoch noch nicht konsequent entwickelt worden.[109] In der Regel wird ein Antrag auf „widmungsfremde" Nutzung einer derartigen Anlage jedoch als ein Antrag verstanden, über den die Kommune nach öffentlich-rechtlichen Kriterien zu entscheiden hat, wobei umstritten ist, ob der Antragsteller insoweit einen Anspruch auf ermessensfehlerfreie Entscheidung hat.[110] Jedenfalls dürfen nicht solche Sondernutzungen zugelassen werden, die den Widmungszweck der Anlage beeinträchtigen. Deshalb wäre etwa die Zulassung der Veranstaltung einer „Gothic Party" auf einem Friedhof wegen des besonderen – in den Bestattungsgesetzen festgeschriebenen – Widmungszwecks von Friedhöfen, der würdigen Bestattung Verstorbener und der Bewahrung ihres Andenkens zu dienen,[111] schlechthin ausgeschlossen. Ebenso könnte die Durchführung einer Veranstaltung in einer Grünanlage nicht gestattet werden, wenn derartiges durch die einschlägige kommunale Grünanlagensatzung ausdrücklich ausgeschlossen wäre.[112]

Entscheidet sich die Kommune (in rechtmäßiger Weise) dafür, die fragliche Anlage für die Großveranstaltung zur Verfügung zu stellen, wird das sich hieraus ergebende Nutzungsverhältnis typischerweise privatvertraglich auszugestalten sein. Rechtsprechung zu der Frage, welche Nutzungsbedingungen in derartigen Fällen dem Veranstalter auferlegt werden können, existiert jedoch – soweit ersichtlich – nicht. Im Ergebnis kann hier

---

Raum als kommunale Einrichtung, JuS 2012, 984 (985 ff.); *Mager/Sokol*, Gemeingebrauch im Recht der öffentlichen Sachen, Jura 2012, 913 (922); *Schoch*, Behördliche Untersagung "unerwünschten Verhaltens" im öffentlichen Raum, Jura 2012, 858 (862 f.); *U. Stelkens*, Das Recht der Öffentlichen Sachen – Allgemeines Verwaltungsrecht, Besonderes Verwaltungsrecht, Trümmerhaufen – oder was?, Die Verwaltung 46 (2013), S. 493 (528 f.); ebenso wohl VGH Mannheim, Beschluss v. 28.7.2009 – 1 S 2200/08 – juris Rn. 54 = NVwZ-RR 2010, 55 (58 ff.).

109 Ausführlich hierzu *U. Stelkens*, Das Recht der Öffentlichen Sachen – Allgemeines Verwaltungsrecht, Besonderes Verwaltungsrecht, Trümmerhaufen – oder was?, Die Verwaltung 46 (2013), S. 493 (530 ff.).

110 So z. B. *Axer*, Die Widmung als Schlüsselbegriff des Rechts der öffentlichen Sachen, 1994, S. 187 f.; a. A. z. B. *Ehlers*, Rechtsprobleme der Nutzung kommunaler öffentlicher Einrichtungen, Jura 2012, 849 (851).

111 Vgl. hierzu *Axer*, Friedhöfe als öffentliche Sachen, DÖV 2013, 165 (168).

112 Vgl. hierzu den Fall von OVG Weimar, Beschl. v. 16.9.2009 – 2 EO 490/08 – juris Rn. 38 = ThürVBl. 2009, 128 f.

der kommunale Spielraum aber nicht enger sein als wenn die Nutzung einer kommunalen Anlage für eine Großveranstaltung deren Widmungszweck entspricht. Im Grundsatz steht es der Kommune demnach auch hier frei, in den Nutzungsvertrag Regelungen über alle denkbaren Sicherheitsaspekte der Großveranstaltung aufzunehmen. Sie kann daher vertraglich auch die Erarbeitung, Vorlage, Abstimmung und Durchführung von Sicherheitskonzepten schon bei abstrakter Gefährlichkeit der Veranstaltung verlangen. Es sind jedenfalls keine Gründe ersichtlich, die die Kommune rechtlich zur Übernahme von Risiken verpflichten würden, die in vergleichbarer Situation im Verhältnis zwischen Privaten nicht übernommen würden.

d) Zulassung zu Grundstücken des Fiskal- oder Verwaltungsvermögens

Stellt eine Kommune für die Durchführung einer Großveranstaltung ein Grundstück zur Verfügung, das normalerweise nicht für eine Nutzung durch Privatpersonen bestimmt ist, sondern entweder dem reinen Finanzvermögen der Kommune zugehört (z. B. unbebaute kommunale Grundstücke) oder rein internen Verwaltungszwecken dient (z. B. der Innenhof eines Verwaltungsgebäudes), kann letztlich ebenfalls nichts anderes gelten als in dem oben geschilderten Fall der Sondernutzung einer kommunalen öffentlichen Einrichtung für eine Großveranstaltung (s. o. B. I. 3. c). Ob die Kommune das fragliche Grundstück überhaupt zur Verfügung stellt, steht zunächst in ihrem Ermessen, wobei mittlerweile auch dann eine Bindung an Gleichheitsgrundsätze angenommen wird, wenn die Bereitstellung des Grundstücks letztlich rein fiskalischen Charakter hat.[113] Die Nutzungsbedingungen werden auch hier i. d. R. durch einen privatrechtlichen Nutzungsvertrag geregelt. Insoweit ist dann aber auch anzunehmen, dass es der Kommune frei steht, in dem Nutzungsvertrag Regelungen über alle denkbaren Sicherheitsaspekte der Großveranstaltung aufzunehmen und dem Veranstalter insbesondere auch Sicherheitskonzeptpflichten aufzuerlegen.

---

113 Vgl. nur (m. w. N.) *U. Stelkens*, in: P. Stelkens/Bonk/Sachs (Hrsg.), VwVfG, 8. Aufl. 2014, § 35 Rn. 127 f.

e) Zusammenfassung und Ergebnis zu 3

Soweit eine Großveranstaltung auf Grundstücken und Anlagen der öffentlichen Hand, insbesondere der Kommunen, stattfinden soll, bestehen dementsprechend in allen denkbaren Konstellationen vielfältige Möglichkeiten, dem Veranstalter in einem Zulassungsbescheid, durch Satzung oder auch durch Aufnahme entsprechender Allgemeiner Geschäftsbedingungen in einen (i. d. R. privatrechtlichen) Nutzungsvertrag zur Erarbeitung, Vorlage, Abstimmung und Durchführung von Sicherheitskonzepten zu verpflichten oder ähnliche Maßnahmen zu treffen, die sich auf die Sicherheit der Großveranstaltung insgesamt beziehen – unabhängig davon, ob diese im oben beschriebenen Sinne (s. o. A. III.) konkret gefährlich ist. Es ist insoweit letztlich eine Entscheidung der Kommune (oder des sonstigen öffentlichen Grundstücksinhabers), ob sie (oder er) in diesem Rahmen Sicherheitsmaßnahmen ergreifen will. Die Kommune wäre dann auch dafür verantwortlich, sich in diesem Zusammenhang entweder selbst den nötigen sicherheitsbezogenen Sachverstand anzueignen oder sich einer entsprechenden Unterstützung – z. B. durch die Polizei- und Brandschutzbehörden – zu versichern.

4. Zusammenfassung und Ergebnis zu I

Die bisherige Untersuchung hat gezeigt, dass i. d. R. weder das Straßenrecht noch das Straßenverkehrsrecht geeignete „Trägerverfahren" bereit stellen, die es den zuständigen Behörden ermöglichen, einer Erlaubnis zur Nutzung von öffentlichen Straßen, Wegen und Plätzen (Straßenrecht) oder öffentlichen Verkehrsflächen (Straßenverkehrsrecht) mit allgemeinen „großveranstaltungsspezifischen" sicherheitsbezogenen Nebenbestimmungen zu versehen. Anders ist es nur in den Stadtstaaten, wo die Möglichkeiten, den straßenrechtlichen Sondernutzungserlaubnissen auch nicht-straßenbezogene Nebenbestimmungen beizufügen, weiter gefasst sind. Dies rechtfertigt sich aber durch deren besondere Verwaltungsstruktur und sollte daher nicht *de lege ferenda* auf die Flächenstaaten übertragen werden.

Vielfältige sicherheitsbezogene Steuerungsmöglichkeiten bestehen jedoch, wenn für die Durchführung einer Großveranstaltung ein Grundstück genutzt werden soll, das keine Straße im Sinne der Straßengesetze ist und das im Eigentum eines Verwaltungsträgers steht oder das (insbesondere) von einer Kommune als öffentliche Einrichtung „betrieben" wird. Hier können umfassende Sicherheitskonzepte zum Gegenstand der (i. d. R.) vertraglichen Nutzungsbedingungen gemacht werden.

II. Rechtsgrundlagen für Maßnahmen, die sich auf die Durchführung der Großveranstaltung insgesamt beziehen

Im Folgenden soll untersucht werden, ob und inwieweit Rechtsgrundlagen für behördliche Maßnahmen existieren, die es einer Behörde ermöglichen, dem Veranstalter einer Großveranstaltung sicherheitskonzeptbezogene Pflichten unabhängig davon aufzuerlegen, wo die Veranstaltung (öffentlicher Verkehrsraum, öffentliche oder private Grundstücke) durchgeführt werden soll. Insoweit ist zunächst festzustellen, dass es eine allgemeine Erlaubnispflicht für die Durchführung von Großveranstaltungen im oben beschriebenen Sinne (A. I.) nur in den Freistaaten *Bayern* und *Thüringen* gibt, während sich in den übrigen Bundesländern vergleichbare Erlaubnis- und Anzeigepflichten – je nach Art der Veranstaltung – nur aus dem gewerblichen Marktrecht (§ 60b, §§ 68 ff. GewO), dem Bauordnungsrecht und dem allgemeinen Polizei- und Ordnungsrecht ergeben können.

1. Gewerbliches Marktrecht (§ 60b, §§ 64 ff. GewO)

a) Allgemeines

Soweit – und nur wenn – Großveranstaltungen die Kriterien des § 60b GewO (Volksfeste) oder die der §§ 64 bis 68 GewO (Messen, Ausstellungen, Märkte) erfüllen, kann für sie das sog. „gewerbliche Marktrecht" einschlägig sein, so dass sich hieraus für die landesrechtlich zuständig erklärten Behörden (vielfach die Gemeinden) auch sicherheitsbezogene Steuerungsmöglichkeiten ergeben können. Diese Vorschriften der Gewerbeordnung könnten heute vom Bundesgesetzgeber auf Grund Art. 74 Abs. 1 Nr. 11 GG i. d. F. der Föderalismusreform 2006[114] nicht mehr erlassen werden, da die Gesetzgebungskompetenz zur Regelung des „Rechts der Wirtschaft" seither ausdrücklich das „Recht der Messen, der Ausstellungen und der Märkte" *nicht* mehr umfasst. Mit Ausnahme von Rheinland-Pfalz (näher bei B II. 1. f) haben die Länder jedoch von der ihnen so neu zuge-

114 52. Gesetz zur Änderung des Grundgesetzes v. 28.8.2006 (BGBl. I, 2034).

fallenen Kompetenz zur Regelung des Marktrechts noch keinen Gebrauch gemacht, so dass § 60b GewO und die §§ 64 bis 71b GewO nach Art. 125a Abs. 1 GG als Bundesrecht fortgelten.

Maßgebliches behördliches Steuerungsinstrument des gewerblichen Marktrechts ist die Festsetzung nach § 69 GewO, die mit vielfältigen – auch die Sicherheit der Veranstaltung betreffenden – Nebenbestimmungen versehen werden kann (s. u. B. II. 1. d). Indes handelt es sich bei der Marktfestsetzung nicht um eine behördliche Veranstaltungserlaubnis, ohne die eine Veranstaltung i. S. des § 60b, §§ 64 bis 68 GewO nicht durchgeführt werden darf. Vielmehr knüpfen die Gewerbeordnung sowie teilweise das Arbeitsschutzrecht, das Ladenöffnungsrecht und das Sonn- und Feiertagsrecht an die Festsetzung einer Veranstaltung nach § 69 GewO bestimmte *Marktprivilegien*. Das heißt, dass die Veranstaltung bzw. die dort mitwirkenden Beschicker von der Pflicht zur Beachtung gewisser Vorschriften freigestellt werden, die sie zu beachten hätten, wenn die Veranstaltung ohne Festsetzung als sogenannter „Privatmarkt" durchgeführt würde.[115] Umgekehrt bedeutet dies, dass es der freien Entscheidung des Veranstalters obliegt, ob er einen Festsetzungsantrag stellt.[116] Da es an einem gesetzlichen Zwang fehlt, wird sich ein Veranstalter nur dann um eine Festsetzung seiner Veranstaltung nach § 69 GewO bemühen, wenn gerade für ihn die mit der Festsetzung verbundenen Marktprivilegien – auch im Hinblick auf die hiermit verbundenen Durchführungspflichten (insbesondere aus § 69 Abs. 2 und § 70, § 71 GewO) – direkt oder indirekt (durch Steigerung der Attraktivität für die Beschicker oder auch die Besucher) hinreichend ökonomisch interessant sind (näher unten B. II. 1. c).

Dabei ist auch zu beachten, dass die Festsetzung nach § 69 GewO (mit der Folge des Entfallens der hieraus erwachsenden Durchführungspflichten) bei Wochenmärkten (§ 67 GewO), Jahrmärkten (§ 68 Abs. 2 GewO) oder Volksfesten (§ 60b GewO) auf Antrag des Veranstalters nur dann aufgehoben werden kann, wenn die Durchführung der Veranstaltung für den Veranstalter unzumutbar ist. Eine solche Unzumutbarkeit wird jedoch regelmäßig ausgeschlossen sein, wenn der Veranstalter sich im Hinblick auf die der Festsetzung beigefügten Nebenbestimmungen (s. u. B. II. 1. d)

---

115 S. nur *Ehlers*, in: Ehlers/Fehling/Pünder (Hrsg.), Besonderes Verwaltungsrecht – Band 1: Öffentliches Wirtschaftsrecht, 3. Aufl. 2012, § 19 Rn. 82; *Schönleiter*, in: Landmann/Rohmer (Begr.), Gewerbeordnung, Loseblatt, § 69 Rn. 2.

116 Vgl. *Güllemann/Mertens*, Veranstaltungsmanagement, Event- und Messerecht, 6. Aufl. 2013, S. 205; a. A. offenbar (aus § 60b Abs. 1 GewO soll eine „Anzeigepflicht" folgen): *Funke/Müller*, Eventrecht, 3. Aufl. 2009, Rn. 619.

entscheidet, die Veranstaltung nunmehr als Privatmarkt (ohne Marktprivilegien) durchführen zu wollen. Denn durchgehend wird nur die Unwirtschaftlichkeit der Veranstaltung oder ihre praktische Undurchführbarkeit als Unzumutbarkeitsgrund angesehen und insoweit ein strenger Maßstab angelegt.[117] Auch dies wird ein erwerbswirtschaftlich denkender Veranstalter in Rechnung stellen, bevor er eine Festsetzung beantragt.

b) Anwendbarkeit der § 60b, §§ 64 ff. GewO auf Großveranstaltungen

Die Gewerbeordnung zählt abschließend die Veranstaltungen auf (und legaldefiniert sie), die nach § 69 GewO festgesetzt werden können. Diese Veranstaltungen sind in den §§ 64 bis 68 GewO aufgeführt: die Messe (§ 64 GewO), die Ausstellung (§ 65 GewO), der Großmarkt (§ 66 GewO), der Wochenmarkt (§ 67 GewO) sowie der Spezialmarkt (§ 68 Abs. 1 GewO) und der Jahrmarkt (§ 68 Abs. 2 GewO). Zusätzlich ist nach § 60b GewO auch der Veranstaltungstyp des Volksfestes vorgesehen. Die Festsetzung nach § 69 GewO ist daher nur möglich, wenn die Veranstaltung eindeutig einer dieser „Marktformen" zugeordnet werden kann. Mischtypen sind nicht festsetzungsfähig.[118] Praktisch werden als im Freien stattfindende Großveranstaltungen nur der Spezialmarkt, der Jahrmarkt und das Volksfest in Betracht kommen.

Volksfeste sind nach § 60b Abs. 1 GewO durch die Darbietung unterhaltender Tätigkeiten und das Feilbieten von Waren geprägt, die üblicherweise auf einem solchen Volksfest angeboten werden. Die unterhaltende Tätigkeit steht dabei im Vordergrund.[119] Unterhaltende Tätigkeiten sind solche, die nach § 60b Abs. 1 i. V. mit § 55 Abs. 1 Nr. 2 GewO von Schaustellern oder nach Schaustellerart ausgeübt werden. Hierzu zählen beispielsweise Fahrgeschäfte jeglicher Art[120] aber auch Schaubuden,

117 *Ennuschat*, in: Tettinger/Wank/Ennuschat, Gewerbeordnung, 8. Aufl. 2011, § 69b Rn. 32; *Schönleiter*, in: Landmann/Rohmer (Begr.), Gewerbeordnung, Loseblatt, § 69b Rn. 18.

118 *Risch/Kerst*, Eventrecht kompakt, 2. Aufl. 2011, S. 407.

119 *Ennuschat*, in: Tettinger/Wank/Ennuschat, Gewerbeordnung, 8. Aufl. 2011, § 60b Rn. 7.

120 *Ennuschat*, in: Tettinger/Wank/Ennuschat, Gewerbeordnung, 8. Aufl. 2011, § 60b Rn. 8.

Schießstände etc.[121] Zu den Waren die üblicherweise auf Volksfesten angeboten werden zählen Vergnügungs- und Scherzartikel, kleines Spielzeug, Luftballons, Hüte, Andenken, billiger Modeschmuck, außerdem etwa abgefüllte Getränke und Süßwaren aller Art wie Zuckerwatte, Zuckerstangen, Eis, geröstete Mandeln und Kastanien und die von Imbissständen angebotenen zubereiteten Speisen und Getränke.[122] Daneben können auf einem Volksfest nach § 60b Abs. 2 i. V. mit § 68a GewO auch zubereitete Speisen und Getränke zum Verzehr an Ort und Stelle angeboten werden.[123]

Der *Spezialmarkt* (§ 68 Abs. 1 GewO) ist durch das Feilbieten „bestimmter" Waren gekennzeichnet, d.h. das Warenangebot muss in einer bestimmten Richtung spezialisiert sein. Diese Spezialisierung liegt vor, wenn nur eine Gattung angeboten wird oder verschiedene Warengruppen ein gemeinsames prägendes Merkmal besitzen.[124] „Der Spezialmarkt ist ein auf bestimmte Sortimente ausgerichteter Fachmarkt und nicht ein Markt, auf dem die eine oder andere Spezialität angeboten wird".[125] Floh- und Trödelmärkte erfüllen diese Voraussetzungen in der Regel nicht, auch wenn hier oft großzügig verfahren wird.[126] Weihnachtsmärkte können sie erfüllen, wenn sie von ihrem Warenangebot her einen Bezug auf Weihnachten aufweisen, wobei hier offenbar die Festsetzungsbehörden ebenfalls teilweise großzügig verfahren.[127] Dass auf einem Markt auch unterhaltende Tätigkeiten durch Schausteller oder nach Schaustellerart dargeboten werden, hindert nach § 68 Abs. 3 i. V. m. § 60b GewO seine Einordnung als Spezialmarkt ebenso wenig wie dem nach § 68a GewO das

---

121 *Schönleiter*, in: Landmann/Rohmer (Begr.), Gewerbeordnung, Loseblatt, § 60b Rn. 4.

122 Aufzählung von *Schönleiter* in: Landmann/Rohmer (Begr.), Gewerbeordnung, Loseblatt, § 60b Rn. 6.

123 *Schönleiter* in: Landmann/Rohmer (Begr.), Gewerbeordnung, Loseblatt, § 68a Rn. 13.

124 Vgl. *Ennuschat*, in: Tettinger/Wank/Ennuschat, Gewerbeordnung, 8. Aufl. 2011, § 68 Rn. 16 f.

125 Siehe hierzu m. w. N. *Schönleiter*, in: Landmann/Rohmer (Begr.), Gewerbeordnung, Loseblatt, § 68 Rn. 9.

126 *Schönleiter*, in: Landmann/Rohmer (Begr.), Gewerbeordnung, Loseblatt, § 68 Rn. 9.

127 Siehe hierzu m. w. N. *Ennuschat*, in: Tettinger/Wank/Ennuschat, Gewerbeordnung, 8. Aufl. 2011, § 68 Rn.18; *Kniesel*, Veranstaltung traditioneller Märkte durch Kommunen, GewArch 2013, 270 (271 f.); *Schönleiter*, in: Landmann/Rohmer (Begr.), Gewerbeordnung, Loseblatt, § 68 Rn. 9.

Angebot von Speisen und Getränken zum Verzehr an Ort und Stelle entgegensteht.[128]

Vom *Warenangebot* her gesehen unterscheidet sich der *Jahrmarkt* nach § 68 Abs. 2 GewO vom Spezialmarkt nach § 68 Abs. 1 GewO dadurch, dass auf einem Jahrmarkt Waren aller Art angeboten werden dürfen, weshalb Weihnachtsmärkte, Floh- und Trödelmärkte typischerweise hier eingeordnet werden können,[129] zumal auch bei Jahrmärkten nach § 68 Abs. 3 i. V. m. § 60b GewO unterhaltende Tätigkeiten durch Schausteller oder nach Schaustellerart dargeboten werden können und nach § 68a GewO auch hier das Angebot von Speisen und Getränken zum Verzehr an Ort und Stelle möglich ist. Hinsichtlich der *Festsetzungsmöglichkeiten* hat sich der Jahrmarkt vom Spezialmarkt nach früher herrschender Meinung dadurch unterschieden, dass der Jahrmarkt nur in (wesentlich) längeren Zeitabständen wieder kehren durfte: Nach dieser Auffassung – die mit dem Wortlaut des § 68 GewO kaum vereinbar war – durfte ein Spezialmarkt (mit dem gleichen Warenangebot in einem Ortsteil aber unabhängig davon, wer ihn veranstaltet) i. d. R. höchstens monatlich wiederkehren, während Jahrmärkte (in einem Ortsteil, unabhängig davon, wer ihn veranstaltet) jedenfalls nicht ganz so häufig stattfinden durften. Im Grundsatz ist diese Differenzierung vom BVerwG jedoch schon 1992[130] verworfen worden, Einzelheiten scheinen in der Praxis indes nach wie vor unterschiedlich gehandhabt zu werden.[131] Jedenfalls erklären diese Unklarheiten die teilweise großzügige Praxis der Festsetzungsbehörden bei der Zuordnung von Trödel-, Floh- und Weihnachtsmärkten zu Spezialmärkten.

Ungeachtet der Schwierigkeiten, die im Einzelfall die Abgrenzung zwischen Volksfesten, Spezialmärkten und Jahrmärkten aufwerfen kann, ist aber auch deutlich, dass eine Festsetzung nach § 69 GewO bei solchen Großveranstaltungen nicht möglich ist, bei denen die für ein Volksfest oder einen Spezial- oder Jahrmarkt typischen Erscheinungsformen nur eine untergeordnete Rolle spielen. Ein Radrennen wird etwa nicht dadurch zum

---

128 *Schönleiter* in: Landmann/Rohmer (Begr.), Gewerbeordnung, Loseblatt, § 68a Rn. 13.

129 *Ennuschat*, in: Tettinger/Wank/Ennuschat, Gewerbeordnung, 8. Aufl. 2011, § 68 Rn.18, 21; *Schönleiter/Stenger*, Frühjahrssitzung 2009 des Bund-Länder-Ausschusses „Gewerberecht", GewArch 2009, 294 (295).

130 BVerwG, Urt. v. 12.2.1991 – 1 C 4/89 – juris Rn. 11 ff. = BVerwGE 88, 1 (2 ff.);

131 Vgl. *Ennuschat*, in: Tettinger/Wank/Ennuschat, Gewerbeordnung, 8. Aufl. 2011, § 68 Rn. 23 f.; *Schönleiter*, in: Landmann/Rohmer (Begr.), Gewerbeordnung, Loseblatt, § 68 Rn. 12.

Spezialmarkt, dass dort Fahrrad-Fachgeschäfte einschlägige Verkaufsstände aufbauen und es auch eine Imbissbude und einen Getränkestand gibt. Dementsprechend sind Sportveranstaltungen wie etwa Marathon, Duathlon oder eben auch Radsportveranstaltungen nicht nach dem Gewerberecht festsetzbar. Gleiches gilt für Konzert-Veranstaltungen, deren wesentliches Gepräge die Darbietung von Musik ist, die nicht nach Art von Schaustellern erfolgt.[132] Das Marktrecht ist daher nicht für alle Großveranstaltungen, sondern nur für einige spezielle Veranstaltungen von Bedeutung.

c) Wirkung der Festsetzung – Bedeutung für den Veranstalter

Die Festsetzung nach § 69 GewO ist ein antragsgebundener Verwaltungsakt, der inhaltlich festlegt, dass die Veranstaltung als ein bestimmter Typ (z.B. Jahrmarkt, Volksfest), zu einer bestimmten Zeit, mit bestimmten Öffnungszeiten auf einem bestimmten Platz stattfindet. Wie eingangs erwähnt beschränken sich für den Veranstalter die Wirkungen der Festsetzung darauf, dass sie einerseits die gesetzlich vorgesehenen Marktprivilegien für die festgesetzte Veranstaltung zur Entstehung bringt und für den Veranstalter in Bezug auf die festgesetzte Veranstaltung die Pflichten v. a. aus § 69 Abs. 2 und 3, § 70 und § 71 GewO begründet. Zudem hat der Veranstalter die der Festsetzung nach § 69a Abs. 2 GewO beigefügten Auflagen (s. u. B. II. 1. d) zu beachten. Die Festsetzung ist weder Voraussetzung für die Durchführung der Veranstaltung noch begründet sie eine allgemeine Freistellung von anderweitigen (nicht-gewerberechtlichen) Anzeige- und Genehmigungs- und Erlaubnispflichten.

aa) Keine allgemeine Freistellung von (nicht-gewerberechtlichen) Anzeige-, Genehmigungs- und Erlaubnispflichten

Dem Festsetzungsverfahren nach § 69 GewO kommt demnach zunächst keine Konzentrationswirkung zu[133] (vgl. C. III. 1. e), stellt also grundsätzlich nicht von anderen Rechtspflichten frei. Dies bedeutet v. a., dass von

---

132 Vgl. *Schönleiter*, in: Landmann/Rohmer (Begr.), Gewerbeordnung, Loseblatt, § 60b Rn. 4.

133 *Ziekow*, Öffentliches Wirtschaftsrecht, 3. Aufl. 2013, § 10 Rn. 87.

der Festsetzung nicht die Erlaubnis zur Nutzung eines öffentlichen (oder privaten) Grundstücks zur Durchführung der Veranstaltung umfasst ist. Dieses Nutzungsrecht muss in einem gesonderten Verfahren (z.B. im Rahmen einer straßenrechtlichen Sondernutzungserlaubnis oder einer Erlaubnis nach § 29 Abs. 2 StVO oder auch unter Beantragung einer Zulassung zur Nutzung eines kommunalen Festplatzes etc.) vorab eingeholt werden.

Die für die gewerberechtliche Festsetzung zuständige Behörde ist aber auch sonst weder zur Einholung von Erlaubnissen anderer Behörden zuständig noch kann sie diese selbst erteilen.[134] Soweit also auf nichtgewerberechtlicher Rechtsgrundlage Anzeigen gemacht werden und/oder andere Erlaubnisse eingeholt werden müssen, hat dies der Veranstalter in eigenständigen Verfahren bei den jeweils zuständigen Behörden zu tun. Sie sind im Vorfeld des gewerberechtlichen Festsetzungsverfahrens einzuholen. Denn die Festsetzung des § 69 Abs. 1 GewO kann aufgrund ihrer besonderen Struktur nur an letzter Stelle aller notwendigen Erlaubnisverfahren stehen. Dies ergibt sich auch aus § 69a Abs. 1 Nr. 3 GewO. Hiernach ist die Genehmigung zu versagen, wenn die Durchführung der Veranstaltung dem öffentlichen Interesse widerspricht und u.a. erhebliche Gefahren für die öffentliche Sicherheit zu befürchten sind. Aus der Verwendung des Begriffs „öffentliche Sicherheit“[135] folgt, dass die Festsetzung nach § 69a Abs. 1 Nr. 3 GewO dann zu versagen ist, wenn sie gegen Bundes- oder Landesrecht verstößt, weil es an der Durchführung eines erforderlichen Genehmigungsverfahrens fehlt.[136] Die grundsätzliche Genehmigungsfähigkeit ist alleine nicht ausreichend, es bedarf der tatsächlich erteilten Erlaubnis durch die jeweilige Behörde.[137]

---

134 VGH Kassel, Beschl. v. 12.8.2004 – 8 TG 3522/03 – juris Rn. 19 = GewArch 2004, 482 f.

135 Zum Inhalt des Begriffs „öffentliche Sicherheit“ siehe bei Fn. 60.

136 BVerwG, Urt. v. 2.1.2006 – 6 B 55/05 – juris Rn. 4 = GewArch 2006, 164; *Ehlers*, in: Ehlers/Fehling/Pünder (Hrsg.), Besonderes Verwaltungsrecht – Band 1: Öffentliches Wirtschaftsrecht, 3. Aufl. 2012, § 19 Rn. 80.

137 VGH Kassel, Beschl. v. 12.8.2004 – 8 TG 3522/03 – juris Rn. 19 = GewArch 2004, 482 f.

bb) Marktprivilegien

Da die Festsetzung nach § 69 GewO nicht Voraussetzung für die Durchführung einer festsetzungsfähigen Veranstaltung ist, wird ein erwerbswirtschaftlich denkender Veranstalter sie nur dann beantragen, wenn die hiermit verbundenen Marktprivilegien auch unter Berücksichtigung der hiermit verbundenen Veranstalterpflichten die Veranstaltung für ihn direkt oder indirekt „werthaltiger" und damit (gegenüber einer Durchführung ohne Festsetzung) ökonomisch interessanter machen (s. o. B. II. 1. a). Insoweit können die aus der Festsetzung erwachsenden Rechte der Beschicker und Besucher gegenüber dem Veranstalter nach § 70 und § 71 GewO außer Betracht bleiben, weil sie für den Veranstalter belastend wirken und die Veranstaltung selbst auch nicht unbedingt attraktiver machen müssen. Anders kann dies sein, wenn Veranstalter und Beschicker durch die Festsetzung von gewerberechtlichen und arbeitsschutzrechtlichen Vorschriften sowie den Vorschriften des Ladenschlussrechts und des Sonn- und Feiertagsrechts befreit werden, da dies der Veranstaltung einen Wettbewerbsvorteil gegenüber nicht festgesetzten Veranstaltungen und dem örtlichen Einzelhandel gewähren kann. Die arbeitsschutzrechtlichen Privilegien beschränken sich allerdings im Wesentlichen auf die Sonderregelungen in § 10 Abs. 1 Nr. 9 ArbZG, § 16 Abs. 2 JArbSchG und § 8 Abs. 4 MuschG, auf die hier nicht näher eingegangen werden soll. Von größerer Bedeutung können dagegen die übrigen Marktprivilegien sein:

(1) Befreiung von den Vorschriften des Titels II und des Titels III der GewO

Aus dem Aufbau der Gewerbeordnung mit in sich abgeschlossenen Titeln wird allgemein geschlossen, dass nach § 69 GewO festgesetzte Veranstaltungen weder den Regelungen des Titels II (Stehendes Gewerbe) noch den Regelungen des Titels III (Reisegewerbe) unterfallen. Damit müssen die Beschicker der Veranstaltung i. d. R. nicht über eine Reisegewerbekarte verfügen, auch wenn die Tätigkeit nach den §§ 55 ff. GewO „an sich" reisegewerbekartenpflichtig wäre. Dieses Marktprivileg gilt aber – wie sich aus § 60b Abs. 2 Halbsatz 2 GewO unmissverständlich ergibt – nicht für festgesetzte Volksfeste.[138] So sind *alle* Gewerbetreibenden auf Volksfesten (nicht nur Schausteller i. S. des § 55 Abs. 1 Nr. 2 GewO) reisegewerbekartenpflichtig, soweit sich keine Reisegewerbekartenfreiheit aus § 55a GewO ergibt. Umgekehrt folgt aus der Festsetzung eines Spezial- oder Jahrmarkts zwar i. d. R. eine Reisegewerbekartenfreiheit für die Beschicker – jedoch nach § 68 Abs. 3 GewO nicht für die Schausteller, die Tätigkeiten i. S. des § 55 Abs. 1 Nr. 2 GewO anbieten[139] und auch nicht für die Beschicker, die alkoholische Getränke zum Verzehr an Ort und Stelle anbieten (§ 68a Satz 2 GewO, hierzu näher unten B. III. 5. a).

§ 71b GewO erklärt für festgesetzte Märkte zudem noch einige Regelungen des Titels II der Gewerbeordnung über das stehende Gewerbe für entsprechend anwendbar. Neben der allgemeinen Regelung über Auskunft und Nachschau (§ 71b i. V. mit § 29 GewO) kann für Großveranstaltungen von den in § 71b Abs. 2 GewO aufgezählten Vorschriften jedoch allenfalls die Anwendbarkeit von § 34a Abs. 1 Satz 5 und Abs. 2 GewO von Bedeutung sein, der die Ausübung des Bewachungsgewerbes betrifft. Danach unterliegt derjenige, der ein Bewachungsgewerbe betreibt, bei der Wahl seines Personals Einschränkungen nach § 34a Abs. 1 Satz 5 GewO.

(2) Befreiung von Ladenschlussbestimmungen nach Maßgabe des Landesrechts

Die Gesetzgebungskompetenz für die Ladenöffnungszeiten lag bis zur Föderalismusreform 2006[140] beim Bund (Art. 74 Abs. 1 Nr. 11 GG), von der dieser durch Erlass des „Gesetzes über den Ladenschluss"[141] Gebrauch gemacht hat. Insoweit ergab sich aus § 19 Abs. 3 LadSchlG für nach § 69 GewO festgesetzte Veranstaltungen ein wichtiges Marktprivileg: Statt der allgemeinen Öffnungszeiten galten die in der Festsetzung genannten Öffnungszeiten. Seit der Föderalismusreform 2006 kommt die Gesetzgebungskompetenz hinsichtlich des Ladenschlussrechts jedoch den Ländern

---

138 *Ennuschat*, in: Tettinger/Wank/Ennuschat, Gewerbeordnung, 8. Aufl. 2011, § 60b Rn. 11.

139 *Schönleiter*, in: Landmann/Rohmer (Begr.), Gewerbeordnung, Loseblatt, § 68 Rn. 12.

140 Siehe Fn. 114.

141 Gesetz über den Ladenschluß i. d. F. der Bekanntmachung v. 2. 6 2003 (BGBl. I, 744), zuletzt geänd. durch Artikel 228 der Verordnung vom 31. 10. 2006 (BGBl. I, 2407).

zu. Bis auf Bayern haben die Länder von dieser Kompetenz mittlerweile auch Gebrauch gemacht.[142] Nur in Bayern wirkt demnach gemäß Art. 125a Abs. 1 GG das LadSchlG des Bundes – und damit auch § 19 Abs. 3 LadSchlG – fort.

Die Privilegierung der Marktveranstaltungen hinsichtlich des Ladenschlusses wollten die Landesgesetzgeber bei Erlass ihrer Ladenöffnungsgesetze jedoch im Wesentlichen aufrechterhalten.[143] In den Ladenöffnungsgesetzen von Baden-Württemberg (§ 10 LadÖG BW), Bremen (§ 11 Abs. 1 BremLSchlG), Hessen (§ 2 Abs. 3 Nr. 1 HessLÖG), Niedersachsen (§ 1 Abs. 2 Nr. 2 NdsLöffVZG), Nordrhein-Westfalen (insoweit unklare Regelung in § 4 Abs. 6 LÖG NRW),[144] Rheinland-Pfalz (§ 11 Abs. 1 S. 3 LadÖffnG RhPf) und Sachsen (§ 1 Abs. 2 SächsLadÖffG) werden die nach der Gewerbeordnung festgesetzten Veranstaltungen von den Regelungen der Ladenöffnungszeiten ausdrücklich ausgenommen. In Schleswig-Holstein (§ 10 Abs. 3 LÖG SH) und Thüringen (§ 4 Abs. 2 Halbsatz 2 ThürLadÖffG) sind (nur) die Volksfeste nach § 60b GewO von den Ladenschlussregelungen ausgenommen. Das Ladenöffnungsgesetz der Stadt Berlin weist keine solche Vorschrift auf. Aus den Gesetzesmaterialien[145] geht jedoch hervor, dass der Gesetzgeber davon ausging, das Marktgewerbe unterfalle ohnehin nicht dem Ladenöffnungsgesetz. In den Ländern Brandenburg, Hamburg, Mecklenburg-Vorpommern, Saarland und Sachsen-Anhalt gibt es keine Regelungen, die nach § 69 GewO festgesetzte Veranstaltungen von der Geltung der Ladenöffnungsgesetze ausnimmt. Jedoch wurde hier überwiegend (außer im Saarland) die allgemeine Ladenöffnungszeit gegenüber den Ladenschlussregelungen des früheren Bundesrechts umfassend erweitert,[146] so dass in diesen Ländern einem derartigen Marktprivileg ohnehin keine große Bedeutung mehr zukommt.

---

142 Siehe insoweit die Zusammenstellung der Ladenöffnungsgesetze der Länder mit Fundstellenangaben bei http://www.saarheim.de/Gesetze_Laender/ loeg_ laender.htm.

143 *Wagner*, in: Friauf (Hrsg.), Gewerbeordnung, Loseblatt, Vorbem. vor Titel IV Rn. 37.

144 Die Vorschrift stellt auf *Ausnahmen aufgrund der Titel III. und IV. der Gewerbeordnung* ab. Diese Titel beinhalten jedoch keine Regelungen über Ausnahmen von Ladenöffnungszeiten. Die Vorschrift sollte jedoch Bezug nehmen auf die Rechtslage unter dem Bundes-Ladenschlussgesetz (vgl. *Wagner*, in: Friauf [Hrsg.], Gewerbeordnung, Loseblatt, Vorbem. vor Titel IV Rn. 37.

145 LT-Drs. 16-0015, S. 12.

146 S. hierzu die Übersicht bei http://de.wikipedia.org/wiki/Laden%C3% B6ffnungszeit#.C3.9Cbersicht.

(3) Befreiung vom Sonn- und Feiertagsrecht nach Maßgabe des Landesrechts

Die Kompetenz zur Regelung des Sonn- und Feiertagsschutzes liegt ebenfalls bei den Ländern.[147] Entsprechend stellt sich die Wirkung der Festsetzung einer Veranstaltung nach § 69 GewO auf die Verbote von Sonn- und Feiertagsarbeit unterschiedlich dar.[148] Eine durchgängige Privilegierung gewerberechtlich festgesetzter Veranstaltungen gibt es nicht. Gemeinsam ist den Landesregelungen jedoch, dass sie keinen absoluten Schutz der Sonn- und Feiertage und eine Möglichkeit zur Befreiung vom Arbeitsverbot vorsehen. Überwiegend enthalten die Sonn- und Feiertagsgesetze eine sog. Vorbehaltsklausel,[149] die eine automatische Befreiung von den Arbeitsbeschränkungen vorsieht, wenn Veranstaltungen nach Landes- oder Bundesrecht zugelassen werden. Vorbehaltsklauseln haben die Gesetze der Länder Brandenburg, Bremen, Hessen, Mecklenburg-Vorpommern, Niedersachsen, Nordrhein-Westfalen, Schleswig-Holstein, Saarland, Sachsen-Anhalt und Thüringen.[150] Das Vorhandensein einer solchen Vorbehaltsklausel bedeutet jedoch nicht, dass auch die gewerberechtliche Festsetzung als Zulassung i. S. der Vorbehaltsklauseln gilt und somit zur Befreiung führt. Ob die Festsetzung nach § 69 GewO als Zulassung gewertet wird, ergibt sich vielmehr aus dem jeweiligen Landesfeiertagsrecht[151] in seiner Konkretisierung durch die verwaltungsgerichtliche Rechtsprechung dieses Landes.[152] Für Hessen[153], Nordrhein-Westfalen[154]

---

147 Siehe insoweit die Zusammenstellung der Feiertagsgesetze der Länder mit Fundstellenangaben bei http://www.saarheim.de/Gesetze_Laender/ftg_laender.htm.

148 *Hilderscheid*, Entwicklungen im Messe- und Ausstellungsrecht 2011 – 2013, GewArch 2014, 11 (12).

149 Vgl. *Stollenwerk*, Anmerkung zu VG Neustadt, Urteil vom 10.06.2009 – 4 L 562/09. NW., GewArch 2009, 320 (321).

150 § 4 Abs. 1 Nr. 1 BbgFTG; § 4 Abs. 2 BremFeiertG; § 6 Abs. 1 HessFeiertG; § 4 Abs. 1 Nr. 1 FTG MV; § 4 Abs. 2 NdsFeiertG; § 4 Abs. 1 Nr. 1 FeiertG NRW; § 4 Abs. 1 Nr. 1 LFtG RhPf; § 5 Abs. 1 Nr. 2 SaarlFG.; § 3 Abs. 2 Nr. 1 FeiertG LSA; § 4 Abs. 2 SFTG SH; § 4 Abs. 3 Nr. 1 ThürFtG.

151 *Ennuschat*, in: Tettinger/Wank/Ennuschat, Gewerbeordnung, 8. Aufl. 2011, § 69a Rn. 33.

152 *Ley*, Rechtshandbuch der Märkte und Volksfeste, 1. Aufl. 2008, Rn. 317; *Stollenwerk*, Anmerkung zu VG Neustadt, Urteil vom 10.06.2009 – 4 L 562/09. NW., GewArch 2009, 320 (321).

153 Hess. Ministerium des Innern hmdis.hessen.de > Bürger & Staat > Feiertage > Gesetzliche Grundlagen > Arbeits- und Veranstaltungsverbote, zuletzt abgerufen: 6.6.2013.

und Schleswig-Holstein[155] wird die gewerberechtliche Festsetzung als Zulassung i. S. der Vorbehaltsklausel anerkannt, wodurch sich automatisch mit der Festsetzung der Veranstaltung auch die Befreiung vom Arbeitsverbot an Sonn- und Feiertagen ergibt. Anderes gilt für die Länder Niedersachsen[156] und Thüringen[157]. Hier wird die Festsetzung nicht als Zulassung i. S. der Vorbehaltsklausel anerkannt. Dies war auch in Rheinland-Pfalz so – was dazu führte, dass dieses Bundesland nun ein eigenes Landesgesetz über Märkte, Messen und Ausstellungen erlassen hat (s. u. B II. 1 f.). Die Länder Brandburg, Bremen, Mecklenburg-Vorpommern, Saarland und Sachsen-Anhalt verfügen zwar über eine Vorbehaltsklausel, die Frage nach der Wirkung der gewerberechtlichen Festsetzung wurde hier aber bisher noch nicht gerichtlich geklärt.[158] In den übrigen Ländern (Baden-Württemberg, Bayern, Berlin, Hamburg und Sachsen), die keine Vorbehaltsklauseln aufweisen, ist eine Veranstaltung an Sonn- und Feiertagen grundsätzlich nur nach der Befreiung durch die zuständige Behörde möglich.[159]

cc) Zusammenfassung: Wirtschaftliche Relevanz der Festsetzung nach § 69 GewO für den Veranstalter

Insgesamt scheint damit die Beantragung einer Marktfestsetzung nach § 69 GewO jedenfalls in den Ländern, in denen die Ladenöffnungszeiten allgemein werktags auf 0:00 bis 24:00 Uhr (oder von 6:00 bis 22:00 Uhr) festgesetzt wurden, oder deren Ladenöffnungsgesetze kürzere Ladenöffnungszeiten vorsehen, jedoch keine Privilegierung für festgesetzte Märkte, oder die keine oder eine nur eingeschränkte Befreiung von festgesetzten Märkten vom Sonn- und Feiertagsrecht vorsehen, allgemein betrachtet als wirtschaftlich nicht (mehr) besonders vorteilhaft für den Veranstalter. Dass die Lockerung bestimmter arbeitsschutzrechtlicher Vorschriften und

---

154 OVG Münster, Urt. v. 12.1.1990 – 4 A 412/89 – NVwZ-RR 1990, 558 f.

155 VG Schleswig, Beschl. v. 8.12.2000 – 12 B 101/00 – NVwZ-RR 2001, 236.

156 OVG Lüneburg, Urt. v. 17.6.1992 – 7 L 3810/91 – GewArch 1993, 201 ff.

157 OVG Weimar, Beschl. v. 10.5.1996 – 2 EO 326/96 – LKV 1997, 463 ff.

158 *Ley* (Rechtshandbuch der Märkte und Volksfeste, 1. Aufl. 2008 Rn. 320), zählt diese Länder zu den Fällen, in denen eine gesonderte Befreiung erforderlich ist.

159 *Ehlers*, in: Ehlers/Fehling/Pünder (Hrsg.), Besonderes Verwaltungsrecht – Band 1: Öffentliches Wirtschaftsrecht, 3. Aufl. 2012, § 19 Rn. 80; *Ley*, Rechtshandbuch der Märkte und Volksfeste, 1. Aufl. 2008, Rn. 318.

die Reisegewerbekartenfreiheit für die Beschicker für den Veranstalter Grund genug ist, eine Festsetzung nach § 69 GewO trotz der hiermit für ihn verbundenen Pflichten zu beantragen, erscheint jedenfalls nicht als selbstverständlich, zumal auch diese Reisegewerbekartenfreiheit ohnehin nicht für Volksfeste i. S. des § 60b GewO und auf Spezial- und Jahrmärkten auch nicht für Schausteller und für den Verkauf alkoholischer Getränke zum Verzehr an Ort und Stelle gilt.

d) Steuerungsmöglichkeiten durch Nebenbestimmungen zur Festsetzung nach § 69 GewO

Für den Veranstalter besteht ein Anspruch auf Festsetzung, die nur bei Vorliegen der Voraussetzungen des § 69a Abs. 1 GewO versagt werden darf. Der Festsetzungsbehörde wird in § 69a Abs. 2 GewO zudem die Möglichkeit eingeräumt, der Festsetzungsentscheidung zu bestimmten Zwecken Auflagen beizufügen. Im Übrigen können nach § 36 Abs. 1 Alt. 2 VwVfG i. V. mit § 69a Abs. 1 GewO zur Sicherstellung der gesetzlichen Voraussetzungen der Festsetzung Nebenbestimmungen beigefügt werden.[160]

aa) Auflagen nach § 69a Abs. 2 GewO

Die Variationsbreite der möglichen Auflagen ist jedoch nicht unbegrenzt. § 69a Abs. 2 GewO gestattet Auflagen, sofern sie im öffentlichen Interesse liegen. Dem unbestimmten Rechtsbegriff des „öffentlichen Interesses" wird mit zwei Beispielen Kontur verliehen. Öffentliches Interesse an Auflagen liegt „insbesondere" vor, wenn sie für den Schutz von Veranstaltungsteilnehmern vor Gefahren für Leben oder Gesundheit oder wegen erheblicher Gefahren für die öffentliche Sicherheit oder Ordnung erforderlich sind. Die beiden Beispiele schränken die Steuerungsmöglichkeit damit auf die Fälle ein, bei denen eine konkrete Gefährdung eines Rechtsguts von gewisser Bedeutung zu erwarten ist.

---

160 *Ennuschat*, in: Tettinger/Wank/Ennuschat, Gewerbeordnung, 8. Aufl. 2011, § 69a Rn. 46; *Wagner*, in: Friauf (Hrsg.), Gewerbeordnung, Loseblatt, § 69a Rn. 33.

Eine Auflage darf daher nicht zur Vermeidung jedes beliebigen Verstoßes gegen öffentliche Interessen beigefügt werden. Die beiden in § 69a Abs. 2 GewO aufgeführten Beispiele beinhalten jeweils Schutzgüter, die eine gewisse Wertigkeit aufweisen. Für die Schutzgüter Leben und Gesundheit bedarf es dazu keiner weiteren Erläuterung. Auch wenn der Begriff der „erheblichen Gefahr" zunächst die Steigerung der Gefährdung in ihrem Ausmaß nahelegt, bezieht sich das Adjektiv „erheblich" auf das Schutzgut.[161] Eine Gefahr ist dann erheblich, wenn sie für ein bedeutendes Schutzgut besteht.[162] In den Legaldefinitionen der „erheblichen Gefahr" in den Gefahrenabwehrgesetzen einzelner Länder werden als bedeutende Schutzgüter der Bestand des Staates, das Leben, die Gesundheit, die Freiheit oder (nicht un)wesentliche Vermögenswerte genannt.[163]

Sicherheitskonzeptpflichten dienen an sich dem Schutz derartiger Rechtsgüter. Damit derartige Auflagen mit der Festsetzung nach § 69 GewO verbunden werden können, müsste jedoch zum Zeitpunkt der Festsetzung eine *konkrete Gefahrenlage* im polizeirechtlichen Sinne vorliegen.[164] Diese Anforderung ergibt sich aus dem systematischen Zusammenhang mit Absatz 1 der Vorschrift, der die Untersagungsbefugnis regelt. Dazu führt das OVG Koblenz aus:

> „Diese Regelung erlaubt Auflagen nur dann, wenn konkrete Anhaltspunkte dafür bestehen, dass die in einem konkreten Einzelfall in Frage stehende Veranstaltung in bestimmter Hinsicht dem öffentlichen Interesse zuwiderläuft, was seinen Grund auch in der Person des Veranstalters haben kann. Für dieses Verständnis des § 69a II Halbs. 1 GewO spricht bereits der unmittelbare Zusammenhang der Vorschrift mit der Regelung des § 69a I GewO. Diese Bestimmung nennt die Voraussetzungen, bei deren Vorliegen eine Veranstaltung nicht festgesetzt werden darf, trifft also eine Aussage dazu, unter welchen konkreten Umständen eine bestimmte Veranstaltung mit dem Gesetz nicht zu vereinbaren ist. § 69a II GewO stellt gewissermaßen eine Ergänzung dieser Vorschrift dar, indem er bestimmt, in welchen Fällen eine Veranstaltung zwar festgesetzt werden kann, aber nur im Verbund mit einer Auflage. Dass eine Auflage ebenso wie die gänzliche Untersagung einer Veranstaltung nur durch im Einzelfall gegebene Umstände gerechtfertigt sein kann, wird in besonderem Maße dadurch verdeutlicht, dass § 69a I Nr. 3 GewO

---

161 *Götz*, Allgemeines Polizei- und Ordnungsrecht, 15. Aufl. 2013, § 6 Rn. 26.

162 Vgl. BVerfG Urt. v. 27.2.2008 – 1 BvR 370/07 – juris Rn. 229 = BVerfGE 120, 274 (328); *Kugelmann*, Polizei- und Ordnungsrecht, 2. Aufl. 2012, 5. Kapitel Rn. 152.

163 § 2 Nr. 3 lit. c) BremPolG; § 3 Abs. 3 Nr. 3 SOG MV; § 2 Nr. 1 lit. a) NdsSOG; § 3 Nr. 3 lit. c SOG LSA; § 54 Nr. 3 lit. c ThürOBG.

164 *Wagner*, in: Friauf (Hrsg.), Gewerbeordnung, Loseblatt, § 69a Rn. 28.

> die Ablehnung eines Festsetzungsantrags gebietet, wenn die Durchführung der Veranstaltung dem öffentlichen Interessen widerspricht, welches auch den Erlass einer Auflage nach § 69a II GewO rechtfertigt.“[165]

Der Begriff der konkreten Gefahr wird insoweit im Gewerberecht nicht anders verstanden als im allgemeinen Gefahrenabwehrrecht (s. o. A III).[166] Auflagen können also nur dann beigefügt werden, wenn sich aus den äußeren Umständen der im speziellen Fall festzusetzenden Veranstaltung Hinweise ergeben, nach denen die Veranstaltung dem öffentlichen Interesse zuwiderlaufen kann.[167] Generelle und gleichförmige Auflagen für alle Veranstaltungen einer bestimmten Art sind damit von § 69 a Abs. 2 GewO nicht erfasst, da dies i. d. R. nur eine Verlagerung von solchen Überwachungsaufgaben auf den Veranstalter, die an sich den zuständigen Behörden obliegen.[168] Dementsprechend ist etwa auch eine Auflage für unzulässig gehalten worden, die vom Veranstalter die Vorlage des endgültigen Teilnehmerverzeichnisses verlangt, ohne dass dies durch spezielle Umstände bei der betreffenden Veranstaltung veranlasst war, insbesondere ohne dass Anhaltspunkte dafür vorgelegen hätten, dass an der Veranstaltung Personen teilnehmen, die nicht die erforderliche Zuverlässigkeit besitzen.[169]

bb) Nebenbestimmungen nach § 36 Abs. 1 VwVfG i. V. mit § 69a Abs. 1 GewO

Aus § 36 Abs. 1 Alt. 2 VwVfG i. V. mit § 69a Abs. 1 GewO folgt, dass auch solche Nebenbestimmungen der Festsetzung beigefügt werden können, die sicherstellen, dass der Veranstaltung keine Ablehnungsgründe nach § 69a Abs. 1 GewO entgegenstehen.[170] Dies berechtigt aber nicht dazu, weitere Voraussetzungen für eine solche Festsetzung zu verlangen.[171]

165 OVG Koblenz, Urt. v. 17.9.1987 – 12 A 58/87 – NVwZ 1988, 1148 f.

166 *Wagner*, in: Friauf (Hrsg.), Gewerbeordnung, Loseblatt, § 69a Rn. 28.

167 *Schönleiter,* in: Landmann/Rohmer (Begr.), Gewerbeordnung, Loseblatt, § 69a Rn. 8a.

168 Deutlich *Schönleiter,* in: Landmann/Rohmer (Begr.), Gewerbeordnung, Loseblatt, § 69a Rn. 8a.

169 OVG Koblenz, Urt. v. 17.9.1987 – 12 A 58/87 – NVwZ 1988, 1148 (1149).

170 *U. Stelkens*, in: P. Stelkens/Bonk/Sachs (Hrsg.), VwVfG, 8. Aufl. 2014, § 36 Rn. 120 ff.

171 *U. Stelkens*, in: P. Stelkens/Bonk/Sachs (Hrsg.), VwVfG, 8. Aufl. 2014, § 36 Rn. 121.

Es dürfen nach § 36 Abs. 1 Alt. 2 VwVfG auch nur solche Nebenbestimmungen der Festsetzung beigefügt werden, die sicherstellen, dass die Voraussetzungen des § 69a Abs. 1 GewO einmalig erfüllt *werden*, nicht aber solche, die sicherstellen sollen, dass die Voraussetzungen auch nach der Festsetzung erfüllt bleiben.[172] Konkret folgt hieraus, dass auch die Sicherstellung der Voraussetzung des § 69a Abs. 1 Nr. 3 GewO i. V. mit § 36 Abs. 1 Alt. 2 VwVfG nicht als Grundlage für allgemeine sicherheitskonzeptbezogene Nebenbestimmungen dienen kann. Zwar ist nach § 69a Abs. 1 Nr. 3 GewO die Festsetzung abzulehnen, wenn „*die Durchführung der Veranstaltung dem öffentlichen Interesse widerspricht, insbesondere der Schutz der Veranstaltungsteilnehmer vor Gefahren für Leben oder Gesundheit nicht gewährleistet ist oder sonstige erhebliche Störungen der öffentlichen Sicherheit oder Ordnung zu befürchten sind.*“ Aber auch für das Vorliegen dieses Versagungsgrundes muss eine *konkrete* Gefahr im oben beschriebenen Sinne (s. o. A. III.) für die genannten Rechtsgüter vorliegen, so dass auch insoweit eine Ablehnung mit der Begründung nicht zulässig ist, dass eine Großveranstaltungen typischerweise (abstrakt gesehen) Gefahren für die Teilnehmer und Dritte bergen kann. Möglich sind aber Regelungen zur Gewährleistung der Einhaltung besonderer Umweltschutzbestimmungen, wie z. B. des Lärmschutzes.[173]

cc) Zusammenfassung und Ergebnis zu d

Insoweit zeigt sich, dass die Variationsbreite der möglichen Nebenbestimmungen zu einer Festsetzung nach § 69 GewO ebenfalls nicht zur umfassenden sicherheitsbezogenen Regelung einer Großveranstaltung ausreicht, wenn es nicht darum geht, konkreten Gefahren zu begegnen, sondern die abstrakt für alle Großveranstaltungen typischen Risiken zu mindern. Auch die Festsetzung nach § 69 GewO ist daher nur eingeschränkt geeignet, als „Trägerverfahren“ für die Anordnung von Auflagen zu dienen, die die Sicherheit einer festgesetzten Großveranstaltung umfassend regeln und insofern z. B. die Erarbeitung, Vorlage, Abstimmung und Durchführung von Sicherheitskonzepten verlangen.

---

172 S. hierzu m. w. N. *U. Stelkens*, in: P. Stelkens/Bonk/Sachs (Hrsg.), VwVfG, 8. Aufl. 2014, § 36 Rn. 121.

173 *Wagner*, in: Friauf (Hrsg.), Gewerbeordnung, Loseblatt, § 69a Rn. 17 ff.

e) Steuerungsmöglichkeiten durch Vorschriften i. S. von § 71a GewO

Nach § 71a GewO bleibt es den Ländern vorbehalten, Vorschriften zur Aufrechterhaltung der öffentlichen Sicherheit und Ordnung bei Veranstaltungen gemäß §§ 64 bis 68 GewO zu erlassen. Insoweit wird nur klargestellt, dass der Bundesgesetzgeber mit dem Titel IV der Gewerbeordnung diese Frage nicht abschließend geregelt hat, er insoweit also von seiner früheren[174] konkurrierenden Gesetzgebungskompetenz zur Regelung des „Marktrechts" (aus Art. 74 Abs. 1 Nr. 11 GG a. F.) also nicht abschließend Gebrauch gemacht hat. Die Vorschrift ist daher (jedenfalls) heute rein deklaratorischer Natur.[175] Wenn entsprechende weitergehende landesrechtliche Regelungen fehlen, ergibt sich demnach aus § 71a GewO keine Möglichkeit, dem Veranstalter Pflichten aufzuerlegen, die über die in den §§ 69 ff. GewO geregelten Pflichten hinausgehen.

f) Besonderheiten in Rheinland-Pfalz: Das LMAMG

Rheinland-Pfalz hat mit Erlass des Landesgesetzes über Messen, Ausstellungen und Märkte (LMAMG) vom 3. April 2014[176] von seiner durch Art. 74 Abs. 1 Nr. 11 GG i. d. F. der Föderalismusreform 2006 neu begründeten Gesetzgebungskomptenz für das „Recht der Messen, der Ausstellungen und der Märkte" Gebrauch gemacht und die §§ 64 ff. GewO durch eben dieses Landesgesetz nach Art. 125a Abs. 1 GG ersetzt (s. o. B II. 1. a). Anlass war die restriktive Rechtsprechung des OVG Koblenz[177] zum Verhältnis zwischen Marktfestsetzung zum Feiertagsrecht (s. o. B II. 1. c bb [3]),[178] wobei allerdings wohl eine einfache Änderung des Landesfeiertagsgesetz näher gelegen hätte.[179]

Dies gilt insbesondere deshalb, weil sich das Regelungsmodell des LMAMG kaum vom Regelungsmodell der §§ 64 ff. GewO unterscheidet: Zunächst werden in den § 2 bis § 8 LMAMG weitgehend wortgleich mit

174 Siehe bei Fn. 114.

175 *Schönleiter*, in: Landmann/Rohmer (Begr.), Gewerbeordnung, Loseblatt, § 71a Rn. 1.

176 GVBl. 2014, 40.

177 OVG Koblenz, Urt. v. 16.11.2011 – 6 A 10584/11 – NVwZ-RR 2012, 228 ff.

178 LT-Drs. 16/2919, S. 1.

179 *Bickenbach*, Das rheinland-pfälzische Gesetz über Messen, Ausstellungen und Märkte, LKRZ 2014, 265 (268 f.)

den § 64 bis § 68 GewO die verschiedenen Marktypen definiert (allerdings mit einer neuen Sondervorschrift für *Floh- und Trödelmärkte* in § 8 LMAMG).[180] In den § 11 und § 13 LMAMG wird dann das Institut der Marktfestsetzung sowie die hiermit verbundenen Ablehnungs- und Auflagemöglichkeiten weitgehend wortgleich von den der § 69, § 69a GewO übernommen,[181] so dass auch in Rheinland-Pfalz nur sehr eingeschränkte Möglichkeiten bestehen, der Festsetzung sicherheitsrelevante Nebenbestimmungen beizufügen (s. o. B II. 1. d).

Eigentlicher Kern der Neuregelung dürfte der neue § 12 LMAMG sein, der insbesondere für Floh- und Trödelmärkte nunmehr eine Festsetzungsmöglichkeit am Sonntag (§ 12 Abs. 3 LMAMG) und für *Weihnachtsmärkte* an allen Adventssonntagen (§ 12 Abs. 6 LMAMG) schafft, was deshalb die Marktfestsetzung in Rheinland-Pfalz gegenüber dem früheren Rechtszustand wieder etwas attraktiver machen könnte. Teilweise wird jedoch vertreten, dass das Marktprivileg der Reisegewerbekartenfreiheit (s. o. B II. 1. c bb [1]) nicht an eine landesrechtlich vorgesehene Marktfestsetzung geknüpft werden könne,[182] was wiederum die Attraktivität der Marktfestsetzung § 11 LMAMG mindern könnte.

Hervorzuheben ist schließlich noch, dass der Landesgesetzgeber (wohl) davon ausging, das Recht der *Volksfeste* (§ 60b GewO) nicht regeln zu können (vgl. § 1 LMAMG), so dass insoweit auch in Rheinland-Pfalz nicht die Regelungen des LMAMG, sondern § 60b GewO (i.V.m. §§ 69 ff. GewO) unmittelbar anzuwenden ist.[183]

g) Zusammenfassung und Ergebnis zu 1

Das gewerbliche Marktrecht der § 60b und der §§ 64 ff. GewO erscheint damit aus verschiedenen Gründen ebenfalls als nur eingeschränkt geeignet, als „Trägerverfahren" für die Auferlegung von Sicherheitskonzeptpflichten auf den Veranstalter einer Großveranstaltung zu dienen. Dies

180 *Bickenbach*, Das rheinland-pfälzische Gesetz über Messen, Ausstellungen und Märkte, LKRZ 2014, 265 (267).

181 *Bickenbach*, Das rheinland-pfälzische Gesetz über Messen, Ausstellungen und Märkte, LKRZ 2014, 265 (267).

182 *Bickenbach*, Das rheinland-pfälzische Gesetz über Messen, Ausstellungen und Märkte, LKRZ 2014, 265 (268).

183 Vgl. LT-Drs. 16/2919, S. 12 zu § 1; ferner *Bickenbach*, Das rheinland-pfälzische Gesetz über Messen, Ausstellungen und Märkte, LKRZ 2014, 265 (268).

ergibt sich zum einen daraus, dass die Festsetzung nach § 69 GewO nur für einen ganz bestimmten Kreis von Großveranstaltungen überhaupt in Frage kommt (s. o. B. II. 1. b) und dass ihre Beantragung für den Veranstalter zudem im Wesentlichen „freiwillig“ (s. o. B II. 1. a) und nicht in allen Ländern ökonomisch wirklich interessant ist (s. o. B. II. 1. c). Zudem bestehen nur eingeschränkte Möglichkeiten, der Festsetzung sicherheitsrelevante Nebenbestimmungen beizufügen (s. o. B II. 1. d). Dies gilt im Ergebnis auch für Rheinland-Pfalz, wo zwar die §§ 64 ff. GewO durch das LMAMG abgelöst worden sind, ohne aber im hier interessierenden Zusammenhang substantielle Änderungen zu bringen (s. o. B. II. 1. f)

2. Baurecht

a) Relevanz für Großveranstaltungen

Das Baurecht wird durch das im Wesentlichen im BauGB geregelte bundesrechtliche Bauplanungsrecht und dem landesrechtlichen Bauordnungsrecht geprägt. Die Pflicht zur Genehmigung baulicher Anlagen folgt dabei aus dem Landesrecht, den Landesbauordnungen.[184] Hieraus ergibt sich für Großveranstaltungen keine allgemeine baurechtliche Genehmigungspflicht. Die Frage nach der baurechtlichen Genehmigungsbedürftigkeit stellt sich nur, wenn Großveranstaltungen mit einer baulichen Anlage in Zusammenhang stehen, d.h. sofern für die Veranstaltung also bauliche Anlagen errichtet oder einer geänderten Nutzung zugeführt werden. Und auch dann ist nicht die Großveranstaltung als solche, sondern die Errichtung oder Nutzungsänderung der baulichen Anlage genehmigungsbedürftig. Dies kann etwa sein, wenn eine Großveranstaltung auf der Freifläche einer Gewerbe- oder Industrieanlage („Kirmes in der alten Filzfabrik“) oder auf speziell dafür vorgesehenen Veranstaltungsflächen stattfinden. Bei Veranstaltungen auf der *grünen Wiese* oder auf öffentlichen Verkehrsflächen sind baurechtliche Genehmigungen dagegen nur erforderlich, sofern für diese Veranstaltung bauliche Anlagen überhaupt errichtet werden. Regelungsgehalt der Baugenehmigung ist in beiden Fällen, dass zum einen festgestellt wird, dass das zu genehmigende Vorhaben (d. h. die Errichtung oder [Um-]Nutzung der konkreten baulichen Anlage) mit den öf-

184 Siehe insoweit die Zusammenstellung der Landesbauordnungen mit Fundstellenangaben bei http://www.saarheim.de/Gesetze_Laender/lbo_laender.htm.

fentlich-rechtlichen Bestimmungen vereinbar ist, die im Baugenehmigungsverfahren zu prüfen sind (feststellender Teil). Zum anderen wird das Vorhaben (insoweit) zur Ausführung frei gegeben (verfügender Teil).[185]

Hieraus ergibt sich, dass Baugenehmigungen für Großveranstaltungen unterschiedliche Bedeutung haben können, je nachdem welche Bedeutung die Errichtung oder Nutzung baulicher Anlagen für die Veranstaltung selbst hat. Werden einzelne bauliche Anlagen genutzt oder errichtet, die letztlich unabhängig voneinander bestehen, sind diese ggf. einzeln zu genehmigen mit der Folge, dass diese Baugenehmigungen nur einzelne Aspekte der Veranstaltung betreffen, aber nicht als Genehmigungen verstanden werden können, die sich mittelbar oder unmittelbar auf die Durchführung der Veranstaltung insgesamt beziehen. Anders kann es sein, wenn die Nutzung oder Errichtung baulicher Anlagen der Großveranstaltung insgesamt ihr Gepräge gibt, insbesondere wenn letztlich eine Versammlungsstätte i. S. der landesrechtlichen Versammlungsstättenverordnungen (s. u. B. II. 2.) genutzt oder errichtet wird. Hier kann sich die Baugenehmigung auf Grund ihres verfügenden Teils letztlich als ein Verfahren darstellen, das die Großveranstaltung insgesamt zulässt.

b) Schlüsselbegriff der „baulichen Anlage“ – insbesondere zeitliche Dimension

Der Begriff der baulichen Anlage wird in den verschiedenen Landesbauordnungen im Wesentlichen gleich definiert.[186] So definiert § 2 Abs. 1 LBauO RhPf den Begriff wie folgt:

> „Bauliche Anlagen sind mit dem Erdboden verbundene, aus Bauprodukten hergestellte Anlagen. Eine Verbindung mit dem Erdboden besteht auch dann, wenn die Anlage durch eigene Schwere auf dem Boden ruht oder wenn sie nach ihrem Verwendungszweck dazu bestimmt ist, überwiegend ortsfest benutzt zu werden. Als bauliche Anlagen gelten
>
> 1. Aufschüttungen und Abgrabungen,
> 2. Lager-, Abstell-, Aufstell- und Ausstellungsplätze,

185 S. nur *Finkelnburg/Ortloff/Otto*, Öffentliches Baurecht – Band II, 6. Aufl. 2010, S. 125; *Grotefels*, in: Hoppe/Bönker/Grotefels, Öffentliches Baurecht, 4. Aufl. 2010, § 16 Rn. 52.

186 *Finkelnburg/Ortloff/Otto*, Öffentliches Baurecht – Band II, 6. Aufl. 2010, S. 17; *Grotefels*, in: Hoppe/Bönker/Grotefels, Öffentliches Baurecht, 4. Aufl. 2010, § 15 Rn. 3.

3. Camping- und Wochenendplätze,

4. Stellplätze,

5. Sport- und Spielplätze,

6. Schiffe und sonstige schwimmfähige Anlagen, die ortsfest benutzt werden und dem Wohnen oder gewerblichen, sportlichen oder ähnlichen Zwecken dienen,

7. Gerüste,

8. Hilfseinrichtungen zur statischen Sicherung von Bauzuständen."

Insbesondere auch die Fiktionen des § 2 Abs. 1 Satz 2 LBauO Rheinland-Pfalz und der entsprechenden Bestimmungen in den Landesbauordnungen der anderen Länder zeigen, dass ein naturbelassenes Grundstück als solches keine bauliche Anlage ist bzw. auch nicht als solche gilt.[187] Es muss sich um eine von Menschenhand geschaffene Anlage handeln.[188] Die schlichte (kurzzeitige) Nutzung eines Grundstücks, das sonst als Weideland genutzt wird, als Park- oder Veranstaltungsplatz ist daher kein baugenehmigungspflichtiges Vorhaben.[189] Wie bei den Aufschüttungen und Abgrabungen wird für den Anlagenbegriff vielmehr eine (beabsichtigte) Veränderung der Geländeoberfläche verlangt, die über deren schlichte Nutzung hinausgeht.[190]

Für das Vorliegen einer baulichen Anlage (jenseits der Fiktionsregelungen) genügt es im Übrigen, wenn die Anlage aufgrund ihres Eigengewichts als mit dem Erdboden verbunden gilt. Daher unterfällt z.B. die Einzäunung eines Veranstaltungsplatzes mit einem Bauzaun dem Begriff der baulichen Anlage.[191] Gleiches gilt für die Errichtung von Verkaufsbuden oder Baracken[192] oder auch ortsfesten Zeltbauten.[193] Ob die Anlage

---

187 Vgl. OVG Saarlouis, Urt. v. 9.2.1990 – 2 R 306/87 – juris Rn. 35 = BRS 50 Nr. 147.

188 *Hornmann*, Hessische Bauordnung, 2. Aufl. 2011, § 2 Rn. 6; *Jeromin* (Hrsg.), LBauO Rh-Pf, 3. Aufl. 2012, § 2 Rn. 8.

189 S. aber *Ulbricht*, in: Michow/Ulbricht, Veranstaltungsrecht, 2013, § 15 Rn. 1168.

190 So für Niedersachsen: *Mann*, in: Große-Suchsdorf, Niedersächsische Bauordnung, Kommentar, 9. Aufl. 2013, § 2 Rn. 9. Für Bayern siehe aber *Lechner*, in: Simon/Busse (Begr. und Hrsg.), Bayerische Bauordnung, Loseblattsammlung, Art. 2 Rn. 345 ff.; für Hessen *Hornmann*, Hessische Bauordnung, 2. Aufl. 2011, § 2 Rn. 22.

191 Vgl. *Liehr*, Der Betrieb von Versammlungsstätten – oder die Versammlungsstättenverordnung, eine vernachlässigte Regelung, VBlBW 2013, 169 (171).

192 Vgl. *Mann*, in: Große-Suchsdorf, Niedersächsische Bauordnung, Kommentar, 9. Aufl. 2013, § 2 Rn. 8.

193 OVG Berlin-Brandenburg, Beschl. v. 2.11.2011 – OVG 10 S 28.11 – juris Rn. 7.

auf- und wieder abgebaut werden kann, ist für die Frage, ob die Anlage als bauliche Anlage eingeordnet werden kann, unerheblich.[194] Entscheidend ist, dass die Anlage wegen ihres natürlichen Gewichts unverrückbar auf dem Boden haftet und kraft ihrer eigenen Schwere (jedenfalls im unzerlegten Zustand) ohne Inanspruchnahme technischer Hilfsmittel nicht fortbewegt werden kann.[195]

Nicht einfach ist jedoch zu beantworten, *wie lange* eine Anlage bestehen muss bzw. bestehen bleiben soll, um als bauliche Anlage angesehen werden zu können und dementsprechend ein Genehmigungserfordernis hervorzurufen. Dies kann bei Veranstaltungen, die nur kurze Zeit andauern, zur Frage führen, ob die für sie errichteten Anlagen die Begriffsmerkmale der baulichen Anlage erfüllen. Gleiches gilt für die Frage, von welcher Dauer eine Nutzungsänderung sein muss, um ein Genehmigungsbedürfnis hervorzurufen. Grundsätzlich beinhaltet der bauordnungsrechtliche Anlagenbegriff – anders als der bauplanungsrechtliche – kein Zeitelement. Anlagen bzw. Nutzungsänderungen müssen deshalb nicht auf Dauer gedacht sein. Zum Hervorrufen eines bauordnungsrechtlichen Genehmigungsbedürfnisses bedarf es jedoch einer bauordnungsrechtlichen Relevanz.[196] Bei deren Beurteilung können auch zeitliche Faktoren mit einfließen. „Flüchtige Anlagen" sollen deshalb nicht erfasst werden.[197] So hat der VGH München sechs Kinovorstellungen innerhalb eines Jahres mit jeweils etwa 70 Besuchern in einem Innenhof nicht als bauordnungsrechtlich relevante Nutzung eingestuft.[198] Welcher Zeitraum als flüchtig angenommen werden kann, ist aber weder in der Rechtsprechung noch in der Literatur geklärt.

Als Kriterium zur Beurteilung kann der Schutzzweck des Bauordnungsrechts herangezogen werden: Es geht v. a. um die Abwehr von Gefahren für die öffentliche Sicherheit,[199] insbesondere für das Leben und die Ge-

---

194 *Jeromin* (Hrsg.), LBauO Rh-Pf, 3. Aufl. 2012, § 2 Rn. 12; *Lechner*, in: Simon/Busse (Begr. und Hrsg.), Bayerische Bauordnung, Loseblattsammlung, Art. 2 Rn. 75; *Muckel/Ogorek*, Öffentliches Baurecht, 2. Aufl. 2014, § 9 Rn. 4 ff.

195 OVG Berlin-Brandenburg, Beschl. v. 2.11.2011 – OVG 10 S 28.11 – juris Rn. 7; *Lechner*, in: Simon/Busse (Begr. und Hrsg.), Bayerische Bauordnung, Loseblattsammlung, Art. 2 Rn. 72.

196 VGH München, Beschl. v. 26.7.2006 – 1 CE 06.1937 – juris Rn. 21.

197 *Lechner*, in: Simon/Busse (Begr. und Hrsg.), Bayerische Bauordnung, Loseblattsammlung, Art. 2 Rn. 76. Für die Nutzungsänderung, *Lechner/Busse*, ebend., Art. 57 Rn. 413.

198 VGH München, Beschl. v. 26.7.2006 – 1 CE 06.1937 – juris Rn. 21.

199 Sie zum Inhalt des Begriffs „öffentliche Sicherheit" bei Fn. 60.

sundheit.[200] Zur Gewährleistung dieses Schutzzwecks wird man die Anforderungen an die Dauer der Aufstellung oder der Nutzungsänderung umso mehr absenken müssen, je größer die von einer Anlage ausgehenden Gefahren sind. Auf Grund der hohen Besucherzahlen bei Großveranstaltungen ist mit großen Gefahrenpotentialen zu rechnen. Gerade die Umfriedungen von Veranstaltungen, die die Besucherströme beeinflussen, sind unter Sicherheitsaspekten höchst relevant. Auch bei einer nur eintägigen Aufstellung oder Nutzungsänderung kann daher aus diesem Grund eine bauordnungsrechtliche Relevanz angenommen werden. Dieser Befund wird durch die Regelung der fliegenden Bauten in den Landesbauordnungen bestätigt, die Regelungen für Anlagen treffen, die an verschiedenen Stellen jeweils nur für kurze Zeit aufgebaut werden.[201] Dies verdeutlicht, dass der jeweilige Landesgesetzgeber auch bei kurzzeitiger Aufstellung von Anlagen ein Bedürfnis für die Regelung ihrer Sicherheit gesehen hat. Bei baulichen Anlagen, die durch eine große Anzahl von Personen genutzt werden, wird man aufgrund ihres Gefahrenpotentials mithin auch bei sehr kurzzeitiger Errichtung oder Nutzung eine bauordnungsrechtliche Relevanz annehmen können.

c) Baugenehmigung

Ob und in welchem Umfang für die Errichtung oder Änderung einer baulichen Anlage oder für eine Nutzungsänderung eine Baugenehmigung erforderlich ist, bestimmt sich nach den Landesbauordnungen.[202] Soweit die fraglichen Bauvorhaben nicht wegen ihrer geringen Relevanz vom Landesgesetzgeber genehmigungsfrei gestellt worden sind,[203] kann eine

---

200 *Finkelnburg/Ortloff/Otto*, Öffentliches Baurecht – Band II, 6. Aufl. 2010, S. 12; *Muckel/Ogorek*, Öffentliches Baurecht, 2. Aufl. 2014, § 8 Rn. 1.

201 § 69 LBO BW; Art. 72 BayBO; § 75 BerlBauO; § 71 BbgBO; § 78 BremLBO; § 66 HmbBauO; § 68 HessBauO; § 76 LBauO MV; § 75 NdsBauO; § 79 BauO NRW; § 76 LBauO RhPf; § 77 SaarlLBO; § 76 SächsBO; § 75 BauO LSA; § 76 LBO SH; § 74 ThürBO.

202 §§ 49 ff. LBO BW; Art. 62 ff. BayBO; § 60 BauO Berlin; §§ 54 ff. BbgBO; §§ 60 ff. BremLBO; §§ 58 ff. HmbBauO; §§ 54 ff.; 66 ff. HessBO; §§ 59 ff. LBauO MV; §§ 68 ff. NdsBauO; §§ 63 ff. BauO; NRW; §§ 61 ff. LBauO RhPf; § 60 ff. SaarlLBO; §§ 59 ff. SächsBO; §§ 63 ff. BauO LSA; §§ 65 ff. LBO SH; §§ 62 ff. ThürBO.

203 Insoweit kommt es auf das Gesamtvorhaben an. Wenn einzelne „an sich" genehmigungsfreie Vorhaben nicht einzeln, sondern als Teil einer genehmigungs-

„normale“ Baugenehmigung (ggf. im sog. vereinfachten Verfahren mit geringerer Prüfdichte)[204] zu beantragen sein. Typischerweise werden jedoch bei Großveranstaltungen die Sonderregelungen für fliegende Bauten greifen.

aa) Ausführungsgenehmigung und Gebrauchsabnahme für fliegende Bauten

Fliegende Bauten sind nach den Landesbauordnungen bauliche Anlagen, die geeignet und bestimmt sind an verschiedenen Orten wiederholt aufgestellt und zerlegt zu werden (z. B. Karussells, Achterbahnen, Bierzelte, Tribünen).[205] Für die Errichtung derartiger Bauten bestehen nach den Landesbauordnungen besondere Genehmigungserfordernisse. Insoweit bedürfen sie, bevor sie erstmalig aufgestellt und in Gebrauch genommen werden, einer sog. Ausführungsgenehmigung.[206] Hiermit wird festgestellt, dass der fliegende Bau allen standortunabhängigen bauordnungsrechtlichen Vorgaben entspricht. Insoweit ähnelt die Ausführungsgenehmigung einer Typengenehmigung.[207] Die Frage, ob ein fliegender Bau an einem bestimmten Ort sicher errichtet werden kann, kann damit im Ausführungsgenehmigungsverfahren nicht geprüft werden. Neben der Ausführungsgenehmigung sehen die Landesbauordnungen aber noch die „Gebrauchsabnahme“ vor.[208] Bei der Gebrauchsabnahme wird die Betriebssicherheit der Anlage vor Ort geprüft, d.h. die Übereinstimmung der Anlage

---

pflichtigen Anlage errichtet werden, ist das Vorhaben einheitlich genehmigungsbedürftig: *Finkelnburg/Ortloff/Otto*, Öffentliches Baurecht – Band II, 6. Aufl. 2010, S. 90 (m. w. N.).

204 *Finkelnburg/Ortloff/Otto*, Öffentliches Baurecht – Band II, 6. Aufl. 2010, S. 92 (m. w. N.).

205 *Finkelnburg/Ortloff/Otto*, Öffentliches Baurecht – Band II, 6. Aufl. 2010, S. 149 (m. w. N.).

206 *Funke/Müller*, Eventrecht, 3. Aufl. 2009, Rn. 612 ff.; *Risch/Kerst*, Eventrecht kompakt, 2. Aufl. 2011, S. 459 f.; *Ulbricht*, in: Michow/Ulbricht, Veranstaltungsrecht, 2013, § 15 Rn. 1170.

207 *Finkelnburg/Ortloff/Otto*, Öffentliches Baurecht – Band II, 6. Aufl. 2010, S. 149.

208 § 69 Abs. 6 LBO BW; Art. 72 Abs. 5 BayBO; § 75 Abs. 6 S. 2 BerlBauO; § 71 Abs. 6 BbgBO; § 78 Abs. 6 BremLBO; § 66 Abs. 6 HmbBauO; § 68 Abs. 6 HesBO; § 76 Abs. 2 LBauO MV; § 75 Abs. 5 NdsBauO; § 79 Abs. 7 BauO NRW; § 76 Abs. 7 LBauO RhPf; § 77 Abs. 6 SaarlLBO; § 76 Abs. 7 SächsBO; § 75 Abs. 5 BauO LSA; § 76 Abs. 7 LBO SH; § 74 Abs. 7 ThürBO.

mit den Bauvorlagen sowie deren Standsicherheit[209] und das Fehlen von Bedenken im Hinblick auf die örtlichen Verhältnisse und die Nachbarschaft.[210] Ob eine Gebrauchsabnahme erforderlich ist, ist in den Ländern jedoch unterschiedlich geregelt. In Bayern, Niedersachsen und Rheinland-Pfalz ist die Gebrauchsabnahme die Regel, von der nur im Einzelfall abgesehen werden kann. In Bayern besteht zusätzlich die Möglichkeit, durch einen entsprechenden Eintrag in der Ausführungsgenehmigung von einer Gebrauchsabnahme zu befreien. In den anderen Ländern gibt es keine Pflicht zur Gebrauchsabnahme. Sie kann jedoch durch die Baubehörde des Aufstellungsortes angeordnet werden.

Findet eine Gebrauchsabnahme statt, können nach den Bauordnungen der Länder Auflagen gemacht werden. Annähernd wortgleich finden sich (außer in Bayern) insoweit entsprechende ausdrückliche Ermächtigungen in den Landesbauordnungen. So lautet z. B. § 79 Abs. 8 BauO NRW:

> „Die für die Erteilung der Gebrauchsabnahme zuständige Bauaufsichtsbehörde kann Auflagen machen oder die Aufstellung oder den Gebrauch Fliegender Bauten untersagen, soweit dies nach den örtlichen Verhältnissen oder zur Abwehr von Gefahren erforderlich ist, insbesondere weil die Betriebssicherheit oder Standsicherheit nicht oder nicht mehr gewährleistet ist oder weil von der Ausführungsgenehmigung abgewichen wird."

Die beiden Beispiele *Betriebssicherheit* und *Standsicherheit* lassen erkennen, dass nur solche Gefahren erfasst werden sollen, die direkt im Zusammenhang mit dem fliegenden Bau stehen. Eine umfassende Steuerung von Großveranstaltungen ist deshalb nur möglich, wenn ein fliegender Bau die gesamte Großveranstaltung umfassen würde. Dies wäre z.B. bei Tribünen denkbar. Hier können sicherheitsrelevante Regelungen getroffen werden. In diesem Fall würden für Großveranstaltungen ggf. zusätzlich die Regelungen der jeweiligen Versammlungsstättenverordnung bzw. Sonderbautenverordnung gelten (vgl. B. II. 2. d). Soweit der fliegende Bau nur ein Bestandteil einer umfassenderen Veranstaltung ist, reicht das Verfahren der Gebrauchsabnahme dagegen nicht aus, um die gesamte Veranstaltung sicherheitsrechtlich zu regeln.

---

209 *Konrad*, in: Simon/Busse (Begr. und Hrsg.), Bayerische Bauordnung, Loseblattsammlung, Art. 72 Rn. 46.

210 OVG Lüneburg, Urt. v. 10.5.1996 – 1 L 1455/95 – juris Rn. 9 = NVwZ-RR 1997, 13 (14)

bb) Reguläre Baugenehmigung

Soweit die bauliche Anlage kein fliegender Bau ist, bleibt die reguläre Baugenehmigung einzuholen, soweit das Vorhaben nicht genehmigungsfrei ist. Nach dem Regelungsmodell der Landesbauordnungen ist dann als Regelfall im Genehmigungsverfahren zu prüfen, ob das Vorhaben allen öffentlich-rechtlichen Vorgaben entspricht, ob es also insbesondere mit dem Bauordnungsrecht, dem Bauplanungsrecht und sonstigen in die Prüfung mit einzubeziehenden öffentlich-rechtlichen Vorschriften vereinbar ist.[211] Insoweit folgt bereits aus der materiell-rechtlichen bauordnungsrechtlichen Generalklausel,[212] dass Anlagen die öffentliche Sicherheit oder Ordnung, insbesondere Leben, Gesundheit oder die natürlichen Lebensgrundlagen, nicht gefährden dürfen.

Auch einer solchen regulären Baugenehmigung können Nebenbestimmungen beigefügt werden.[213] Selbst wenn hierzu ausdrücklich in der Landesbauordnung ermächtigt wird, wird diese Ermächtigung jedoch nur als Bestätigung des Grundsatzes des § 36 Abs. 1 Alt. 2 VwVfG verstanden, so dass die Beifügung der Nebenbestimmungen nicht allgemein zulässig ist, sondern nur dann und soweit die Nebenbestimmungen sicherstellen, dass die gesetzlichen Voraussetzungen für die Erteilung der Baugenehmigung erfüllt werden.[214] In Anbetracht der umfassenden Genehmigungsanforderungen bleiben jedoch beträchtliche Steuerungsmöglichkeiten. Insbesondere wenn die Anlage einer Versammlungsstätte nach der jeweiligen Versammlungsstättenverordnung bzw. Sonderbauordnung entspricht, knüpfen sich an die Baugenehmigung umfassende Anforderungen an die Betriebssicherheit (siehe unten B. II. 2. d).

Die Reichweite der Steuerungsmöglichkeit durch die baurechtliche Genehmigung und ihrer Nebenbestimmungen ist jedoch, wie bei den fliegenden Bauten bereits aufgezeigt wurde, auf die Gefährdungswirkung des jeweiligen Bauwerks beschränkt. Nur wenn die Veranstaltung in einer Anlage stattfindet, kann eine umfassende sicherheitsbezogene Steuerung der

---

211 *Finkelnburg/Ortloff/Otto*, Öffentliches Baurecht – Band II, 6. Aufl. 2010, S. 102.

212 § 3 Abs. 2 BauO SH und § 3 Abs. 1 der Bauordnungen der übrigen Länder.

213 § 71 Abs. 3 BerlBauO; § 72 Abs. 3 HmbBauO; § 64 Abs. 4 HessBO; § 72 Abs. 4 LBauO MV; § 72 Abs. 3 SächsBO; § 71 Abs. 3 BauO LSA; § 73 Abs. 2 LBO SH; § 70 Abs. 3 ThürBO, für die restlichen Länder ergibt sich die Möglichkeit Nebenbestimmungen beizufügen aus § 36 Abs.1 VwVfG.

214 Siehe m. w. N.: *U. Stelkens*, in: P. Stelkens/Bonk/Sachs (Hrsg.), VwVfG, 8. Aufl. 2014, § 36 Rn. 121.

Veranstaltung stattfinden. Gerade bei Veranstaltungen auf öffentlichen Verkehrsflächen wie Straßen und Plätzen, die keine einheitliche Umfriedung haben, wird es dagegen regelmäßig an einer solchen Möglichkeit fehlen.

Schließlich kann die Steuerungswirkung des Baugenehmigungsverfahrens in Bezug auf sicherheitsrelevante Fragen des Vorhabens noch dadurch eingeschränkt sein, dass die Baugenehmigung für das fragliche Vorhaben nach Maßgabe der Landesbauordnungen nur im sog. *„vereinfachten Verfahren"* zu erteilen ist. In derartigen Verfahren sind die *bauordnungs*rechtlichen Anforderungen an das Bauvorhaben nicht mehr oder nicht mehr im vollen Umfang zu prüfen.[215] Dies gilt nach Maßgabe des Landesrechts mittlerweile in fast allen Fällen, in denen die Bauvorhaben keine sog. *„Sonderbauten"* sind[216] – also „Anlagen und Räume mit besonderer Benutzung", die bestimmte in den Landesbauordnungen näher präzisierten Tatbestände erfüllen.[217] Typischerweise handelt es sich bei Bauvorhaben in Zusammenhang mit Großveranstaltungen jedoch um derartige Sonderbauten. Insbesondere werden „Versammlungsstätten im Freien mit Szenenflächen und Freisportanlagen, deren Besucherbereiche jeweils mehr als 1000 Besucherinnen und Besucher fassen und ganz oder teilweise aus baulichen Anlagen bestehen" von den Landesbauordnungen zu den Sonderbauten gezählt.

d) Erhöhte Anforderungen durch die Versammlungsstättenverordnungen

In allen Bundesländern mit Ausnahme von Bremen, Hessen und Thüringen sind aufgrund von Verordnungsermächtigungen in den einzelnen Landesbauordnungen Versammlungsstättenverordnungen erlassen worden. Diese Verordnungen orientieren sich überwiegend an der Musterverordnung über den Bau und Betrieb von Versammlungsstätten (Muster-

215 Siehe hierzu die Übersicht bei *Finkelnburg/Ortloff/Otto*, Öffentliches Baurecht – Band II, 6. Aufl. 2010, S. 92 ff.

216 *Finkelnburg/Ortloff/Otto*, Öffentliches Baurecht – Band II, 6. Aufl. 2010, S. 92.

217 Siehe die Legaldefinitionen in § 38 Abs. 2 LBO BW; Art. 2 Abs. 4 BayBO; § 2 Abs. 4 BerlBauO; § 44 BbgBO; § 52 Abs. 2 BremLBO; § 2 Abs. 4 HmbBauO; § 2 Abs. 8 HessBO; § 2 Abs. 4 LBauO MV; § 2 Abs. 5 NdsBauO; § 54 BauO NRW; § 50 Abs. 2 LBauO RhPf; § 2 Abs. 4 SaarlLBO; § 2 Abs. 4 SächsBO; § 2 Abs. 4 BauO LSA; § 2 Abs. 4 i. V. mit § 51 Abs. 2 LBO SH; § 2 Abs. 4 ThürBO.

Versammlungsstättenverordnung – MVStättV), die von der Bauminister-konferenz (Konferenz der für Städtebau, Bau- und Wohnungswesen zuständigen Minister und Senatoren der Länder [ARGEBAU]) beschlossen wurde.[218] Sie sollen dazu dienen, die allgemeinen Anforderungen aus den Landesbauordnungen zu konkretisieren und präzisieren[219] und die Sicherheit von Veranstaltungen, bei denen eine Vielzahl von Personen anwesend ist, sowohl im Normalbetrieb als auch im Schadensfall zu gewährleisten.[220] Regelungsgegenstand sind unter anderem Vorschriften, die den Bau selbst betreffen – wie z.B. die Regelungen über Rettungswege –, sowie die Vorschriften, die an den Betrieb der Versammlungsstätte anknüpfen und für bestimmte Veranstaltungen u.a. Brandsicherheitswachen, Brandordnungen, Ordnungsdienste und Sicherheitskonzepte vorsehen. Die Versammlungsstättenverordnungen bieten somit unmittelbar einen Anknüpfungspunkt zur umfassenden Regelung sicherheitsrelevanter Aspekte von Großveranstaltungen.

Der Anwendungsbereich der Versammlungsstättenverordnungen ist jedoch begrenzt und erfasst nicht alle Großveranstaltungen. Der Begriff der Versammlungsstätte ist jeweils in § 2 Abs. 1 der Versammlungsstättenverordnungen (in Berlin: § 23 Abs. 2 BetrVO Berlin) definiert:

> „Versammlungsstätten sind bauliche Anlagen oder Teile baulicher Anlagen, die für die gleichzeitige Anwesenheit vieler Menschen bei Veranstaltungen, insbesondere erzieherischer, wirtschaftlicher, geselliger, kultureller, künstlerischer, politischer, sportlicher oder unterhaltender Art, bestimmt sind, sowie Schank- und Speisewirtschaften."

Die Begriffe *Veranstaltung* und *gleichzeitige Anwesenheit vieler Menschen* werden von Großveranstaltungen immer erfüllt. Anders ist dies – wie dargelegt – jedoch im Hinblick auf das Tatbestandsmerkmal „bauliche Anlage" (s. o. B. II. 2. b). Zudem fällt nicht jede Stätte, die unter diesen Begriff der Versammlungsstätte subsumiert werden kann, in den von § 1

218 Abrufbar unter http://www.is-argebau.de/verzeichnis.aspx?id=991&o =759O98 6O991 (mit Begründung); ausführlich hierzu *Funke/Müller*, Eventrecht, 3. Aufl. 2009, Rn. 602 ff.; *Güllemann/Mertens,* Veranstaltungsmanagement, Event- und Messerecht, 6. Aufl. 2013, S. 185 ff.; *Risch/Kerst*, Eventrecht kompakt, 2. Aufl. 2011, S. 450 ff.

219 *Liehr*, Der Betrieb von Versammlungsstätten – oder die Versammlungsstättenverordnung, eine vernachlässigte Regelung, VBlBW 2013, 169.

220 *Güllemann/Mertens,* Veranstaltungsmanagement, Event- und Messerecht, 6. Aufl. 2013, S. 187; *Liehr*, Der Betrieb von Versammlungsstätten – oder die Versammlungsstättenverordnung, eine vernachlässigte Regelung, VBlBW 2013, 169 (170).

Abs. 1 bestimmten Anwendungsbereich der Verordnungen. Für die hier interessierenden Veranstaltungen im Freien sind nämlich nach § 1 Abs. 1 Nr. 2 der jeweiligen Versammlungsstättenverordnung (bzw. § 23 Abs. 1 lit. b BetrVO Berlin) das Vorhandensein einer Szenefläche (einer Fläche für künstlerische Darbietungen mit mehr als 20 m²) und ein Besucherbereich mit einer Kapazität von mehr als 1000 Personen notwendig. Zudem muss der Besucherbereich eben zumindest zum Teil aus einer baulichen Anlage bestehen.[221] Denkbar ist diese Konstellation bei Großveranstaltungen, wenn ein Bühnenaufbau mit einem abgesperrten Besucherraum speziell für diese Veranstaltung aufgebaut wird.

Jedenfalls sind damit die Versammlungsstättenverordnungen für *Veranstaltungen ohne Szeneflächen* nicht anwendbar. Dies gilt etwa für Umzüge aber auch für Sportveranstaltungen, sofern sie nicht in Sportstadien mit mehr als 5000 Plätzen stattfinden. Schließlich sind gemäß § 1 Abs. 3 Nr. 4 der Versammlungsstättenverordnungen (in Niedersachsen: § 1 Abs. 3 Nr. 6 NdsVStättVO) fliegende Bauten ausdrücklich vom Anwendungsbereich ausgenommen (anders nur in Berlin). Soweit eine Bühnenanlage mit Besucherraum als fliegender Bau abgenommen wurde, entfallen auch für sie die Anforderungen der Versammlungsstättenverordnung. Anders sieht dies aus, wenn zwar der Bühnenaufbau als fliegender Bau genehmigt ist, der Besucherraum aber eine gesonderte bauliche Anlage ist. Dies kann insbesondere bei großen Musikveranstaltungen der Fall sein.

Schließlich gelten die Regelungen der Versammlungsstättenverordnungen nur in Bezug auf diejenigen baulichen Anlagen bzw. deren Teile, die zu Versammlungszwecken genutzt werden. Soweit die Veranstaltung nur teilweise innerhalb der baulichen Anlage stattfindet, ist nur dieser mit der Anlage im Zusammenhang stehende Teil den Regelungen der Versammlungsstättenverordnungen unterworfen.

e) Zusammenfassung und Ergebnis zu 2

Eine sicherheitsbezogene Steuerung von Großveranstaltungen durch Baurecht ist nur im Einzelfall möglich. Soweit die Großveranstaltung in einer einheitlichen Anlage stattfindet, erlaubt das Baurecht eine umfassende Regelung der Sicherheitsbelange, insbesondere wenn die Versammlungs-

221 *Liehr*, Der Betrieb von Versammlungsstätten – oder die Versammlungsstättenverordnung, eine vernachlässigte Regelung, VBlBW 2013, 169 (171).

stättenverordnungen einschlägig sind. Eine einheitliche Anlage wird aber überwiegend nicht vorliegen, so dass nur einzelne Bereiche einer baurechtlichen Regelung zugänglich sind. Unklar ist zudem, wie lange eine Anlage bestehen muss, um sie zu einer bauordnungsrechtlich relevanten Anlage zu machen.

3. Allgemeines Polizei- und Ordnungsrecht

a) Relevanz für Großveranstaltungen – Allgemeines

Das allgemeine Polizei- und Ordnungsrecht bezweckt die Abwehr von Gefahren, die der öffentlichen Sicherheit und Ordnung drohen. Es greift ein, soweit die betreffende Gefahrenabwehraufgabe für bestimmte Sektoren nicht spezialgesetzlich (z. B. im Gewerberecht, in den Landesbauordnungen) geregelt ist.[222] Die Gesetzeskompetenz liegt aufgrund von Art. 70 Abs. 1 GG bei den Ländern.[223] Sämtliche Länder haben von ihrer Gesetzeskompetenz Gebrauch gemacht.[224] Die Regelungen sind jedoch vor allem hinsichtlich der Organisation und der für die Gefahrenabwehr zuständigen Behörden und ihrer Bezeichnungen uneinheitlich. Alle Bundesländer kennen indes eine Unterscheidung zwischen der (vor allem für Eilfälle zuständigen) Vollzugspolizei und den allgemeinen Behörden für die Gefahrenabwehr, die teilweise als Polizeiverwaltungsbehörden, teilweise als Gefahrenabwehr-, Ordnungs- oder Sicherheitsbehörden o. ä. bezeichnet werden. Unterschiede bestehen indes bei der Frage, ob diese allgemeinen Behörden für die Gefahrenabwehr ebenfalls als „Polizeibehörden" bezeichnet werden und – unabhängig davon – ob deren Aufgaben und Befugnisse gemeinsam mit den Aufgaben und Befugnissen der Vollzugspoli-

---

222 § 3 PolG BW; Art. 11 Abs. 1 BayPAG; Art. 7 Abs. 2 u. 3 BayLStVG; § 17 Abs. 1 BerlASOG; § 10 Abs. 1 PolG Bbg; § 13 Abs. 1 OBG Bbg; § 10 Abs. 1 BremPolG; § 3 HmbSOG; § 11 HessSOG; § 13 SOG MV; § 11 NdsSOG; § 8 Abs. 1 PolG NRW; § 14 Abs. 1 OBG NRW; § 9 Abs. 1 POG RhPf; § 8 Abs. 1 SaarlPolG; § 3 Abs. 1 SächsPolG; § 13 SOG LSA, § 174 LVwG SH; § 12 Abs. 1 ThürPAG; § 5 Abs. 1 ThürOBG; allgemein: *Schenke*, Polizei- und Ordnungsrecht, 7. Aufl. 2011, Rn. 21.

223 S. nur BVerfG, Gutachten vom 16.6.1954 – 1 PBvV 2/52 – juris Rn. 116 = BVerfGE 3, 407 (433); BVerfG, Urt. v. 14.7.1999 – 1 BvR 2226/94, 1 BvR 2420/95, 1 BvR 2437/95 – juris Rn. 201 = BVerfGE 100, 313 (369).

224 Siehe insoweit die Zusammenstellung der Gefahrenabwehrgesetze mit Fundstellenangaben bei http://www.saarheim.de/Gesetze_Laender/polg_laender.htm.

zeibehörden in einem einheitlichen Polizeigesetz oder getrennt von einem Polizeigesetz, das nur die Befugnisse der Vollzugspolizei normiert, in einem eigenen „Ordnungsbehördengesetz“, „Gefahrenabwehrgesetz“ o. ä. geregelt werden.[225] Im Folgenden sollen die Vollzugspolizeibehörden und die allgemeinen Behörden für die Gefahrenabwehr unter dem gemeinsamen Oberbegriff der Gefahrenabwehrbehörden zusammengefasst werden.

Unabhängig von der genauen Organisation der Gefahrenabwehrverwaltung in den Ländern kann das allgemeine Polizei- und Ordnungsrecht für alle Arten von Großveranstaltungen relevant werden, wenn sich bei der Durchführung einer Veranstaltung eine konkrete Gefahr für die öffentliche Sicherheit entwickelt. In diesen Fällen sind (selbstverständlich) die Gefahrenabwehrbehörden zum Einschreiten ermächtigt.[226] Außer in Bayern und in Thüringen (s. u. B. II. 4.) findet sich aber in den allgemeinen Gefahrenabwehrgesetzen der Länder keine gesetzliche Regelung, die die Durchführung einer Großveranstaltung insgesamt einem Anzeige- oder Genehmigungserfordernis unterwirft. Damit fehlt es an ausdrücklichen Regelungen, die die Gefahrenabwehrbehörden ermächtigen, auf die Erarbeitung, Vorlage, Abstimmung und Durchführung eines Sicherheitskonzepts durch den Veranstalter hinzuwirken. Daher ist zu untersuchen, ob sich eine Befugnis zur Anordnung derartiger Sicherheitskonzeptpflichten aus der allgemeinen gefahrenabwehrrechtlichen Generalklausel herleiten lässt. Im Übrigen ist die Frage aufzuwerfen, ob solche Sicherheitskonzeptpflichten bei Großveranstaltungen durch allgemeine Gefahrenabwehrverordnung (Polizeiverordnung oder ordnungsbehördliche Verordnung) eingeführt werden könnten.

b) Einzelfallbezogene Maßnahmen nach der Generalklausel

Die in allen Gefahrenabwehrgesetzen enthaltenen Generalklauseln ermächtigen die Gefahrenabwehrbehörden, alle notwendigen Maßnahmen zur Abwehr konkreter Gefahren für die öffentliche Sicherheit (oder Ord-

225 S. nur *Götz*, Allgemeines Polizei- und Ordnungsrecht, 15. Aufl. 2013, § 20 Rn. 1 ff.; *Kugelmann*, Polizei- und Ordnungsrecht, 2. Aufl. 2012, 4. Kapitel Rn. 49 ff.; *Pieroth/Schlink/Kniesel*, Polizei- und Ordnungsrecht mit Versammlungsrecht, 7. Aufl. 2012, § 2 Rn. 23 ff.; *Rachor*, in: Lisken/Denninger (Hrsg.), Handbuch des Polizeirechts, 5. Aufl. 2012, C Rn. 21 f.; *Schenke*, Polizei- und Ordnungsrecht, 7. Aufl. 2011, § 1 Rn. 14.

226 S. nur *Reschke*, Öffentliche Veranstaltungen, Loseblatt, Nr. 3.1. S. 1 ff.

nung) zu treffen, sofern deren Befugnisse nicht anderweitig für bestimmte Fälle besonders geregelt sind.[227] Wie bereits erwähnt, umfasst der unbestimmte Rechtsbegriff der öffentlichen Sicherheit nach allgemeiner Auffassung den Schutz individueller Rechtsgüter (nämlich Leben, Gesundheit, Freiheit, Ehre und Vermögen des Einzelnen) als auch der des Staates und seiner Einrichtungen sowie der gesamten Rechtsordnung.[228] Zudem muss eben eine im Einzelfall bestehende (= konkrete) Gefahr für ein solches Schutzgut vorliegen, also eine Sachlage, die bei ungehindertem Ablauf des zu erwartenden Geschehens mit hinreichender Wahrscheinlichkeit in absehbarer Zeit zu einem Schadenseintritt führt (s. o. A III). Der erforderliche Grad der Wahrscheinlichkeit des Schadenseintritts ist dabei abhängig vom Rang des polizeilichen Schutzgutes und des Rechtsgutes, in das eingegriffen werden soll.[229] Allein das Vorliegen einer *abstrakten Gefahr* rechtfertigt damit kein Einschreiten der Gefahrenabwehrbehörden im Einzelfall auf Grundlage der gefahrenabwehrrechtlichen Generalklausel. Sie kann allenfalls zum Erlass abstrakt-genereller Gefahrenabwehrverordnungen (s. u. B. II. 3. c) berechtigen.

Vor diesem Hintergrund können auf der Grundlage der gefahrenabwehrrechtlichen Generalklauseln keine Maßnahmen getroffen werden, die dem Veranstalter einer konkreten Großveranstaltung formularmäßig die Erarbeitung, Vorlage, Abstimmung und Durchführung eines Sicherheitskonzepts auferlegen. Möglich sind allenfalls Anordnungen, die sich auf einzelne ganz konkrete Gefahrenherde beziehen, wie die oben dargestellten Beispiele (s. o. A. III.) zeigen. Indes sind auch diese Anordnungen gegenüber dem Veranstalter nur möglich, wenn ihm diese Gefahren als Verhaltens- oder Zustandsstörer zugerechnet werden können. Insoweit ist etwa nicht selbstverständlich, dass der Veranstalter für Gefahren, die von einzelnen Veranstaltungsteilnehmern oder Dritten ausgehen, auch in der

---

227 § 3 i. V. mit § 1 Abs. 1 PolG BW; Art. 7 Abs. 2 BayLStVG und Art. 11 Abs. 1 BayPAG; § 17 Abs. 1 ASOG Bln; § 13 Abs. 1 BbgOBG und § 10 Abs. 1 BbgPolG; § 10 Abs. 1 BremPolG; § 3 Abs. 1 HmbSOG; § 11 HessSOG; § 16 SOG MV; § 11 NdsSOG; § 14 Abs. 1 OBG NRW und § 8 Abs. 1 PolG NRW; § 9 Abs. 1 POG RhPf; § 8 Abs. 1 SaarlPolG; § 3 Abs. 1 SächsPolG; § 13 SOG LSA; §§ 174, 176 LVwG SH; § 5 Abs. 1 ThürOBG und § 12 Abs. 1 ThürPAG.

228 Zum Begriff „öffentliche Sicherheit“, siehe bei Fn. 60.

229 BVerwG, Urt. v. 28.3.2012 – 6 C 12/11– juris Rn. 27 = BVerwGE 143, 74 Rn. 27; *Götz*, Allgemeines Polizei- und Ordnungsrecht, 15. Aufl. 2013, § 6 Rn. 3 ff.; *Kugelmann*, Polizei- und Ordnungsrecht, 2. Aufl. 2012, 5. Kapitel Rn. 145 ff.

Form verantwortlich gemacht werden kann, dass er auf seine Kosten Maßnahmen zu deren Bekämpfung ergreifen muss.[230]

c) Regelung von großveranstaltungstypischen Gefahren durch allgemeine Gefahrenabwehrverordnung

Das Gefahrenabwehrrecht aller Bundesländer (mit Ausnahme Bayerns[231]) sieht allerdings vor, dass die allgemeinen Ordnungsbehörden Gefahrenabwehrverordnungen (ordnungsbehördliche Verordnungen/ Polizeiverordnungen) erlassen können.[232] Diese werden legaldefiniert als *„der Gefahrenabwehr dienende Gebote und Verbote, die für eine unbestimmte Zahl von Fällen an eine unbestimmte Zahl von Personen gerichtet sind.*“ Sie haben also generell-abstrakten Charakter.[233] Entsprechend muss für ihren Erlass keine konkrete, sondern nur eine abstrakte Gefahr im oben beschriebenen Sinne (s. o. A. III) vorliegen. Eine (nur) generell-abstrakte Betrachtung muss für bestimmte Arten von Verhaltensweisen oder Zuständen zu dem Ergebnis führen, dass mit hinreichender Wahrscheinlichkeit ein Schaden an einem Schutzgut der öffentlichen Sicherheit oder Ordnung im Einzelfall einzutreten pflegt.[234] Liegt eine solche abstrakte Gefahr vor, können im Grundsatz auch durch Gefahrenabwehrverordnungen Erlaubnis- oder Anzeigepflichten für abstrakt gefährliche Verhaltensweisen eingeführt werden.[235]

Wie bei der konkreten Gefahr kann aber eine abstrakte Gefahr nicht schon dann angenommen werden, wenn allgemeine Risiken, die mit einer bestimmten Tätigkeit verbunden sind, vermieden werden sollen. Auch die Feststellung einer abstrakten Gefahr verlangt also in tatsächlicher Hinsicht

230 Vgl. *Trunit*, Eingriffsbefugnisse bei Veranstaltungen, Jura 2012, 365 (368).

231 Siehe aber z. B. Art. 19 Abs. 7 oder Art. 24 Abs. 1 BayLStVG; vgl. hierzu *Götz*, Allgemeines Polizei- und Ordnungsrecht, 15. Aufl. 2013, § 22 Rn. 3.

232 § 10 PolG BW; § 55 ASOG Bln; § 24 BbgOBG; § 48 BremPolG; § 1 Abs. 1 HmbSOG; § 71 HessSOG; § 17 SOG MV; § 55 NdsSOG; § 25 OBG NRW; § 26 POG RhPf; § 59 SaarlPolG, § 9 SächsPolG; § 94 SOG LSA; § 175 LVwG SH; §§ 27, 28 ThürOBG.

233 *Rachor*, in: Lisken/Denninger (Hrsg.), Handbuch des Polizeirechts, 5. Aufl. 2012, E Rn. 54.

234 Siehe bei Fn. 15.

235 *Götz*, Allgemeines Polizei- und Ordnungsrecht, 15. Aufl. 2013, § 6 Rn. 8 ff.; für Kampfhundeverordnungen: *Rachor*, in: Lisken/Denninger (Hrsg.), Handbuch des Polizeirechts, 5. Aufl. 2012, E Rn. 81 ff.

eine genügend abgesicherte Prognose, mit der auf die für die Situation typischen Gefahren geschlossen werden kann.[236] Der Schaden muss regelmäßig und typischerweise, wenn auch nicht ausnahmslos zu erwarten sein.[237] Dies setzt hinreichend konkrete Anhaltspunkte voraus.[238]

Insoweit ist fraglich, ob die eingangs[239] geschilderten Schadensfälle bei Großveranstaltungen hinreichende Grundlage für die Statuierung allgemeiner Erlaubnis- oder Anzeigepflichten durch allgemeine Gefahrenabwehrverordnung sein kann. Denn die bloße Durchführung von Großveranstaltungen führt in der überwiegenden Zahl der Fälle gerade nicht zu Gefährdungssituationen. Eine derartige Verordnung würde allenfalls der Gefahrenvorsorge dienen und letztlich auch nur dazu, den Gefahrenabwehrbehörden ihre Aufgabe der Abwehr möglicher konkreter Gefahren zu erleichtern, die im Laufe der Veranstaltung auftreten können. Insoweit ist als Grenze für Gefahrenabwehrverordnungen aber auch das allgemeine Verbot anzusehen, dass Gefahrenabwehrverordnungen nicht nur der Erleichterung der polizeilichen Arbeit dienen dürfen.[240]

d) Zusammenfassung und Ergebnis zu 3

Das allgemeine Gefahrenabwehrrecht bietet damit keine Grundlage dafür, gegenüber dem Veranstalter einer konkreten Großveranstaltung die Erarbeitung, Vorlage, Abstimmung und Durchführung eines Sicherheitskonzepts anzuordnen. Auch können nicht generell für derartige Großveranstaltungen durch Gefahrenabwehrverordnungen (ordnungsbehördliche Verordnungen/Polizeiverordnungen) Erlaubnis- oder Anzeigepflichten verbunden mit entsprechenden Sicherheitskonzeptpflichten angeordnet werden. Soweit nicht durch Spezialgesetze derartige behördliche Befugnisse und Veranstalterpflichten vorgesehen sind, können sie also nicht unter Rückgriff auf das allgemeine Gefahrenabwehrrecht geschaffen werden.

---

236 *Rachor*, in: Lisken/Denninger (Hrsg.), Handbuch des Polizeirechts, 5. Aufl. 2012, E Rn. 97.

237 BVerwG, Urt. v. 3.7.2002 – 6 CN 8/01 – juris Rn. 35 = BVerwGE 116, 347 (356).

238 *Kugelmann*, Polizei- und Ordnungsrecht, 2. Aufl. 2012, 9. Kapitel Rn. 30.

239 Siehe oben bei Fn. 1 bis 3.

240 Hierzu *Rachor*, in: Lisken/Denninger (Hrsg.), Handbuch des Polizeirechts, 5. Aufl. 2012, E Rn. 185 ff.

4. Anzeige- und Genehmigungspflichten für „öffentliche Vergnügungen" in Bayern und Thüringen

Art. 19 BayLStVG und § 42 ThürOBG sehen eigene Anzeige- und Genehmigungstatbestände für die Veranstaltung bestimmter „Vergnügungen" vor, die sich weitgehend gleichen, was eine einheitliche Erläuterung der Vorschriften unter kurzer Darstellung von Abweichungen möglich macht.

a) Relevanz für Großveranstaltungen – Allgemeines

Die Bestimmungen lauten:

Art. 19 BayLStVG Veranstaltung von Vergnügungen	§ 42 ThürOBG Veranstaltung von Vergnügungen
(1) [1]Wer eine öffentliche Vergnügung veranstalten will, hat das der Gemeinde unter Angabe der Art, des Orts und der Zeit der Veranstaltung und der Zahl der zuzulassenden Teilnehmer spätestens eine Woche vorher schriftlich anzuzeigen. [2]Für regelmäßig wiederkehrende, gleichartige öffentliche Vergnügungen genügt eine einmalige Anzeige.	(1) [1]Wer eine öffentliche Vergnügung veranstalten will, hat das der Gemeinde, Verwaltungsgemeinschaft oder erfüllenden Gemeinde unter Angabe der Art, des Ortes und der Zeit der Veranstaltung und der Zahl der zuzulassenden Teilnehmer spätestens eine Woche vorher schriftlich anzuzeigen. [2]Für regelmäßig wiederkehrende, gleichartige öffentliche Vergnügungen genügt eine einmalige Anzeige.
(2) Absatz 1 gilt nicht für Vergnügungen, die vorwiegend religiösen, künstlerischen, kulturellen, wissenschaftlichen, belehrenden oder erzieherischen Zwecken oder der Wirtschaftswerbung dienen, sofern die Vergnügungen in Räumen stattfinden, die für Veranstaltungen der beabsichtigten Art bestimmt sind.	(2) Absatz 1 gilt nicht für Veranstaltungen, die vorwiegend religiösen, künstlerischen, kulturellen, wissenschaftlichen, belehrenden oder erzieherischen Zwecken oder der Wirtschaftswerbung dienen, sofern sie in Räumen stattfinden, die für Veranstaltungen der beabsichtigten Art bestimmt sind.
(3) [1] Die Veranstaltung öffentlicher Vergnügungen bedarf der Erlaubnis, wenn die nach Absatz 1 erforderliche Anzeige nicht fristgemäß erstattet wird, es sich um eine motorsportliche Veranstaltung handelt oder zu einer Veranstaltung, die außerhalb dafür bestimmter Anlagen stattfinden soll,	(3) [1]Die Veranstaltung öffentlicher Vergnügungen bedarf der Erlaubnis, wenn die nach Absatz 1 erforderliche Anzeige nicht fristgemäß erstattet wird, es sich um eine motorsportliche Veranstaltung handelt oder zu einer Veranstaltung, die in nicht dafür bestimmten Anlagen stattfinden soll, mehr als eintausend Besucher zugleich zugelassen

mehr als eintausend Besucher zugleich zugelassen werden sollen. [2]Zuständig sind die Gemeinden, für motorsportliche Veranstaltungen die kreisfreien Gemeinden und Landratsämter.	werden sollen. [2]Zuständig nach Satz 1 Nr. 2 sind die kreisfreien Städte sowie die Landkreise.
(4) [1] Die Erlaubnis nach Absatz 3 ist zu versagen, wenn es zur Verhütung von Gefahren für Leben, Gesundheit oder Sachgüter oder zum Schutz vor erheblichen Nachteilen oder erheblichen Belästigungen für die Allgemeinheit oder Nachbarschaft oder vor erheblichen Beeinträchtigungen der Natur oder Landschaft erforderlich erscheint. [2] Das gleiche gilt, sofern andere öffentlich-rechtliche Vorschriften entgegenstehen.	(4) [1]Die Erlaubnis nach Absatz 3 ist zu versagen, wenn es zur Abwehr einer Gefahr für die öffentliche Sicherheit oder Ordnung erforderlich erscheint. [2]Das gleiche gilt, sofern andere öffentlich-rechtliche Vorschriften entgegenstehen.
(5) [1] Die Gemeinden, für motorsportliche Veranstaltungen die kreisfreien Gemeinden und Landratsämter, können zum Schutz der in Absatz 4 Satz 1 bezeichneten Rechtsgüter Anordnungen für den Einzelfall für die Veranstaltung öffentlicher Vergnügungen und sonstiger Vergnügungen treffen. [2] Reichen Anordnungen nach Satz 1 nicht aus oder stehen andere öffentlich-rechtliche Vorschriften entgegen, so kann die Veranstaltung untersagt werden. (6) (aufgehoben) (7) [1] Die Gemeinden können durch Verordnung die Veranstaltung von Vergnügungen bestimmter Art von der Anzeigepflicht nach Absatz 1 oder von der Erlaubnispflicht nach Absatz 3 ausnehmen, soweit die Gemeinden nach Absatz 3 Satz 2 zuständig sind und diese Pflichten zum Schutz der in Absatz 4 Satz 1 bezeichneten Rechtsgüter nicht erforderlich erscheinen,	(5) [1]Die Gemeinden, Verwaltungsgemeinschaften oder erfüllenden Gemeinden, für motorsportliche Veranstaltungen die kreisfreien Städte oder die Landkreise, können im Einzelfall zur Gefahrenabwehr Anordnungen zur Veranstaltung öffentlicher und sonstiger Vergnügungen treffen. [2]Reichen Anordnungen nach Satz 1 nicht aus oder stehen andere öffentlich-rechtliche Vorschriften entgegen, so kann die Veranstaltung untersagt werden.

zum Schutz der in Absatz 4 Satz 1 bezeichneten Rechtsgüter die Anzeigepflicht nach Absatz 1 auf die Veranstaltung bestimmter Arten öffentlicher Vergnügungen im Sinn des Absatzes 2 erstrecken und Anforderungen an die Veranstaltung öffentlicher oder sonstiger Vergnügungen stellen, zum Schutz der in Absatz 4 Satz 1 bezeichneten Rechtsgüter eine Sperrzeit für die Veranstaltung öffentlicher Vergnügungen oder bestimmter Arten öffentlicher Vergnügungen festsetzen; in der Verordnung kann bestimmt werden, daß die Sperrzeit bei Vorliegen eines öffentlichen Bedürfnisses oder besonderer örtlicher Verhältnisse für den Einzelfall verlängert, verkürzt oder aufgehoben werden kann [2]Das Staatsministerium des Innern kann durch Rechtsverordnung gleiches für das gesamte Staatsgebiet bestimmen. (8) Mit Geldbuße kann belegt werden, wer vorsätzlich oder fahrlässig eine öffentliche Vergnügung ohne die erforderliche Anzeige oder Erlaubnis veranstaltet, als Veranstalter einer Vergnügung die mit der Erlaubnis verbundenen vollziehbaren Auflagen nicht erfüllt oder einer vollziehbaren Anordnung nach Absatz 5 nicht Folge leistet oder einer Verordnung nach Absatz 7 Nrn. 2 oder 3 zuwiderhandelt.	
(9) Die Absätze 1 bis 5, 7 und 8 sind nicht anzuwenden, soweit bundesrechtliche oder besondere landesrechtliche Vorschriften bestehen.	(6) Die vorstehenden Absätze sind nicht anzuwenden, soweit bundesrechtliche oder besondere landesrechtliche Vorschriften bestehen.

Der Schlüsselbegriff für beide Vorschriften ist die *„öffentliche Vergnügung"*. Vergnügung ist nach Nr. 19.1.1. VollzBek zu Art. 19 BayLStVG[241] eine Veranstaltung, die dazu bestimmt und geeignet ist, die Besucher zu unterhalten, zu belustigen zu zerstreuen oder zu entspannen.[242] Keine Veranstaltung liegt vor, wenn es ohne entsprechende organisatorische Akte zu einer Menschenansammlung kommt.[243] Hierunter kann z. B. ein spontanes Zusammentreffen Fastnacht feiernder Personen auf der Straße gefasst werden. Die hier zu untersuchenden Großveranstaltungen mit ihren entsprechenden Organisationen werden den Begriff der öffentlichen Vergnügung jedoch ausnahmslos erfüllen.[244]

Der Art. 19 Abs. 1 BayLStVG und § 42 Abs. 1 ThürOBG sehen nun für den Regelfall eine Anzeigepflicht für die Veranstaltung öffentlicher Vergnügungen vor. Durch die Anzeige soll die zuständige Behörde in die Lage versetzt werden, die Veranstaltung zu überprüfen und ggf. einzuschreiten.[245] In Bayern ist die Anzeige der Gemeinde, in Thüringen der Gemeinde, Verwaltungsgemeinschaft oder erfüllenden Gemeinde zu erstatten.[246]

---

241 VollzBekLStVG vom 8.8.1986, zuletzt geändert durch Bekanntmachung vom 13.2.2013.

242 Für § 42 ThürOBG wird der gleiche Begriff angewendet, vgl. *Rücker,* Praxis der Kommunalverwaltung, Band K 30 Th, Ordnungsbehördengesetz Thüringen, Loseblattsammlung, S. 178.

243 *Schwabenbauer,* Die sicherheitsrechtliche Behandlung von Großveranstaltungen in Bayern, KommunalPraxis BY 2013, 135 (136).

244 Vgl. die Aufzählung möglicher Vergnügungen: *Körner/Mehringer,* in: Praxis der Kommunalverwaltung, Band K 30 Bay, Landesstraf- und Verordnungsgesetz, Loseblattsammlung, Art. 19 LStVG Nr. 2, S. 7; *Rücker,* Praxis der Kommunalverwaltung, Band K 30 Th, Ordnungsbehördengesetz Thüringen, Loseblattsammlung, S. 178; *Scheidler,* Behördliches Vorgehen gegen Skinhead-Konzerte in Bayern, NVwZ 2013, 1449 (1453); *Schwabenbauer,* Die sicherheitsrechtliche Behandlung von Großveranstaltungen in Bayern, KommunalPraxis BY 2013, 135.

245 Vgl. *Schwabenbauer,* Die sicherheitsrechtliche Behandlung von Großveranstaltungen in Bayern, KommunalPraxis BY 2013, 135.

246 Von der Anzeigepflicht sind durch Art. 19 Abs. 2 BayLStVG und § 42 Abs. 2 ThürOBG solche Veranstaltungen ausgenommen, *die religiösen, künstlerischen, kulturellen, wissenschaftlichen belehrenden oder erzieherischen Zwecken dienen, sofern sie in Räumen stattfinden, die für Veranstaltungen der beabsichtigen Art bestimmt sind.* Soweit diese Veranstaltungen einem größeren Publikum zugänglich sind, werden die Veranstaltungsstätten der VStättV unterliegen. Vgl. *Körner/Mehringer,* in: Praxis der Kommunalverwaltung, Band K 30 Bay, Landesstraf- und Verordnungsgesetz, Loseblattsammlung, Art. 19 LStVG Nr. 3.1.

Durch Art. 19 Abs. 3 BayLStVG und § 42 Abs. 3 ThürOBG werden Veranstaltungen mit erhöhten Gefahrenpotential einer präventiven Kontrolle unterzogen,[247] in dem diese Veranstaltungen einer Erlaubnispflicht unterworfen werden. Im vorliegenden Zusammenhang ist (neben der jeweiligen Nr. 2, die sich auf motorsportliche Veranstaltungen bezieht) vor allem der jeweilige Nr. 3 relevant, nach dem die Erlaubnispflicht auch für Veranstaltungen gilt, die in nicht dafür bestimmten Anlagen stattfinden und zu der mehr als eintausend Besucher zugleich zugelassen werden sollen. Die Mehrzahl der hier interessierenden Großveranstaltungen wird durch diese Variante in Bayern und Thüringen erlaubnispflichtig.

In Art. 19 Abs. 4 BayLStVG und § 42 Abs. 4 ThürOBG sind die Versagensgründe aufgeführt. Hier unterscheiden sich die Landesregelungen. Nach Art. 19 Abs. 4 Satz 1 BayLStVG ist die Erlaubnis zu versagen, „*wenn es zur Verhütung von Gefahren für Leben, Gesundheit oder Sachgüter oder zum Schutz vor erheblichen Nachteilen oder erheblichen Belästigungen für die Allgemeinheit oder Nachbarschaft oder vor erheblichen Beeinträchtigungen der Natur oder Landschaft erforderlich erscheint.*“ Demgegenüber ist sie nach § 42 Abs. 4 Satz 1 ThürOBG zu versagen, „*wenn es zur Abwehr einer Gefahr für die öffentliche Sicherheit oder Ordnung erforderlich erscheint.*“ Jeweils in Satz 2 der Bestimmungen ist festgelegt, dass die Erlaubnis im Falle entgegenstehender *anderer öffentlich-rechtlicher Vorschriften* ebenfalls zu versagen ist.

Art. 19 Abs. 5 BayLStVG und § 42 Abs. 5 ThürOBG verleihen der zuständigen Behörde die Befugnis, im Einzelfall Anordnungen zu treffen, soweit dies zur Gefahrenabwehr notwendig ist. Reichen diese Anordnungen nicht aus oder stehen andere öffentlich-rechtliche Vorschriften entgegen, kann die Veranstaltung untersagt werden. In Art. 19 Abs. 9 BayLStVG sowie in § 42 Abs. 6 ThürOBG wird schließlich die Anwendung der jeweils vorstehenden Absätze der jeweiligen Norm ausgeschlossen, soweit „*bundesrechtliche oder besondere landesrechtliche Vorschriften*“ bestehen.

---

247 *Körner/Mehringer*, in: Praxis der Kommunalverwaltung, Band K 30 Bay, Landesstraf- und Verordnungsgesetz, Loseblattsammlung, Art. 19 LStVG Nr. 2 S. 10.

b) Reichweite der Erlaubnispflicht für Großveranstaltungen

Eine Erlaubnispflicht für Großveranstaltungen wird damit auch in Art. 19 BayLStVG und § 42 ThürOBG nicht umfassend statuiert. Keine Erlaubnispflicht besteht zunächst für solche Großveranstaltungen, die in dafür bestimmten Anlagen stattfinden (Art. 19 Abs. 3 Satz 1 Nr. 3 BayLStVG und § 42 Abs. 3 Satz 1 Nr. 3 ThürOBG). Unter den Begriff der *„dafür bestimmten Anlage"* sollen Anlagen fallen, die zur Durchführung von Veranstaltungen vorgesehen sind. Wesentlich ist, dass die Anlagen besonderen Genehmigungsverfahren – wie z. B. einem baurechtlichen, immissionsschutzrechtlichen oder gaststättenrechtlichen Genehmigungsverfahren – unterzogen wurden.[248] Beim Durchlaufen eines solchen Genehmigungsverfahrens werden diese Anlagen auch auf die besonderen Sicherheitserfordernisse von Großveranstaltungen geprüft. Dies gilt insbesondere, wenn es sich bei der Anlage um eine Versammlungsstätte i. S. der Versammlungsstättenverordnungen (s. o. B. II. 2. d) handelt.

Denselben „Subsidiaritätsgedanken", nämlich der Vermeidung von Doppelprüfungen,[249] folgen auch Art. 19 Abs. 9 BayLStVG und § 42 Abs. 6 ThürOBG. Hiernach entfällt (u.a.) die Erlaubnispflicht dann, soweit *„bundesrechtliche oder besondere landesrechtliche Vorschriften"* bestehen. Keiner Erlaubnis nach § 19 Abs. 3 BayLStVG und § 42 Abs. 3 ThürOBG bedürfen daher Veranstaltungen, deren Durchführung in spezielleren Gesetzen anderweitig geregelt wird. In Bezug auf Großveranstaltungen ist diese Subsidiaritätsklausel vor allem bei nach § 69 GewO festgesetzten Märkten und Volksfesten von Bedeutung. Gefahren und Störungen der öffentlichen Sicherheit oder Ordnung soll hier durch die der Festsetzung beigefügten Nebenbestimmungen begegnet werden können[250] (siehe hierzu aber B. II. 1. d). Ebenfalls kann die Genehmigungspflicht nach Art. 19 Abs. 3 Satz 1 Nr. 3 BayLStVG und § 42 Abs. 3 Satz 1 Nr. 3 ThürOBG im Falle einer Erlaubnispflicht nach § 29 StVO für rad- oder motorsportli-

---

248 Bayerischer Landtag, LT-Drs. 8/7433 vom 14.2.1978, S. 8.

249 Für das BayLStVG: *Körner/Mehringer*, in: Praxis der Kommunalverwaltung, Band K 30 Bay, Landesstraf- und Verordnungsgesetz, Loseblattsammlung, Art. 19 LStVG Nr. 6.

250 *Körner/Mehringer*, in: Praxis der Kommunalverwaltung, Band K 30 Bay, Landesstraf- und Verordnungsgesetz, Loseblattsammlung, Art. 19 LStVG Nr. 6.

chen Veranstaltungen entfallen, sofern die Veranstaltung ausschließlich auf öffentlichen Verkehrsflächen stattfindet.[251]

Schließlich kann – nur in Bayern – die Erlaubnispflicht für Vergnügungen bestimmter Art durch die zuständige Gemeinde ausgesetzt werden (Art. 19 Abs. 7 Satz 1 Nr. 1 BayLStVG). Das Staatsministerium des Inneren kann Gleiches für das gesamte Staatsgebiet mittels Rechtsverordnung (Art. 19 Abs. 1 Satz 2 BayLStVG) anordnen. Die Befreiung von der Erlaubnispflicht ist in beiden Fällen aber nur statthaft, soweit ersichtlich ist, dass die Präventivkontrolle für die Veranstaltung bzw. die Veranstaltungsart nicht zum Schutz der Rechtsgüter nach Art. 19 Abs. 4 BayLStVG (vor allem Leben und Gesundheit) erforderlich scheint, etwa weil der Ablauf einer bestimmten Veranstaltung bekannt ist, weil sie sich regelmäßig wiederholt.[252] Eine Schutzlücke entsteht deshalb auch in dieser Variante nicht, da in einer Art *Vorprüfung* das Gefährdungspotential der Veranstaltung oder Veranstaltungsart ermittelt werden muss.

c) Steuerungsmöglichkeiten durch Nebenbestimmungen

Auf die Erlaubnis nach Art. 19 Abs. 3 BayLStVG und § 42 Abs. 3 ThürOBG besteht ein Anspruch, wenn kein Versagungsgrund nach Art. 19 Abs. 4 BayLStVG bzw. § 42 Abs. 4 ThürOBG vorliegt. Ermessen ist der Behörde also nicht eingeräumt.[253] Ebenso fehlt es an einer ausdrücklichen Ermächtigung zur Beifügung von Nebenbestimmungen. Daher kann sich die Befugnis zur Beifügung von Nebenbestimmungen auch hier nur aus Art. 36 Abs. 1 Alt. 2 BayVwVfG bzw. § 36 Abs. 1 Alt. 2 ThürVwVfG ergeben.[254] Dementsprechend dürfen die Nebenbestimmungen nicht dazu genutzt werden, zusätzliche Tatbestandsvoraussetzungen zu schaffen. Nebenbestimmungen dürfen der Erlaubnis nur soweit beigefügt werden, wie

251 VollzBekLStVG vom 8.8.1986, zuletzt geändert durch Bekanntmachung vom 13.2.2013.

252 *Körner/Mehringer*, in: Praxis der Kommunalverwaltung, Band K 30 Bay, Landesstraf- und Verordnungsgesetz, Loseblattsammlung, Art. 19 LStVG Nr. 8.

253 *Körner/Mehringer*, in: Praxis der Kommunalverwaltung, Band K 30 Bay, Landesstraf- und Verordnungsgesetz, Loseblattsammlung, Art. 19 LStVG Nr. 5.

254 So für das BayLStVG: VG München, Urt. v. 26.7.2012 – M 22 K 11.3861 – juris Rn. 56; *Körner/Mehringer*, in: Praxis der Kommunalverwaltung, Band K 30 Bay, Landesstraf- und Verordnungsgesetz, Loseblattsammlung, Art. 19 LStVG Nr. 5; *Schwabenbauer*, Die sicherheitsrechtliche Behandlung von Großveranstaltungen in Bayern, KommunalPraxis BY 2013, 135 (136).

sie zum Ausräumen eines Versagungsgrundes erforderlich sind.[255] Die Reichweite zulässiger Nebenbestimmungen ist deshalb durch die Reichweite der Versagungsgründe der Art. 19 Abs. 4 BayLStVG und § 42 Abs. 4 ThürOBG begrenzt.

Art. 19 Abs. 4 Satz 2 BayLStVG und § 42 Abs. 4 Satz 2 ThürOBG sehen eine Versagung vor, soweit die Veranstaltung *anderen öffentlich-rechtlichen Vorschriften* widerspricht. In Thüringen wird dies noch einmal durch den Versagungsgrund der Gefahr für die öffentliche Sicherheit in § 42 Abs. 4 Satz 1 ThürOBG betont. Aufgrund der hohen gesetzlichen Durchdringung der Alltagswelt ergibt sich bereits hieraus eine große Variationsbreite möglicher Auflagen, so dass insoweit auf die obigen Ausführungen zu Nebenbestimmungen zur Festsetzung nach § 69 GewO verwiesen werden kann (s. o. B. II. 1. d). Art. 19 Abs. 4 Satz 1 BayLStVG sieht darüber hinaus noch den Schutz von Leben und Gesundheit sowie den Schutz vor erheblichen Beeinträchtigungen der Natur und der Landschaft als Versagungsgrund vor. Auch diese Aspekte werden von § 42 Abs. 4 Satz 1 Thür–OBG durch den Begriff der öffentlichen Sicherheit mit umfasst. Gerade der Lebens- und Gesundheitsschutz rechtfertigt sicherheitsrelevante Auflagen. Es können der Erlaubnis also Auflagen beigefügt werden, die die Lautstärke der Veranstaltung,[256] den Ort und die Dauer der Veranstaltung, sowie die erforderlichen Rettungswege, das Vorhandensein von Rettungsdiensten, das Errichten von Absperrgittern etc. regeln.[257]

Auflagen dürfen jedoch auch hier wieder nur erlassen werden, wenn zum Zeitpunkt der Entscheidung *konkrete Gefahren* für den Durchführungszeitpunkt zu erwarten sind. Eine nur abstrakte Gefährdung rechtfertigt eine Auflagenerteilung nicht.[258] Dies bedeutet, dass nach den oben dargestellten Grundsätzen (s. o. A .III.)– und wie bei Auflagen in Zusammenhang mit § 69a Abs. 2 GewO (s. o. B. II. 1. d) – generelle und gleichförmige Auflagen für alle Veranstaltungen einer bestimmten Art auch Erlaubnissen nach Art. 19 Abs. 4 Satz 2 BayLStVG und § 42 Abs. 4 Satz 2 ThürOBG nicht formularmäßig beigefügt werden können, da dies oftmals

---

255 Vgl. *U. Stelkens*, in: P. Stelkens/Bonk/Sachs (Hrsg.), VwVfG, 8. Aufl. 2014, § 36 Rn. 121.

256 Vgl. *Scheidler*, Behördliches Vorgehen gegen Skinhead-Konzerte in Bayern, NVwZ 2013, 1449 (1453).

257 Vgl. m. w. N. *Schwabenbauer*, Die sicherheitsrechtliche Behandlung von Großveranstaltungen in Bayern, KommunalPraxis BY 2013, 135 (136 f.).

258 *Schwabenbauer*, Die sicherheitsrechtliche Behandlung von Großveranstaltungen in Bayern, KommunalPraxis BY 2013, 135 (136).

nur eine Verlagerung der den zuständigen Behörden obliegenden Überwachungsaufgaben auf den Veranstalter bedeuten würde.[259] Folglich erscheint es als zweifelhaft, ob den Risiken einer Großveranstaltung durch Nebenbestimmungen zur Erlaubnis nach Art. 19 Abs. 3 BayLStVG und § 42 Abs. 3 ThürOBG umfassend begegnet werden und insofern typisierend z. B. die Erarbeitung, Vorlage, Abstimmung und Durchführung von Sicherheitskonzepten verlangt werden kann.

d) Zusammenfassung und Ergebnis zu 4

Art 19 Abs. 3 BayLStVG und § 42 Abs. 3 ThürOBG geben den zuständigen Stellen damit hinreichende Befugnisse bereits im Vorfeld einer Großveranstaltung konkreten Gefahren, die hiervon ausgehen, durch Beifügung von Nebenbestimmungen zur Erlaubnis zu begegnen. Die Reichweite der Erlaubnispflicht umfasst alle Großveranstaltungen, bei denen nicht bereits aufgrund anderer gesetzlicher Regelungen eine sicherheitsbezogene Steuerung möglich ist. Insoweit ermöglichen Art 19 Abs. 3 BayLStVG und § 42 Abs. 3 ThürOBG eine wirkungsvolle Vorabkontrolle von Veranstaltungen. Jedoch eignet sich auch diese Erlaubnispflicht nicht dazu, dem Veranstalter allgemeine Sicherheitskonzeptpflichten letztlich unabhängig von den konkreten Gegebenheiten seiner Veranstaltung allein wegen der abstrakten Gefährlichkeit von Großveranstaltungen formularmäßig aufzuerlegen.

III. Exkurs: Rechtsgrundlagen für Maßnahmen, die sich nur auf einzelne Aspekte von Großveranstaltungen beziehen

Im Folgenden soll – letztlich in Form eines Exkurses – noch auf einzelne Anzeige- und Genehmigungserfordernisse eingegangen werden, die sich von vornherein nicht auf eine Großveranstaltung insgesamt beziehen, sondern die nur einzelne sicherheitsrelevante Aspekte betreffen. Nicht erneut näher eingegangen werden soll hier auf baurechtliche Genehmigungserfordernisse. Insoweit kann auf die obigen Ausführungen (bei B. II. 2.) verwiesen werden.

---

259 Vgl. VG München, Urt. v. 2.2.2004 – M 22 K 02.4069 – juris Rn. 50.

1. Groß- und Schwerverkehr: §§ 29 Abs. 3, 46 Abs. 2 Satz 1 StVO

Für Großveranstaltungen mit Umzügen kann zunächst eine Ausnahmegenehmigung nach § 29 Abs. 3, § 46 Abs. 2 Satz 1 StVO Bedeutung erlangen. Nach § 29 Abs. 3 StVO bedürfen Fahrzeuge, deren Abmessungen, Achslasten und Gesamtgewichte die gesetzlich allgemein zugelassenen Grenzen tatsächlich überschreiten, eine Erlaubnis, um am Verkehr teilnehmen zu dürfen. Relevant könnte dies etwa bei Motivwägen von Fastnachts- bzw. Karnevalsumzügen sein.

Die Erlaubnis nach § 29 Abs. 3 StVO ist von der Zulassung nach § 70 StZVO zu unterscheiden. § 70 StVZO berechtigt i. S. einer allgemeinen Zulassung dazu, ein bestimmtes Fahrzeug im Straßenverkehr zu nutzen.[260] Die Erlaubnis nach § 29 Abs. 3 StVO ist hingegen eine streckenbezogene Erlaubnis.[261] Sie verfolgt neben dem Schutz des Verkehrs auch den Schutz der Substanz der Straße[262] und legt fest, dass ein bestimmtes Fahrzeug eine bestimmte Strecke befahren darf. Grundsätzlich müssen beide Erlaubnisse vorliegen.[263] Durch die *Zweite Verordnung über Ausnahmen von Straßenverkehrsrechtlichen Vorschriften* werden bezüglich der Zulassung nach der StVZO indes Ausnahmen für Fahrzeuge gemacht, die an Brauchtumsveranstaltungen teilnehmen. Die Erlaubnispflicht nach § 29 Abs. 3 StVO wird hierdurch aber nicht berührt. Da die Genehmigung nach § 29 Abs. 3 StVO für jedes Fahrzeug einzeln zu beantragen ist, ergeben sich insoweit jedoch keine Ansatzpunkte für sicherheitsbezogene Nebenbestimmungen, die sich auf die Veranstaltung insgesamt beziehen.

---

260 OLG Frankfurt, Urt. v. 5.6.1997 – 1 U 139/95 – juris Rn. 26; *Rebler*, Das System von Ausnahmegenehmigungen und Erlaubnissen nach der StVO und StVZO, dargestellt am Beispiel der Großraum- und Schwertransporte, NZV 2004, 450 (451).

261 OLG Bamberg, Beschl. v. 14.5.2007 – 2 Ss OWi 597/06 – juris Rn. 15 = NZV 2007, 638 (639); *Janker*, in: Burmann/Heß/Jahnke/Janker, Straßenverkehrsrecht, 22. Aufl. 2012, § 29 StVO Rn. 6; *Rebler*, Das System von Ausnahmegenehmigungen und Erlaubnissen nach der StVO und StVZO, dargestellt am Beispiel der Großraum- und Schwertransporte, NZV 2004; 450 (451).

262 *Janker*, in: Burmann/Heß/Jahnke/Janker, Straßenverkehrsrecht, 22. Aufl. 2012, § 29 StVO Rn. 6.

263 Vgl. *Sauthoff*, Öffentliche Straßen, 2010, § 23 Rn. 847; oftmals wird die Pflicht zur Einholung der Erlaubnis nach § 29 Abs. 3 StVO als Nebenbestimmung der Zulassung nach § 70 StVZO beigefügt, vgl. *Rebler/Borzym*, Bedingungen in einer Ausnahmegenehmigung für Großraum- und Schwertransporte, SVR 2008, 133.

2. Lärmschutzrecht

a) Relevanz für Großveranstaltungen – Allgemeines

Bei Großveranstaltungen kommt es typischerweise zu erhöhten Geräuschentwicklungen, so dass sich die Frage eines Interessensausgleichs zwischen Veranstaltern und Besuchern einerseits und den Nachbarn der Veranstaltung andererseits stellt. Entsprechend stellen sich Fragen des Lärmschutzrechts sowie den Möglichkeiten, welche sicherheitsrelevanten Regelungen auf seiner Grundlage getroffen werden können. Das insoweit einschlägige Lärmschutzrecht ist (jedenfalls seit der Föderalismusreform 2006)[264] durch seine kompetenzielle Zweiteilung geprägt. Die (konkurrierende) Gesetzgebungskompetenz liegt nach Art. 74 Abs. 1 Nr. 24 GG nur (noch) insoweit beim Bund, wie es nicht um den Schutz vor verhaltensbezogenen Lärm geht. Daraus ergibt sich für den Bund die Zuständigkeit für den *anlagenbezogenen* Lärm.[265] Regelungen dazu wurden v. a. im BImSchG und den hierzu erlassenen Rechtsverordnungen getroffen. Soweit der rein *verhaltensbezogene Lärm* betroffen ist, fehlt es an einer Bundesgesetzgebungskompetenz, so dass nach Art. 70 Abs. 1 GG die Länder entsprechende Regelungen treffen können. Sie haben dies im unterschiedlichen Maße getan. Landesimmissions- bzw. Lärmschutzgesetze gibt es in Bayern, Berlin, Brandenburg, Bremen, Hamburg, Niedersachsen, Nordrhein-Westfalen, Rheinland-Pfalz und Schleswig-Holstein. Andere Länder gehen von einem genügenden Lärmschutz durch die bundesgesetzlichen Regelungen und durch das Ordnungswidrigkeitenrecht (vgl. § 117 OWiG) aus.[266] Es besteht in diesen Ländern zudem die Möglichkeit, Lärmschutzordnungen in Form von Gefahrenabwehrverordnungen (Polizeiverordnungen oder ordnungsbehördliche Verordnungen) zu erlassen. Ob die Kommunen auch satzungsrechtlich eine Lärmschutzregelung treffen können,[267]

264 Siehe Fn. 114.

265 *Fricke,* Zur rechtlichen Beurteilung der durch Festveranstaltungen verursachten Geräuschimmissionen, DÖV 2013, 640 (644); *Jarass*, BImSchG, 10. Aufl. 2013, Einl. Rn. 30.

266 So z.B. für Hessen: *Jeder /Weiner*: Praxis der Kommunalverwaltung, Band K 5 He, Immissionsschutzrecht in Hessen, Loseblattsammlung, Stand: August 2014, Ziff. 2.

267 So für Hessen: *Jeder /Weiner*: Praxis der Kommunalverwaltung, Band K 5 He, Immissionsschutzrecht in Hessen, Loseblattsammlung, Stand: August 2014, Ziff. 2.

ist dagegen dann zweifelhaft, wenn es insoweit an einer an sich notwendigen formell-gesetzlichen Ermächtigung des Satzungsgebers zur Regelung der hiermit verbundenen Grundrechtseingriffe fehlt.

b) Anlagenbegriff (§ 3 Abs. 5 BImSchG)

Entscheidend dafür, ob Bundes- oder Landesrecht anwendbar ist, ist die Einordnung oder Nichteinordnung der Veranstaltung unter den Begriff der „Anlage" i. S. von § 3 Abs. 5 BImSchG.[268] Bei der Zuordnung kann nicht die Veranstaltung selbst als Anlage qualifiziert werden, sondern nur der Ort, auf dem sie stattfindet. Anlagen sind gemäß § 3 Abs. 5 Nr. 1 BImSchG Betriebsstätten und sonstige ortsfeste Einrichtungen. Eine ortsfeste Einrichtung muss aus mehr bestehen als aus dem bloßen Grundstück; dieses muss vielmehr für einen bestimmten Zweck hergerichtet sein.[269] Dies ergibt sich einem Vergleich mit § 3 Abs. 5 Nr. 3 BImSchG.[270] Hiernach werden Grundstücke erst dann zu einer Anlage, wenn sie im Wesentlichen zur Nutzung für emittierende Tätigkeiten bestimmt sind.[271] Demnach unterfällt eine Veranstaltung dann dem BImSchG, wenn der Veranstaltungsort regelmäßig für Veranstaltungen genutzt wird. Bei der Abgrenzung, ob ein bestimmter Lärm einer Anlage zugerechnet werden kann, ist i. d. R. maßgebend, ob nach der Verkehrsauffassung die Immissionen mit der Anlage in einem näheren Zusammenhang stehen oder ob für die Immissionen das Verhalten prägend ist und die Anlage nur akzidentiell zum Einsatz kommt.[272]

Nach der ausdrücklichen Regelung des § 3 Abs. 5 Nr. 3 BImSchG gehören nicht zu den Anlagen i. S. des BImSchG die öffentlichen Verkehrswege – also insbesondere auch die Straßen und Plätze. Für diese gelten daher die §§ 3 ff. BImSchG nicht, sondern es greifen die Sonderregelun-

---

268 Vgl. *Fricke,* Zur rechtlichen Beurteilung der durch Festveranstaltungen verursachten Geräuschimmissionen, DÖV 2013, 640; *Ketteler*, Die Beurteilung von Geräuschimmissionen bei Freizeitanlagen, DVBl 2008, 220 (221).

269 *Kutscheidt*, in: Landmann/Rohmer (Begr.), Umweltrecht, Loseblatt, § 3 BImSchG Rn. 23b.

270 *Ketteler*, Die Beurteilung von Geräuschimmissionen bei Freizeitanlagen DVBl 2008, 220 (221).

271 OVG Hamburg, Beschl. v. 24.1.2007 – 2 Bf 62/05.Z – juris Rn. 4 = UPR 2007, 357 f.; *Kutscheidt*, in: Landmann/Rohmer (Begr.), Umweltrecht, Loseblatt, § 3 BImSchG Rn. 23b.

272 *Jarass*, BImSchG, 10. Aufl. 2013, § 22 Rn. 6b.

gen der § 41 bis § 43 BImSchG (so dass dennoch auch verkehrsbezogener Lärm dem Zugriff durch den Landesgesetzgeber entzogen ist). Die § 41 bis § 43 BImSchG verhalten sich jedoch nicht zu der besonderen Problematik des Lärms, der von einer Großveranstaltung ausgeht, die (auf Grund besonderer Erlaubnis) auf einem öffentlichen Verkehrsweg stattfindet. Daher ist davon auszugehen, dass die Herausnahme von Verkehrswegen aus dem Anlagenbegriff des nach § 3 Abs. 5 BImSchG nur insoweit gilt, als es gerade um spezifische Verkehrsemissionen geht. Wird eine Verkehrsfläche dagegen auf Grund einer Sondernutzungserlaubnis (zeitweilig) für nicht-verkehrliche Zwecke genutzt und gehen hiervon Geräuschemissionen aus, so kann es sich insoweit um eine Anlage i. S. des § 3 Abs. 5 BImSchG handeln.[273]

c) Anordnungen nach § 24 BImSchG

Großveranstaltungen, die dem Anlagenbegriff des § 3 Abs. 5 BImSchG unterfallen bzw. auf oder in einer solchen Anlage stattfinden, sind im Regelfall nicht nach § 4 BImSchG genehmigungspflichtig,[274] so dass auf sie die §§ 22 ff. BImSchG Anwendung finden. Insoweit kann nach § 24 BImSchG die zuständige Behörde *„im Einzelfall die zur Durchführung des § 22 und der auf dieses Gesetz gestützten Rechtsverordnungen erforderlichen Anordnungen treffen"*. Eine Anordnung nach § 24 BImSchG kann bereits im Hinblick auf Pflichtverletzungen ergehen, die erst zu einem zukünftigen Zeitpunkt drohen.[275] In zeitlicher Hinsicht ist deshalb § 24 BImSchG durchaus für sicherheitsrelevante Regelungen geeignet. Inhaltlich können Maßnahmen nach § 24 BImSchG jedoch nur erlassen werden, wenn dies eben zur Durchführung des § 22 BImSchG und der auf das BImSchG gestützten Rechtsverordnungen nötig ist. Nach den in § 22 Abs. 1 Satz 1 BImSchG definierten Betreiberpflichten sind nicht genehmigungsbedürftige Anlagen

> „ […] so zu errichten und zu betreiben, dass

---

273 In diese Richtung (m. w. N.) auch *Kutscheidt*, in: Landmann/Rohmer (Begr.), Umweltrecht, Loseblatt, § 3 BImSchG Rn. 28c.

274 *Ketteler*, Die Beurteilung von Geräuschimmissionen bei Freizeitanlagen, DVBl 2008, 220.

275 *Hansmann* in: Landmann/Rohmer (Begr.), Umweltrecht, Loseblatt, § 24 BImSchG Rn. 16.

schädliche Umwelteinwirkungen verhindert werden, die nach dem Stand der Technik vermeidbar sind,

nach dem Stand der Technik unvermeidbare schädliche Umwelteinwirkungen auf ein Mindestmaß beschränkt werden […].

[…].“

Der Begriff der schädlichen Umwelteinwirkung wird in § 3 Abs. 1 BImSchG definiert als Immissionen, die nach Art und Ausmaß geeignet sind, Gefahren, erhebliche Nachteile oder erhebliche Belästigungen für die Allgemeinheit oder Nachbarschaft herbeizuführen. In Bezug auf Lärm wird der Begriff der „schädlichen Umwelteinwirkung“ durch die (als Verwaltungsvorschrift i. S. des § 48 BImSchG erlassene) TA-Lärm konkretisiert, die insoweit – bezogen auf verschiedene Baugebiete – Schallgrenzen bestimmt, ab deren Überschreitung von einer schädlichen Umwelteinwirkung auszugehen ist. Für Großveranstaltungen ist die TA-Lärm jedoch i. d. R. nicht anwendbar, da Sportanlagen und sonstige nicht genehmigungsbedürftige Freizeitanlagen und Freiluftgaststätten nach Nr. 1 lit. a) und b) der TA-Lärm aus ihrem Anwendungsbereich ausgenommen sind. Einschlägig sein kann aber die vom Länderausschuss für Immissionsschutz verabschiedete und mehrfach fortgeschriebene „LAI-Freizeitlärm-Richtlinie“ (Freizeitlärm-RL),[276] die für Freizeitanlagen gilt und ebenfalls zur Konkretisierung des Begriffs der schädlichen Umwelteinwirkung dienen soll.[277] Freizeitanlagen werden in den Freizeitlärm-RL definiert als Anlagen i. S. von § 3 Abs. 5 BImSchG, die dazu bestimmt sind, von Personen zur Gestaltung ihrer Freizeit genutzt zu werden. Für Sportanlagen gilt schließlich die wiederum zur Konkretisierung des Begriffs „schädliche Umwelteinrichtungen“ – als Rechtsverordnung – erlassene 18. BImSchV (Sportanlagenlärmschutzverordnung).

Im Ergebnis regelt § 22 BImSchG somit ausschließlich emissionsbezogene Betreiberpflichten. Alle anderen sicherheitsbezogenen Betreiberpflichten werden von § 22 Abs. 1 BImSchG nicht erfasst und können deshalb auch nicht Gegenstand von Maßnahmen nach § 24 BImSchG sein.

276 Hierzu *Fricke,* Zur rechtlichen Beurteilung der durch Festveranstaltungen verursachten Geräuschimmissionen, DÖV 2013, 640 (641).

277 Einzelheiten zu deren Anwendung durch die Rechtsprechung bei *Fricke,* Zur rechtlichen Beurteilung der durch Festveranstaltungen verursachten Geräuschimmissionen, DÖV 2013, 640 (642 ff.); *Risch/Kerst*, Eventrecht kompakt, 2. Aufl. 2011, S. 428.

d) Landesrechtliche Regelungen

Wie oben bereits erwähnt, gibt es bei den landesrechtlichen Regelungen große Unterschiede.[278] Soweit Landesimmissionsschutzgesetze bestehen, treffen diese durchgehend Regelungen über Lärmvermeidungspflichten, wie z.B. die Regelung über allgemeine Grundpflichten[279], die Nachtruhe[280] und die Benutzung von Tongeräten[281]. Auch finden sich Ermächtigungsgrundlagen zur Setzung von Ortsrecht.[282] Teilweise sind in den Gesetzen auch Anordnungs- und Überwachungsbefugnisse zur Durchsetzung der so begründeten Pflichten aufgenommen worden,[283] die auch präventive Maßnahmen bei geplanten Großveranstaltungen ermöglichen. Für eine sicherheitsrelevante Steuerung, die über den Lärmschutz hinausgeht, bieten diese Regelungen jedoch keine Anhaltspunkte.

3. Brandschutz- und Feuerwehrrecht

Brandschutzfragen sind für alle Arten von Großveranstaltungen relevant, da die Gefahren durch Brände und Explosionen gerade bei dichtgedrängten Besuchermassen aufgrund des schwer kontrollierbaren Fluchtverhaltens besonders hoch sind. Die Gesetzgebungskompetenz für das Brandschutz- und Feuerwehrrecht liegt nach dem Grundsatz des Art. 70 Abs. 1 GG bei den Ländern, die alle Feuerwehr- bzw. Brandschutzgesetze erlassen haben. Diese bestimmen überwiegend Zuständigkeiten, Aufgaben und Befugnisse, die mit Eintritt einer Brandgefahr im Zusammenhang stehen. Ihr Schwerpunkt liegt also auf dem reaktiven Brandschutz. Vorbeugender Gefahrenschutz wird, soweit er in den Feuerwehrgesetzen vorgesehen ist, überwiegend gewährleistet durch die Grundpflicht zur Verhütung von Ge-

---

278 Hierzu *Fricke,* Zur rechtlichen Beurteilung der durch Festveranstaltungen verursachten Geräuschimmissionen, DÖV 2013, 640 (643 ff.).

279 Z.B. § 2 Abs. 1 BerlLImSchG; § 3 Abs. 1 LImSchG Bbg; § 1 HmbLärmSchG; § 3 Abs. 1 LImSchG NRW; § 3 LImSchG RhPf.

280 Z.B. § 3 BerlLImSchG; § 10 LImSchG Bbg; § 9 LImSchG NRW; § 4 LImSchG RhPf.

281 Z.B. § 5 BerlLImSchG; § 11 LImSchG Bbg; § 3 HmbLärmSchG; § 10 LImSchG NRW; § 6 LImSchG RhPf.

282 Art. 10 BayLImSchG; § 13 BerlLImSchG; § 5 LImSchG Bbg; § 2 NdsLärmSchG; § 5 LImSchG NRW; § 3 LImSchG SH.

283 § 12 BerlLImSchG; § 15 LImSchG Bbg; § 8 HmbLärmSchG; § 15 LImSchG NRW; § 14 LImSchG RhPf.

fahren, die Möglichkeit, gegenüber den Eigentümern, Besitzern und Nutzern von baulichen Anlagen zur Gefahrenvorsorge die Bereitstellung von technischen Geräten, Löschmitteln und die Vornahme bestimmter organisatorischer Maßnahmen anzuordnen die Befugnis zur Gefahrenverhütungsschau (Brandverhütungsschau) und der damit verbundenen Anordnungsbefugnis, sowie durch die Pflicht zur Einrichtung von Sicherheitswachen.[284]

a) Insbesondere: Gefahrverhütungsschau (Brandverhütungsschau)

Sowohl die Gefahrverhütungsschau (Brandverhütungsschau) als auch die Befugnis, bestimmte organisatorische Maßnahmen gegenüber Eigentümern, Besitzern und Nutzern baulicher Anlagen durchzusetzen, setzt wiederum das Vorliegen baulicher Anlagen i. S. der Landesbauordnungen (s. o. B: II. 2: b) bzw. i. S. des § 3 Abs. 5 BImSchG (s. o. B. III. 2. b) voraus. Soweit eine Großveranstaltung also außerhalb solcher Anlagen stattfindet, wie z. B. auf öffentlichen Grünflächen oder öffentlichen Verkehrsflächen, sind diese Vorschriften nicht anwendbar.

Bei der Gefahrenverhütungsschau wird die Anlage auf Gefahren hin untersucht. Sie dient deshalb zunächst der Feststellung, ob brandgefährliche Zustände in ausreichendem Maße ausgeschlossen wurden. Mit der Befugnis zur Gefahrenverhütungsschau geht in einigen Ländern die Befugnis einher, die Beseitigung der festgestellten Mängel anzuordnen.[285] Hier können sicherheitsrelevante Maßnahmen direkt auf der Grundlage der Feuerwehrgesetze verfügt werden. In anderen Ländern ist die Beseitigung der Mängel als Plicht für den Eigentümer bzw. Besitzer formuliert.[286] Die Durchsetzung der Mängelbeseitigung ist in diesen Ländern (nur) über das allgemeine Polizei- und Ordnungsrecht möglich.

---

284 Regelungen dazu treffen z.B. : §§ 32 – 34 BbgBKG; § 4 Abs. 3, § 5 Abs. 3, 4 BremHilfeG; §§ 6, 7 HambFeuerwG; §§ 15 – 17 HessBKG; §§ 19 – 21 BrSchG MV; §§ 25 – 27 NdsBrandSchG; §§ 5 – 8 FSHG NRW; §§ 31 – 33 LBKG RhPf; §§ 33 – 37 SaarlBKG; §§ 22, 23 SächsBRKG; §§ 19 – 20 BrSchG LSA; §§ 22, 23 BrSchG SH; §§ 21, 22 ThürBKG.

285 § 33 Abs. 3 BbgBKG; § 15 Abs. 3 HessBKG; § 19 Abs. 4 BrSchG MV; § 27 Abs. 4 NdsBrandSchG; § 6 Abs. 1 FSHG NRW; § 32 Abs. 4 LBKG RhPf; § 19 Abs. 3 BrSchG LSA; § 5 Abs. 4 Brandverhütungsschauverordnung SH; § 21 Abs. 4 ThürBKG.

286 § 5 Abs. 4 BremHilfeG; § 35 Abs. 3 SaarlBKG.

b) Insbesondere: Brandsicherheitswachen

Die Brandsicherheitswache hat die Aufgabe, einen möglichen Brand frühzeitig zu erkennen, Gegenmaßnahmen zu treffen und die Gefahr in ihrer Entstehung zu bekämpfen. Zu den Aufgaben der Brandsicherheitswache gehört es auch, vor Beginn und während der Veranstaltung auf die Einhaltung allgemeiner Regeln des vorbeugenden Brandschutzes sowie auf die Beachtung eventueller besonderer Auflagen zu achten. Im Gefahrenfall hat die Brandsicherheitswache für die Aktivierung der Schutzeinrichtungen (Schutzvorhang, Sprühwasserlöschanlage etc.) der Veranstaltungsstätte zu sorgen und soll die Räumung des Veranstaltungsgeländes effektiv leiten.[287]

Keines der Brandschutzgesetze verfügt jedoch über einen Genehmigungstatbestand für Großveranstaltungen. In verschiedenen Ländern[288] gibt es aber eine brandschutzrechtliche Pflicht nach der „Veranstaltungen, bei denen eine erhöhte Brandgefahr besteht und bei denen bei Ausbruch eines Brandes Personen gefährdet würden," bei den zuständigen Behörden anzuzeigen sowie die Pflicht, die Veranstaltung nur in Anwesenheit einer Brandsicherheitswache stattfinden zu lassen. In Sachsen-Anhalt hat der Veranstalter eine Brandsicherheitswache von sich aus anzufordern, was seiner Wirkung nach der Anzeigepflicht gleich kommt. Die Brandsicherheitswachen können je nach Landesregelung durch entsprechend qualifiziertes Personal des Veranstalters selbst oder durch die Feuerwehren gestellt werden. Teilweise sehen die Landesgesetze eine eigenständige Befugnis zur Anordnung von Brandsicherheitswachen vor.[289] In den übrigen Ländern muss die Anordnung auf das allgemeine Polizei- und Ordnungsrecht gestützt werden.

Der Auferlegung einer Brandsicherheitswache durch die Brandschutzgesetze wird in seiner Reichweite wesentlich durch die spezielleren Vor-

---

287 Vgl. Ministerium für Inneres und Sport des Landes Saarland, VV zur Durchführung von Sicherheitswachen vom 23.7.2012 Ziff. 5; Gemeinsames Merkblatt des Ministeriums für Inneres und Sport und des Landesfeuerwehrverband Niedersachsen, Brandsicherheitswachdienst VB-Info 1, S. 5 u. 6; abrufbar unter: www.lfv-nds.de/fachbereiche/vb-info/VB1-neu.pdf (zuletzt abgerufen am 18.9.2013).

288 § 34 Abs. 1 BbgBKG; § 21 Abs. 1 BrSchG MV; § 7 Abs. 1 FSHG NRW; § 23 Abs. 2 SächsBRKG; § 22 Abs. 1 ThürBKG.

289 § 34 Abs. 2 BbgBKG; § 17 Abs. 1 HessBKG; § 7 Abs. 1 FSHG NRW; § 33 LBKG RhPf; § 36 SaarlBKG.

schriften über die Brandsicherheitswachen für Versammlungsstätten nach der jeweiligen Versammlungsstättenverordnung verdrängt.[290] Für die hier untersuchten Großveranstaltungen bieten die Brandschutzgesetze eine gute Handhabe zur Gewährleistung der Sicherheit von Großveranstaltungen, soweit es um Brandgefahren geht.

4. Recht der Sanitäts- und Rettungsdienste

Durch die hohen Besucherzahlen bei Großveranstaltungen steigt auch das Risiko, dass es zu behandlungsbedürftigen Verletzungen kommt. Zum einen liegt das – unabhängig vom Charakter der Großveranstaltung – bereits in der erhöhten Anzahl anwesender Personen begründet, zum anderen kommen dazu noch die spezifischen Gefahren hinzu, die Großveranstaltungen mit sich bringen wie z.B.: Gedränge auf dem Gelände oder Geländeabschnitten, das sich aufgrund von Ausfall von besucherrelevanten Infrastruktur oder aufgrund wetterbedingter Phänomene wie Hagel, Starkregen etc. ergeben kann; Überfüllung von Gelände oder Geländeabschnitten; Unfälle bei Fahrgeschäften oder Sportveranstaltungen; übermäßiger Alkoholkonsum; Besuch gewaltbereiter Teilnehmer.

Die Einrichtung eines Sanitäts- und Rettungsdienstes (Sanitätswachdienstes) ist deshalb für jede Art von Großveranstaltung relevant.[291] Zu unterscheiden sind diese Einrichtungen vom *öffentlichen Rettungsdienst*, dessen Organisation in den Rettungsdienstgesetzen der Länder geregelt ist. Dieser ist eine unabhängig von der Großveranstaltung bestehende, dauerhaft installierte Einrichtung und dient der bedarfsgerechten und flächendeckenden Versorgung der Bevölkerung mit Leistungen der Notfallversorgung (vgl. § 24 Abs. 1 BremHilfeG). Der Sanitätsdienst bei einer Großveranstaltung dient dagegen der zügigen Versorgung von verletzten Besuchern und sonstigen Veranstaltungsteilnehmern oder Zuschauern. Je nach Gefahrengeneigtheit der Veranstaltung sind verschiedene Aufgabenberei-

290 Vgl. *Reschke*, Öffentliche Veranstaltungen, Loseblatt, Nr. 3.7. S. 21 f.; *Ulbricht*, in: Michow/Ulbricht, Veranstaltungsrecht, 2013, § 15 Rn. 1200.

291 Ausführlich hierzu auch *Funke/Müller*, Eventrecht, 3. Aufl. 2009, Rn. 699 ff.; *Paul/Sakschewski*, in: Paul/Ebner/Klode/Sakschweski, Sicherheitskonzepte für Veranstaltungen, 2012, S. 175 ff.; *Risch/Kerst*, Eventrecht kompakt, 2. Aufl. 2011, S. 442 f.

che möglich, etwa[292] lebensrettende Sofortmaßnahmen, Maßnahmen der Ersten Hilfe, notfallmedizinische Maßnahmen, die nicht in den Bereich des Rettungsdienstes fallen, Maßnahmen der allgemeinen Betreuung.

Bei der *sanitäts- und rettungsdienstlichen Betreuung* nimmt ein Sanitätstrupp die Erstbetreuung mit der Leistung von Erster Hilfe und die Übergabe der Person an andere Einsatzkräfte vor. Einrichtung einer *Unfallhilfestelle* ermöglicht es als räumlich abgeschlossene Versorgungseinrichtung die vorübergehende Unterbringung hilfsbedürftiger Besucher und kann als Durchgangsstelle zu einem Krankenhaus dienen. Derartige Unfallhilfestellen verfügen sächlich über medizinisch-technische Ausrüstungen und sind personell mit ärztlicher Kompetenz ausgestattet.[293]

Für die Anordnung derartiger Sanitätsdienste gibt es jedoch keine eigenständige gesetzliche Grundlage.[294] Er unterfällt insbesondere eben nicht dem in den Rettungsdienstgesetzen der Länder geregelten öffentlichen Rettungsdienst. Die Verpflichtung zur Bereitstellung eines Rettungsdienstes kann dem Veranstalter nur aufgrund der oben bereits identifizierten Rechtsgrundlagen wie z.B. als Nebenbestimmung zur gewerberechtlichen Festsetzungsentscheidung, der Zulassung zu einem kommunalen Festplatz oder einer Erlaubnis nach Art. 19 Abs. 3 BayLStVG oder § 42 Abs. 3 ThürOBG auferlegt werden. Die Erbringer der Sanitätsdienstleistungen handeln somit aufgrund privatrechtlicher Vereinbarungen mit den Veranstaltern.[295]

---

292 Vgl. DRK-Landesverband Nordrhein e.V., Rahmenrichtlinie zur Durchführung von Sanitätswachdiensten bei Veranstaltungen im DRK-Landesverband Nordrhein e.V., S. 7, abrufbar unter: http://www.drk-nordrhein.de/fileadmin/user_upload/Rahmenrichtlinie-Sanitaetsdienst-online_Version.pdf, zuletzt abgerufen am 23.9.2013.

293 Vgl. Deutsches Rotes Kreuz, Kreisverband Karlsruhe e.V., Einsatzplanung Sanitäts-/Rettungsdienst bei Großveranstaltungen; DRK-Landesverband Nordrhein e.V., Rahmenrichtlinie zur Durchführung von Sanitätswachdiensten bei Veranstaltungen im DRK-Landesverband Nordrhein e.V., S. 13, abrufbar unter: http://www.drk-nordrhein.de/fileadmin/user_upload/Rahmenrichtlinie-Sanitaetsdienst-online_Version.pdf, zuletzt abgerufen am 23.9.2013.

294 *Ulbricht*, in: Michow/Ulbricht, Veranstaltungsrecht, 2013, § 15 Rn. 1199.

295 Vgl. hierzu *Reschke*, Öffentliche Veranstaltungen, Loseblatt, Nr. 3.3. S. 1.

5. Gaststättenrecht

Auf einer Großveranstaltung werden regelmäßig auch Speisen und Getränke zum Verzehr an Ort und Stelle serviert, so dass insoweit auch das Gaststättenrecht zur Anwendung kommen kann. Dies ist auch unter Sicherheitsgesichtspunkten von Bedeutung, weil auf Großveranstaltungen von übermäßig alkoholisierten Besuchern erhebliche Gefahren für andere Besucher und Dritte ausgehen können, so dass es durchaus einer angemessenen Gefahrenvorsorge entspricht, die notwendigen Maßnahmen zu ergreifen, um übermäßigen Alkoholkonsum durch die Besucher vorzubeugen. Insoweit nimmt das Gaststättenrecht jedoch v. a. die Gastwirte selbst in die Pflicht.

a) Relevanz für Großveranstaltungen – Allgemeines

Auch die Gesetzgebungskompetenz für das Gaststättenrecht lag bis zur Föderalismusreform 2006[296] beim Bund (Art. 74 Abs. 1 Nr. 11 GG), von der dieser durch Erlass Gaststättengesetzes[297] Gebrauch gemacht hat. Seit der Föderalismusreform 2006 kommt die Gesetzgebungskompetenz hinsichtlich des Gaststättenrechts jedoch wegen der Neufassung des Art. 74 Abs. 1 Nr. 11 GG den Ländern zu. Eigene Gaststättengesetze haben bisher Baden-Württemberg, Bremen, Hessen, Niedersachsen, das Saarland, Sachsen und Thüringen erlassen.[298] In den übrigen Bundesländern gilt das Bundes-Gaststättengesetz gemäß Art. 125a Abs. 1 GG fort und auch § 1 LGastG BW beschränkt sich darauf, das Bundes-Gaststättengesetz für fortgeltend zu erklären und es in § 2 mit einer Regelung zum Verbot von den Alkoholmissbrauch fördernder Angebote (hierzu unten B. III. 5. b) zu ergänzen.

Gaststättenbetriebe bei Großveranstaltungen werden jedoch i. d. R. nicht als stehende Gewerbe, sondern *im Reisegewerbe* betrieben. Dies ist nach § 1 Abs. 2 des Bundes-Gaststättengesetzes gegeben, wenn *von einer für die Dauer der Veranstaltung ortsfesten Betriebsstätte* (z. B. einem

296 Siehe Fn. 114.

297 Gaststättengesetz i. d. F. der Bekanntmachung vom 20. 11. 1998 (BGBl. I S. 3418), zuletzt geänd. durch Artikel 10 des Gesetzes v. 7. 9. 2007 (BGBl. I S. 2246).

298 Siehe insoweit die Zusammenstellung der Landesgaststättengesetze mit Fundstellenangaben bei http://www.saarheim.de/Gesetze_Laender/gastg_laender.htm.

Bierzelt) aus Getränke oder zubereitete Speisen zum Verzehr an Ort und Stelle verabreicht werden und der Betrieb jedermann oder bestimmten Personenkreisen zugänglich ist. Gerade dies ist der typische Fall einer Imbissbude oder eines Getränkestandes auf Großveranstaltungen. Eine entsprechende Definition fehlt allerdings in den Landesgaststättengesetzen Brandenburgs, Bremens, Hessens, Niedersachsens, Sachsens und Thüringens, die für ihren Anwendungsbereich keine Unterscheidung zwischen Gaststätten im stehenden Gewerbe und im Reisegewerbe mehr treffen, sondern insoweit einheitliche Regelungen aufstellen.[299] Im Saarland werden dagegen nach § 1 Abs. 3 SaarlGastG für Reisegaststätten nur die §§ 55 ff. GewO für anwendbar erklärt, während das SaarlGastG im Übrigen nur das stehende Gaststättengewerbe regelt, wie sich aus § 1 Abs. 1 SaarlGastG ergibt.

Bundesrechtlich finden seit dem 2. Mittelstandsentlastungsgesetz vom 13. 9. 2007[300] auf Reisegaststätten ohnehin neben den Gaststättengesetzen zusätzlich auch die §§ 55 ff. GewO Anwendung, wobei der Bundesgesetzgeber offenbar davon ausging, auch nach der Föderalismusreform 2006 noch berechtigt zu sein, Regelungen für Reisegaststätten zu treffen.[301] Die Anwendbarkeit der §§ 55 ff. GewO auf Reisegaststätten bedeutet zunächst, dass der Verkauf alkoholischer Getränke in einer Reisegaststätte nur in den Ausnahmefällen des § 56 Abs. 1 Nr. 3b GewO zulässig ist. Zugelassen ist hiernach insbesondere der Verkauf alkoholischer Getränke, die im Rahmen und für die Dauer einer Veranstaltung von einer ortsfesten Betriebsstätte zum Verzehr an Ort und Stelle verabreicht werden. Gerade dies lässt jedoch wiederum den Verkauf alkoholischer Getränke in Imbissbuden und Getränkeständen auf Großveranstaltungen zu.

Vor allem bedeutet die Anwendbarkeit der §§ 55 ff. GewO auf Reisegaststätten jedoch, dass der Reisegastwirt nach § 55 Abs. 1 Nr. 1 und Abs. 2 GewO eine Reisegewerbekarte benötigt, sofern nicht nach § 55a Abs. 1

---

299 § 1 Abs. 1 BbgGastG; § 1 BremGastG; § 1 Abs. 1 HessGastG; § 1 Abs. 3 NdsGastG; § 1 Abs. 1 Satz 2 SächsGastG; § 1 Abs. 1 ThürGastG; hierzu *Ehlers*, in: Ehlers/Fehling/Pünder (Hrsg.), Besonderes Verwaltungsrecht – Band 1: Öffentliches Wirtschaftsrecht, 3. Aufl. 2012, § 20 Rn. 13.

300 Zweites Gesetz zum Abbau bürokratischer Hemmnisse insbesondere in der mittelständischen Wirtschaft . 13. 9. 2007 (BGBl. I S. 2246).

301 Zustimmend *Stollenwerk*, Der Umgang mit „Reisegaststätten", GewArch 2011, 186 (187). Eine Anwendbarkeit der §§ 55 ff. GewO auf Reisegaststätten wird aber auch ausdrücklich vorausgesetzt in § 2 Abs. 2 BbgGastG; § 1 Abs. 3 HessGastG; § 1 Abs. 3 SaarlGastG.

Nr. 7 GewO eine reisegewerbekartenfreie Tätigkeit vorliegt. Eine reisegewerbekartenfreie Reisegaststätte liegt hiernach vor, wenn es sich bei dem Betrieb der Reisegaststätte nach Bundes- oder Landesgaststättenrecht um ein erlaubnispflichtiges Gewerbe handelt und wenn für dessen Ausübung nach eben diesem Bundes- oder Landesgaststättenrecht die Zuverlässigkeit notwendig ist. Ist der Betrieb einer Reisegaststätte nach Bundes- oder Landesrecht erlaubnispflichtig, soll also diese Gaststättenerlaubnis an die Stelle der Reisegewerbekarte treten. Hier ist die Rechtslage in den Ländern unterschiedlich:

Nach § 2 Bundes-Gaststättengesetz[302] und nach § 2 Abs. 1 BremGastG besteht nur eine Erlaubnispflicht für den Ausschank alkoholischer Getränke. Insoweit ersetzt also die Gaststättenerlaubnis die Reisegewerbekarte. Umgekehrt bedürfen Reisegastwirte, die keine alkoholischen Getränke ausschenken, einer Reisegewerbekarte.[303] Sie brauchen aber eben keine Gaststättenerlaubnis.

Dagegen ist in Brandenburg, Hessen, Niedersachsen, Sachsen und Thüringen auch für den Ausschank alkoholischer Getränke keine Gaststättenerlaubnis notwendig. Insoweit bestehen nur besondere Anzeige- und Überprüfungsverfahren.[304] Daher ist in diesen Ländern für alle Reisegastwirte eine Reisegewerbekarte notwendig.

Die Regelungen über die Reisegewerbekartenpflicht von Reisegastwirten werden jedoch etwas modifiziert durch § 68a GewO (i. V. mit § 60b Abs. 2 GewO) für Reisegaststätten auf festgesetzten Märkten und Volksfesten. Denn nach allgemeiner Auffassung entfällt nach dem – insoweit nicht eindeutig formulierten – § 68a Satz 1 GewO die Reisegewerbekartenpflicht auf festgesetzten Volksfesten und Märkten, soweit alkoholfreie

302 Für § 2 Bundes-Gaststättengesetz lässt sich dies nur aus einem Umkehrschluss aus § 2 Abs. 2 GastG entnehmen, siehe *Ehlers*, in: Ehlers/Fehling/Pünder (Hrsg.), Besonderes Verwaltungsrecht – Band 1: Öffentliches Wirtschaftsrecht, 3. Aufl. 2012, § 20 Rn. 19; *U. Stelkens*, Barrierefreiheit nur bei Alkoholausschank?, BayVBl. 2007, 263 (264).

303 Deutlich VG Braunschweig, Urt. v. 16.2.2011 – 1 A 6/10 – juris Abs. 16 ff. = GewArch 2011, 315 f.

304 § 3 BbgGastG; § 3 HessGastG; § 3 NdsGastG; § 4 SaarlGastG; § 4 SächsGastG; § 2 ThürGastG; hierzu *Ehlers*, in: Ehlers/Fehling/Pünder (Hrsg.), Besonderes Verwaltungsrecht – Band 1: Öffentliches Wirtschaftsrecht, 3. Aufl. 2012, § 20 Rn. 19.

Getränke und Speisen verabreicht werden.[305] Aus der Formulierung des § 68a Satz 2 GewO wird jedoch geschlossen, dass eine Reisegewerbekarte für die Verabreichung alkoholischer Getränke auch auf festgesetzten Volksfesten und Märkten notwendig ist.[306]

Soweit eine Gaststättenerlaubnis oder eine Reisegewerbekarte für den Betrieb einer Reisegaststätte auf einer Großveranstaltung notwendig ist, ist nach § 57 Abs. 1 GewO, § 4 Abs. 1 Nr. 1 Bundes-Gaststättengesetz und § 2 Abs. 2 Satz 1 BremGastG jeweils die Zuverlässigkeit des antragstellenden Gewerbetreibenden zu überprüfen. Für Großveranstaltungen bedeutet dies, dass nicht der Veranstalter selbst die Reisegewerbekarte bzw. die Gaststättenerlaubnis zu beantragen hat, sondern der jeweilige Imbissbuden- und Getränkestandbetreiber. Die Gaststättenbehörden können somit bei Verstößen gegen das Gaststättenrecht unmittelbar nur auf den „Reisegastwirt" zugreifen, den Veranstalter der Großveranstaltung dagegen nicht für deren Verstöße in Anspruch nehmen. Das schließt aber umgekehrt auch nicht aus, dass dem Veranstalter gestützt auf andere Rechtsgrundlagen – etwa im Rahmen der Zulassungsentscheidung zu einem kommunalen Festplatz oder in Zusammenhang mit einer marktrechtlichen Festsetzung – auferlegt wird, seinerseits auf die Beachtung der gaststättenrechtlichen Pflichten durch die auf seiner Veranstaltung tätigen Reisegastwirte hinzuwirken.

b) Insbesondere: Pflichten zur Verhinderung übermäßigen Alkoholkonsums und ihre Durchsetzung

Alle Gaststättengesetze enthalten allgemeine Verbote, die den Ausschank alkoholischer Getränke (auch in Reisegaststätten[307]) an erkennbar Betrunkene untersagen.[308] Zudem sind natürlich die Alkoholausschankverbote

---

305 *Schönleiter* in: Landmann/Rohmer (Begr.), Gewerbeordnung, Loseblatt, § 68a Rn. 14; *Stollenwerk*, Der Umgang mit „Reisegaststätten", GewArch 2011, 186 (188).

306 *Schönleiter* in: Landmann/Rohmer (Begr.), Gewerbeordnung, Loseblatt, § 68a Rn. 19 f.

307 Im Saarland ist die Anwendbarkeit des § 10 SaarlGastG auf Reisegaststätten fraglich, weil das SaarlGastG nach § 1 Abs. 1 SaarlGastG „an sich" nur für Gaststätten im stehenden Gewerbe gilt.

308 § 19 GastG Bund; § 7 Nr. 2 BbgGastG; § 4 Abs. 1 Nr. 2 BremGastG; § 11 Abs. 3 Nr. 2 HessGastG; § 9 Nr. 2 NdsGastG; § 10 Nr. 4 SaarlGastG (s. a. Fn. 307); § 8 Abs. 1 Nr. 2 SächsGastG; § 8 Abs. 1 Nr. 2 ThürGastG.

des § 9 Abs. 1 JuSchG zu beachten.[309] Gesichert wird die Einhaltung dieser Verbote damit letztlich dadurch, dass Personen, bei denen Tatsachen die Annahme rechtfertigen, dass sie insoweit nicht zuverlässig sind, weder eine Gaststättenerlaubnis noch eine Reisegewerbekarte für den Betrieb einer Reisegaststätte mit Alkoholausschank erhalten können (§ 57 Abs. 1 GewO, § 4 Abs. 1 Nr. 1 Bundes-Gaststättengesetz und § 2 Abs. 2 Satz 1 BremGastG) und die zuständige Behörde im Falle einer Missachtung dieser Verbote bereits erteilte Gaststättenerlaubnisse und Reisegewerbekarten nach § 15 Abs. 3 Bundes-Gaststättengesetz bzw. § 49 Abs. 2 Nr. 3 VwVfG widerrufen kann. Im Übrigen kann die zuständige Behörde entsprechende Auflagen zum Schutz der Gäste gegenüber Reisegastwirten erlassen.[310] Maßnahmen gegenüber dem Veranstalter einer Großveranstaltung, die diesen für die auf seiner Veranstaltung tätigen Gastwirte unmittelbar in die Pflicht nimmt, sind aber auch in diesem Zusammenhang nicht vorgesehen.

Die Bundesländer, die eigene Gaststättengesetze erlassen haben, haben jedoch (mit Ausnahme Niedersachsens) noch weitergehende gaststättenrechtliche Regelungen zur Bekämpfung des Alkoholmissbrauchs erlassen, die ebenfalls für Großveranstaltungen von Bedeutung sein können. Diese Regeln richten sich gegen bestimmte Formen des Angebots von alkoholischen Getränken, die die Gäste zum übermäßigen Konsum von Alkohol verleiten sollen, wie „Flatrates" und „Billigalkoholpartys".[311] So ist es nach

> § 2 LGastG BW verboten, „alkoholische Getränke in einer Weise anzubieten oder zu vermarkten, die geeignet ist, dem Alkoholmissbrauch oder übermäßigem Alkoholkonsum Vorschub zu leisten";
>
> § 4 Nr. 4 BremGastG und § 7 Nr. 5 BbgGastG verboten, „alkoholische Getränke in einer Art und Weise anzubieten, die darauf gerichtet ist, zu übermäßigem Alkoholkonsum zu verleiten";

---

309 *Risch/Kerst*, Eventrecht kompakt, 2. Aufl. 2011, S. 417; *Ulbricht*, in: Michow/Ulbricht, Veranstaltungsrecht, 2013, § 15 Rn. 1196.

310 § 5 GastG Bund; § 6 Abs. 1 BbgGastG; § 2 Abs. 2 und 6 BremGastG; § 4 HessGastG; § 5 NdsGastG; § 9 SaarlGastG (s. a. Fn. 307); § 5 SächsGastG; § 7 ThürGastG.

311 Kritisch hierzu *Krüger/van der Schoot*, Lex „Flatrate" – ein Akt symbolischer Gesetzgebung?, DVBl. 2008, 697 (700); *Schmidt am Busch*, Informale Absprachen als Steuerungsinstrument im Gaststättenrecht, GewArch. 2009, 377 (382).

§ 11 Abs. 2 Nr. 5 HessGastG verboten, „alkoholische Getränke in einer Form abzugeben, die geeignet ist, dem Alkoholmissbrauch oder übermäßigem Alkoholkonsum Vorschub zu leisten";

§ 10 Nr. 5 SaarlGastG verboten „im Gaststättengewerbe nach § 1 Absatz 1 [...] alkoholische Getränke in einer Weise anzubieten oder zu vermarkten, die geeignet ist, dem Alkoholmissbrauch oder übermäßigem Alkoholkonsum Vorschub zu leisten. Das ist in der Regel der Fall, wenn alkoholische Getränke zu einem einmal zu entrichtenden Preis (Festpreis) oder erheblich unter dem marktüblichen Preis verabreicht werden;"[312]

§ 8 Abs. 2 ThürGastG verboten, „alkoholhaltige Getränke in einer Art und Weise anzubieten, der dazu geeignet ist, dem Alkoholmissbrauch Vorschub zu leisten. Dies ist insbesondere dann der Fall, wenn Alkohol in unbestimmten Mengen zu einem Preis abgegeben wird, der erheblich unter dem tatsächlich marktüblichen Preis liegt".

Diese Verbote müssen auch bei der Gestaltung der Eintrittspreise bzw. Getränkepreise bei Großveranstaltungen berücksichtigt werden und insoweit erscheint es nicht ausgeschlossen, dass die zuständigen Behörden den Veranstalter selbst etwa auf Grundlage der gefahrenabwehrrechtlichen Generalklausel wegen Gefährdung der öffentlichen Sicherheit in Anspruch genommen wird, wenn sich abzeichnet, dass gegen diese Verbote – etwa durch entsprechende Ankündigungen – verstoßen wird.

Es ist jedoch sehr umstritten, ob vergleichbare Maßnahmen auch in den Bundesländern getroffen werden können, in denen es an derartigen Verboten betreffend die Form des Angebots des Alkoholausschanks fehlt (Bayern, Berlin, Hamburg, Mecklenburg-Vorpommern, Nordrhein-Westfalen, Niedersachsen, Rheinland-Pfalz, Sachsen-Anhalt, Schleswig-Holstein). Dies hängt davon ab, ob in derartigen Formen des Angebots schon eine (konkrete) Gefahr für Leben und Gesundheit (und Sittlichkeit) zu sehen ist, die zum Schutz der Gäste Auflagen nach § 5 Bundes-GaststättenG bzw. § 5 Abs. 1 NdsGastG rechtfertigen. Die Gerichte haben dies im Grundsatz zwar bisher – insbesondere in Bezug auf Flatrate-Angebote – bejaht,[313] betonen aber auch die Notwendigkeit, jeden Einzelfall für sich

312 Im Saarland ist die Geltung des Verbots für Reisegaststätten fraglich, s. Fn. 307.

313 VGH Kassel, Beschl. v. 25. 2. 2009 – 6 B 31/09 – juris Rn. 10 = GewArch 2009, 253 (254); OVG Koblenz, Beschl. v. 18.2.2011 – 6 B 10231/11 – juris Rn. 2 ff.= NVwZ-RR 2011, 441 ff.; VGH München, Beschl. v. 21.08.2007 – 22 CS 07.1796 – juris Rn. 15 ff. = NVwZ-RR 2008, 26 (27 f.); VG Hannover, Beschl. v. 11.07.2007 – 11 B 3480/07 – juris Rn. 26 ff. = NJW 2008, 1015 (1016 f.); VG Neustadt a. d. W., Beschl. v. 26.9.2012 – 4 L 838/12.NW – juris Abs. 38 f. = GewArch 2013, 169 (170).

zu betrachten; es reiche nicht jeder Verdacht der Möglichkeit eines Schadenseintritts aus, sondern es sei vielmehr die auf Tatsachen beruhende Annahme zu verlangen, es werde bei dem ungehinderten Fortgang des festgestellten Verhaltens des Gastwirts demnächst zu einem Alkoholmissbrauch durch Gäste bzw. Besucher der Gaststätte kommen.[314] In der Literatur wird dies weitgehend ähnlich gesehen, wenn auch teilweise deutlicher auf die Eigenverantwortlichkeit der Gäste – auch im Hinblick darauf, dass Alkoholkonsum grundsätzlich erlaubt und gesellschaftlich akzeptiert ist – abgestellt und der Umstand betont wird, dass in der bloßen Ankündigung einer bestimmten Form der Abgabe alkoholhaltiger Getränke noch keine konkrete Gefahr der Gesundheit der Gäste zu sehen sei.[315]

c) Zusammenfassung und Ergebnis zu 5

Im Ergebnis sind damit auch auf gaststättenrechtlicher Grundlage präventive Maßnahmen zur Verhinderung übermäßigen Alkoholkonsums durch die erwarteten Besucher einer Großveranstaltung nur sehr eingeschränkt möglich, wenn es an einer Prognosebasis für das Vorliegen einer konkreten Gefahr fehlt. Insofern ist die Sachlage ähnlich wie in den Fällen, in denen auf Grundlage der allgemeinen gefahrenabwehrrechtlichen Generalklauseln Präventivmaßnahmen gegenüber dem Veranstalter getroffen werden sollen (s. o. B. II. 3. b). Gegenüber dem Großveranstalter selbst kommen zudem i. d. R. ohnehin keine gaststättenrechtlichen Maßnahmen in Betracht, da er nicht selbst Gastwirt ist, sondern nur den Rahmen auch für die Errichtung von Reisegaststätten setzt. Jedoch kann dem Veranstalter gestützt auf andere Rechtsgrundlagen – etwa im Rahmen der Zulassungsentscheidung zu einem kommunalen Festplatz oder in Zusammen-

---

314 So deutlich VGH Kassel, Beschl. v. 25. 2. 2009 – 6 B 31/09 – juris Rn. 10 = GewArch 2009, 253 (254).

315 So *Ehlers*, in: Ehlers/Fehling/Pünder (Hrsg.), Besonderes Verwaltungsrecht – Band 1: Öffentliches Wirtschaftsrecht, 3. Aufl. 2012, § 20 Rn. 47; *Guckelberger*, Flatrate- und Billigalkoholpartys aus gaststättenrechtlicher Perspektive, LKV 2008, 385 (389 f.); *Kaller/Jukl*, Maßnahmen gegen Flatrate- und Billigalkohol-Partys am Beispiel des Vorgehens der Stadt Nürnberg, KommJur 2007, 441 (443); *Krüger/van der Schoot*, Lex „Flatrate" – ein Akt symbolischer Gesetzgebung?, DVBl. 2008, 697 (699 f.); *Scheidler*, Gaststättenrechtliche Auflagen gegen Alkoholmissbrauch auf „Flatrate-Partys", DÖV 2008, 189 (191); *Schmidt am Busch*, Flatrate-Partys, Jura 2009, 473 (475); *Schröder/Führ*, Zulässigkeit von „Flatrate"-Parties, NVwZ 2008, 145 (146 ff.).

hang mit einer marktrechtlichen Festsetzung – auferlegt werden, auf die Beachtung der gaststättenrechtlichen Pflichten durch die auf seiner Veranstaltung tätigen Reisegastwirte hinzuwirken.

IV. Zusammenfassung und Ergebnis zu B

Im Ergebnis lässt sich feststellen, dass die zuständigen Behörden nur in sehr wenigen Fällen befugt sind, den Veranstaltern von Großveranstaltungen formularmäßig – also unabhängig vom (Nachweis des) Vorliegen(s) konkreter Anhaltspunkte für eine Gefährlichkeit der Veranstaltung – Pflichten zur Erarbeitung, Vorlage, Abstimmung und Durchführung von Sicherheitskonzepten aufzuerlegen, die sich auf die Veranstaltung insgesamt beziehen. Dies scheint letztlich nur möglich, in Berlin, Bremen und Hamburg, soweit die Veranstaltung auf Landesstraßen stattfinden soll und hierfür eine Sondernutzungserlaubnis notwendig ist (s. o. B. I. 1. e); wenn die Veranstaltung auf einem Grundstück einer Kommune oder einer sonstigen juristischen Person des öffentlichen Rechts stattfinden soll, das nicht straßenrechtlich gewidmet ist (s. o. B. I. 3.), wenn die Veranstaltung insgesamt in einer baulichen Anlage stattfinden soll, v. a. wenn diese in den Anwendungsbereich einer Versammlungsstättenverordnung fällt (s. o. B. II. 2. d).

Bei anderen Großveranstaltungen können die zuständigen Behörden von vorneherein nur solche Maßnahmen treffen, die der Abwehr konkreter Gefahren dienen, die von der konkreten Großveranstaltung ausgehen. Dann sind auf den konkreten Einzelfall zugeschnittene Maßnahmen zu treffen, eine formularmäßige Auferlegung von Sicherheitskonzeptpflichten scheidet aus. Dies erscheint möglich, in Form von Nebenbestimmungen zur Festsetzung nach § 69 GewO, wenn es sich um eine nach § 60b, § 64 bis § 68 GewO festsetzungsfähige Veranstaltung handelt und der Veranstalter eine Festsetzung beantragt (s. o. B. II. 1.); in Bayern und Thüringen auf Grund der besonderen Erlaubnispflichten nach Art. 19 Abs. 3 BayLStVG und § 42 Abs. 3 ThürOBG (s. o. B. II. 4.); in den übrigen Fällen nur auf Grund der gefahrenabwehrrechtlichen Generalklausel (s. o. B. II. 3.), wobei hier mangels Anzeigepflicht nicht sichergestellt ist, dass die zuständigen Behörden rechtzeitig im Vorfeld von der Veranstaltung erfahren.

Keine Rechtsgrundlage für die Auferlegung von umfassenden Sicherheitskonzeptpflichten – auch bei konkreter Gefährlichkeit der Veranstaltungen – bieten dagegen das Sondernutzungsrecht des § 8 FStrG und der

Landesstraßengesetze der Flächenstaaten (s. o. B. I. 1.) das Genehmigungserfordernis nach § 29 Abs. 2 StVO (s. o. B. I. 2.).

In diesen Fällen ist das Prüfprogramm der Genehmigung von vorneherein auf straßen- bzw. straßenverkehrsbezogene Aspekte begrenzt. Gerade diese Genehmigungsverfahren eignen sich also nicht als „Trägerverfahren" für eine umfassende „Eröffnungskontrolle" von Großveranstaltungen.

Ob diese nur sehr eingeschränkten Möglichkeiten zur Auferlegung „formularmäßiger" Sicherheitskonzepte für Großveranstaltungen als zu schließende Schutzlücke oder als Ausdruck eines hinnehmbaren „Restrisikos" angesehen wird, ist vor allem eine rechtspolitische Entscheidung. Wenn eine solche Möglichkeit rechtspolitisch gewünscht ist, ließe sie sich jedoch – mangels entsprechender Bundesgesetzgebungskompetenz – nur auf Landesebene verwirklichen. Insoweit werden solche landesrechtlichen Regelungen heute insbesondere auch dadurch erleichtert, dass das „Recht der Messen, der Ausstellungen und der Märkte" mittlerweile ausdrücklich in die Landesgesetzgebungskompetenz überführt worden ist und die Länder das Marktrecht der Gewerbeordnung somit durch eigene Regelungen ersetzen könnten.[316] Dies macht den Weg frei zum Erlass eines „Großveranstaltungsgesetzes", das auch die Veranstaltungen i. S. der § 60b, §§ 64 bis 68 GewO umfasst. Insoweit könnte sich anbieten, die Art. 19 BayLStVG und § 42 ThürOBG zum Vorbild zu nehmen,[317] diesen Regelungen jedoch eine ergänzende Bestimmung beizufügen, die es – unabhängig vom Vorliegen einer konkreten Gefahr – gestattet, der Erlaubnis einer Großveranstaltung (formularmäßig) Nebenbestimmungen beizufügen, die Sicherheitskonzeptpflichten regeln.

C. *Verfahren, Verfahrensbeteiligte und Zuständigkeiten bei „Eröffnungskontrollen" für Großveranstaltungen*

Da die bisherige Untersuchung gezeigt hat, dass für Großveranstaltungen ggf. eine Vielzahl von Genehmigungen und Erlaubnissen einzuholen und Anzeigen bei verschiedenen Behörden zu machen sind, stellt sich die Frage, wer an diesen Verfahren zu beteiligen ist, welche Behördenzuständig-

316 Siehe bei Fn. 114

317 Siehe auch *Henkel*, Großveranstaltungen im Koordinatensystem der Rechtsregime – Wer ist verantwortlich, wer haftet?, DVBl. 2011, 1393 (1398 ff.).

keiten insoweit bestehen und vor allem wie das Verhältnis der verschiedenen Verfahren zueinander ist.

I. Eingebundene Behörden

Wie sich aus den Ausführungen über einzelne Genehmigungsverfahren ergibt, können zur Durchführung einer Großveranstaltung verschiedene Genehmigungen einzuholen sein. Da sich die jeweils zuständige Stelle nach dem Fachrecht bestimmt, kann es zu einer großen Bandbreite unterschiedlicher Zuständigkeiten kommen. Grundsätzlich liegt die Regelungskompetenz zur Bestimmung, welche Behörde zur Wahrnehmung der jeweiligen Aufgabe zuständig sein soll, bei den Ländern. Für die Ausführung von Landesrecht versteht sich dies von selbst, in Bezug auf die Ausführung von Bundesrecht durch die Länder wird dies in Art. 83 GG vorausgesetzt, sofern bundesgesetzlich nicht nach Art. 84 Abs. 1 und Art. 85 Abs. 1 GG die zuständigen Behörden festgelegt wurden,[318] was aber bei keinem der hier untersuchten Bundesgesetze der Fall ist.

In den so von den Ländern getroffenen Zuständigkeitsregeln spiegelt sich zunächst v. a. die Struktur des Landes als Flächenstaat oder Stadtstaat wieder, aber auch die unterschiedlichen verwaltungspolitischen Konzepte der Länder im Hinblick auf den Verwaltungsaufbau im Allgemeinen (zweistufig, dreistufig) und die Frage, welche Aufgaben den Gemeinden und Landkreisen und welche staatlichen Fachbehörden zuzuweisen sind – was auch von der durchschnittlichen Gemeindegröße in dem jeweiligen Bundesland und der hiermit verbundenen (angenommenen) gemeindlichen „Verwaltungskraft abhängt.[319] I. d. R. wird aber die Zuständigkeit auf einer höheren Ebene verortet, je aufwendiger und fachbezogener ein Verfahren wird oder wenn aufgrund der räumlichen Ausdehnung einer Veranstaltung andernfalls mehrere untere Behörden zuständig wären. Allerdings hat der Trend zur Kommunalisierung von Verwaltungsaufgaben in einigen Bundesländern auch dazu geführt, dass die Wahrnehmung von „an sich"

---

318 Siehe nur *Burgi*, in: Erichsen/Ehlers (Hrsg.), Allgemeines Verwaltungsrecht, 14. Aufl. 2010, § 7 Rn. 21 ff.; *Maurer*, Allgemeines Verwaltungsrecht, 18. Aufl. 2011, § 21 Rn. 61.

319 Siehe nur *Burgi*, in: Erichsen/Ehlers (Hrsg.), Allgemeines Verwaltungsrecht, 14. Aufl. 2010, § 9 Rn. 13 ff.; *Maurer*, Allgemeines Verwaltungsrecht, 18. Aufl. 2011, § 22 Rn. 14 ff.

überörtlichen oder sehr fachspezifischen Aufgaben auf die verschiedenen Kommunen zersplittert wurden.[320]

Im Ergebnis können daher die Zuständigkeiten für eine Rechtsmaterie in den verschiedenen Bundesländern sehr unterschiedlichen Behörden zugeordnet sein. Insgesamt sind die verschiedenen Konstellationen beteiligter Behörden, die für Entscheidungen bei Großveranstaltungen zuständig sein können, so vielfältig, dass eine umfassende oder nach Ländern geordnete Darstellung wenig sinnvoll erscheint, zumal diese Fragen im Zuge ständiger Verwaltungsreformen auch öfters geändert werden. Auch gibt es in den verschiedenen Ländern zahlreiche Sonderregelungen, so dass nur die genaue Bestimmung der zuständigen Behörden vor Ort sinnvoll ist.

Als Beispiel für unterschiedliche Zuständigkeitsregelungen sei hier die Zuständigkeit als Straßenverkehrsbehörde zur Genehmigung einer Lauf-Veranstaltung nach § 29 Abs. 2 StVO für die Länder Bayern, Nordrhein-Westfalen und Berlin aufgezeigt: Insoweit zeichnet § 44 Abs. 3 StVO für Erlaubniserteilungen mit unterschiedlichen örtlichen Reichweiten ein gestuftes Zuständigkeitskonzept vor:

> „Die Erlaubnis nach § 29 Absatz 2 und nach § 30 Absatz 2 erteilt die Straßenverkehrsbehörde, dagegen die höhere Verwaltungsbehörde, wenn die Veranstaltung über den Bezirk einer Straßenverkehrsbehörde hinausgeht, und die oberste Landesbehörde, wenn die Veranstaltung sich über den Verwaltungsbezirk einer höheren Verwaltungsbehörde hinaus erstreckt. Berührt die Veranstaltung mehrere Länder, ist diejenige oberste Landesbehörde zuständig, in deren Land die Veranstaltung beginnt. Nach Maßgabe des Landesrechts kann die Zuständigkeit der obersten Landesbehörden und der höheren Verwaltungsbehörden im Einzelfall oder allgemein auf eine andere Stelle übertragen werden."

Der Freistaat Bayern folgt dem gestuften System und hat Zuständigkeiten für Landkreise,[321] Regierungen und das Staatsministerium des Inneren bestimmt. Nordrhein-Westfalen hat von der von § 44 Abs. 3 Satz 2 StVO eröffneten Möglichkeit Gebrauch gemacht, die Aufgaben der höheren und oberen Verwaltungsbehörde auf eine *andere Stelle* zu übertragen. Hier übernehmen Landkreise diese Funktion. In Berlin wurde keine besondere Regelung für die straßenverkehrsrechtliche Zuständigkeit getroffen. Die Zuständigkeiten werden anhand des Gesetzes über die Zuständigkeiten der allgemeinen Berliner Verwaltung begründet.

---

320 Siehe für den Bereich des Umweltrechts nur *Ebinger*, Vollzug trotz Reform? Die Umweltverwaltungen der Länder im Wandel, VerwArch. 100 (2009), S. 55 ff.

321 Neben den Landkreisen übernehmen die kreisfreien Städte diese Aufgaben für ihr Gebiet, vgl. Art. 9 Abs. 1 S. 2 BayGO.

	Zuständigkeit nach § 44 Abs. 3 Satz 1 StVO	Bayern:	Nordrhein-Westfalen	Berlin
Stadtlauf innerhalb einer Gemeinde	Straßenverkehrsbehörde	**Örtliche Gemeinde** (Art. 3 Abs. 1, 2 Satz 1 Nr. 1 ZustG-VerK)	**Landkreise** (§ 2 Abs. 1 Nr. 1 StVOZustBehV) bzw. **örtliche Ordnungsbehörden der mittleren und großen kreisangehörigen Städte** (§ 3 Abs. 1 StVOZustBehV)	**Stadt Berlin**
Städtelauf durch zwei oder mehrere Gemeinden.	Höhere Verwaltungsbehörde	**Regierungen** (Art. 5, 2 Satz 1 Nr. 3 ZustGVerk)	**Landkreise** (§ 3 Abs. 2 i. V. mit § 1 StVOZustBehV)	**Stadt Berlin**
Laufveranstaltung mit länderübergreifender Streckenführung	Oberste Landesbehörde	**Staatsministerium des Inneren** (Art. 5, 2 Satz 1 Nr. 4 ZustGVerk)	**Landkreise** (§ 3 Abs. 2 i. V. mit § 1 StVOZustBehV)	**Stadt Berlin**

Als Beispiel für eine relativ einheitliche Zuständigkeitsregelung der Länder kann dagegen das Gewerberecht angeführt werden. Auf Grundlage des § 155 Abs. 2 GewO haben die Länder in ihren Durchführungsverordnungen zur Gewerbeordnung[322] die Zuständigkeit zur Festsetzung von Märkten und Messen nahezu durchgehend den Gemeinden (bzw. bei den örtlichen Gliederungen in den Stadtstaaten Berlin: Bezirksämter; Bremen: Ortspolizeibehörde; Hamburg: Bezirksämter) übertragen. Dies erklärt sich

322 Siehe insoweit die Zusammenstellung dieser Durchführungsverordnungen mit Fundstellenangaben bei http://www.saarheim.de/Gesetze_Laender/gewvo_laender.htm.

aus der besonderen Bedeutung dieser Veranstaltungen für die örtliche Gemeinschaft. Eine Verlagerung an eine Verwaltungsstelle höherer Ebene würde den Kommunen die Entscheidung über Veranstaltungen entziehen, die für sie unter wirtschaftlichen und kulturellen Geschichtspunkten besonders wichtig sind. Ebenso wichtig ist aber auch die gute Kenntnis der Verhältnisse vor Ort für die genaue Einschätzung der Veranstaltung.

Dass es i. d. R. sachgerecht ist, die Zuständigkeit für die Zulassung von bestimmten Veranstaltungen bei den örtlichen Behörden zu verorten, kann an der Gesetzgebung zu Art. 19 BayLStVG aufgezeigt werden. Für die Erlaubniserteilung sind ebenfalls die Gemeinden zuständig. Zugleich gab es bis 1978 in Art. 19 BayLStVG eine Konzentrationsregelung, die für die Fälle, bei denen zusätzliche Genehmigungen aufgrund anderer Gesetze vorgesehen waren, die Zuständigkeit für die Erlaubniserteilung auf die zuständige Stelle nach den anderen Gesetzen delegierte. Diese Regelung wurde als nicht praktikabel angesehen, da

> „für Volksfeste, Sängerfeste, Schützenfeste und ähnliche Veranstaltungen die kreisangehörigen Gemeinden oft nicht zuständig waren, obwohl auf ihre weitgehende Mitwirkung – insbesondere wegen der besseren Kenntnis der örtlichen Verhältnisse – in Verfahren nach Art. 19 des Gesetzes nicht verzichtet werden konnte.“[323]

Folgerichtig wurde die Konzentrationsregelung aus dem BayLStVG gestrichen.

II. Antragsteller, Maßnahmeadressaten, Drittbeteiligte

Großveranstaltungen werden durch eine Vielzahl von Beteiligten organisiert und durchgeführt, aber auch eine Vielzahl von Personen wird hierdurch betroffen. Alle diese Personen können in unterschiedlicher Weise den zuständigen Behörden gegenübertreten, so dass der Veranstalter selbst nicht immer der Adressat einer veranstaltungsbezogenen Erlaubnis, Gestattung oder Anordnung ist. Folgende Beteiligte können insoweit auftreten:[324]

323 Bayerischer Landtag, LT-Drs. 8/7433 vom 14.2.1978, S.8.

324 Siehe auch *Funke/Müller*, Eventrecht, 3. Aufl. 2009, Rn. 201 ff.; *Güllemann/Mertens*, Veranstaltungsmanagement, Event- und Messerecht, 6. Aufl. 2013, S. 2 ff.: *Michow*, in: Michow/Ulbricht, Veranstaltungsrecht, 2013, § 2 Rn. 33 ff.; *Risch/Kerst*, Eventrecht kompakt, 2. Aufl. 2011, S. 24 ff.

1. Veranstalter

Der Veranstalter hat i. d. R. die für die Bereitstellung der Veranstaltungsflächen notwendigen Zulassungen inklusive der flächenbezogenen Genehmigungen, Erlaubnisse und Gestattungen zu beantragen und ist Adressat der entsprechenden behördlichen Entscheidungen (s. o. B. I.). Gleiches gilt für die gewerberechtliche Festsetzungsentscheidung (s. o. B. II. 1.). Sofern er für die Großveranstaltung eine geschlossene Anlage errichtet, ist er auch Adressat der Baugenehmigung (s. o. B. II. 2.).[325] Ihm wird auch die Erarbeitung eines Sicherheitskonzeptes auferlegt werden. Entsprechend ist er es, der sich um die Bereitstellung sicherheitsbezogener Dienstleistungen wie auch im Übrigen um die gesamte „Veranstaltungsinfrastruktur" kümmern muss.

2. Eigentümer oder Betreiber der Veranstaltungsfläche

Der Eigentümer oder Betreiber der Veranstaltungsfläche kann ebenfalls Antragsteller und Adressat von Baugenehmigungen sein, wenn er für den Veranstalter bauliche Anlagen errichtet bzw. solche für Veranstaltungen vermietet (s. o. B. II. 2.).[326] Gleiches gilt für Maßnahmen der Brandverhütungsschau (s. o. B. III. 3. a).

3. Darsteller, Schausteller, Beschicker und Gastwirte

Die Darsteller, Schausteller, Beschicker und Gastwirte müssen ggf. über eine Reisegewerbekarte nach § 55 Abs. 2 GewO und sonstige gewerberechtliche Erlaubnisse verfügen (s. o. B. II. 1. c. bb. [1] und B. III. 5. a) und müssen als Betreiber von fliegenden Bauten über die Ausführungsgenehmigung dieser Anlagen verfügen und sind die Adressaten für Anordnungen über eine Gebrauchsabnahme (s. o. B. II. 2 c. aa). Das gleiche gilt für Erlaubnisse nach § 29 Abs. 3 StVO (s. o. B. III. 1). Ebenfalls sind die Beschicker die Adressaten baurechtlicher Anordnungen, wenn sie als Bauherr für die Errichtung einer einzelnen Anlage zuständig sind. In die-

325 Vgl. auch *Henkel*, Großveranstaltungen im Koordinatensystem der Rechtsregime – Wer ist verantwortlich, wer haftet?, DVBl. 2011, 1393 ff.

326 Vgl. *Michow*, in: Michow/Ulbricht, Veranstaltungsrecht, 2013, § 2 Rn. 98.

sem Rahmen können auch sie Adressaten von Nebenbestimmungen sein. Soweit sie konkret für eine bestimmte Gefahrenquelle verantwortlich sind, kommen ihnen gegenüber auch Maßnahmen nach § 70a GewO, dem Gaststättenrecht (s. o. B. III. 5.) oder auf Grund der gefahrenabwehrrechtlichen Generalklauseln (s. o. B. II. 3.) in Betracht.

4. Sanitätsdienste und Feuerwehren

Sanitätsdienste und Feuerwehren sind Dienstleister und, soweit sie nicht selbst in der ersten oder dritten Gruppe oder als (mit-) entscheidungsbefugte oder zu beteiligende Behörde aktiv werden, nicht Adressat von Erlaubnissen und i. d. R. auch nicht von Ordnungsmaßnahmen.

5. Zuschauer, Besucher, Teilnehmer

Zuschauer, Besucher und sonstige Veranstaltungsteilnehmer sind nicht Adressaten präventiver sicherheitsbezogener Maßnahmen, sondern können allenfalls im Laufe der Veranstaltung auf Grund der gefahrenabwehrrechtlichen Generalklauseln in Anspruch genommen werden, wenn von ihnen eine Gefahr für die öffentliche Sicherheit (oder Ordnung) ausgeht.

6. Nachbarn und Anlieger

Es sind vor allem die Lärmschutzinteressen der Nachbarn und Anlieger, die bei Anordnungen nach § 24 BImSchG (s. o. B. III. 2. c) und im Rahmen von Erlaubnisverfahren zu berücksichtigen sind. Dies macht sie u. U. zu Drittbetroffenen derartiger Maßnahmen, gegen die sie ggf. mit der Begründung Rechtsschutz einlegen können, dass diese Maßnahmen ihre subjektiv-öffentlichen Rechte bezüglich des Lärmschutzes verletzen.[327] Entsprechendes gilt, wenn durch die Erteilung einer straßenrechtlichen Sondernutzungserlaubnis für eine Großveranstaltung der Anliegergebrauch, etwa der Zugang zu einem Grundstück, beeinträchtigt wird.[328]

---

327 S. nur *Fricke*, Zur rechtlichen Beurteilung der durch Festveranstaltungen verursachten Geräuschimmissionen, DÖV 2013, 640 (646).

328 *Sauthoff*, Öffentliche Straßen, 2. Aufl. 2010, § 8 Rn. 428.

III. Verhältnis der einzelnen Verwaltungsverfahren zueinander

Da Großveranstaltungen den Regelungsbereich mehrerer Rechtsgebiete berühren können, stellt sich die Frage, in welchem Verhältnis die sich aus den verschiedenen Gesetzen ergebenden Genehmigungs- und Anordnungsverfahren zueinander stehen und ob und welche Behörden in welchen Formen in einem Genehmigungsverfahren von der federführenden Behörde zu beteiligen sind.

1. Denkbare Verfahrensmodelle

Hinsichtlich der Frage, wie das Verhältnis verschiedener Verwaltungsverfahren zueinander auszugestalten ist, haben sich verschiedene Verfahrensmodelle entwickelt:[329]

a) Genehmigungsverfahren unter (interner) Beteiligung und Mitwirkung anderer Behörden

Bei Genehmigungsverfahren unter (interner) Beteiligung und Mitwirkung anderer Behörden ist vorgesehen, dass eine Genehmigung oder eine sonstige Maßnahme nur unter vorheriger Anhörung einer anderen Behörde oder nur im Einvernehmen mit einer anderen Behörde erlassen werden kann. Solche Mitwirkungserfordernisse können auch in Verwaltungsvorschriften vorgesehen sein. In diesem Fall haben das Fehlen der Mitwirkungshandlung bzw. die Missachtung der in der Verwaltungsvorschrift vorgesehenen Mitwirkungserfordernisse aber keine Auswirkungen auf die (formelle) Rechtmäßigkeit der Entscheidung der federführenden Behörde.[330] Klassisches Beispiel für ein gesetzlich vorgesehenes, nur intern wirkendes, aber die federführende Behörde bindendes Mitwirkungserfordernis, dessen Fehlen grundsätzlich auch die von der federführenden Behörde getroffenen Entscheidung rechtswidrig macht, ist dagegen das gemeindli-

329 Siehe hierzu allgemein *Siegel,* Entscheidungsfindung im Verwaltungsverbund, 2009, S. 86 ff.

330 *U. Stelkens*, in: P. Stelkens/Bonk/Sachs (Hrsg.), VwVfG, 8. Aufl. 2014, § 35 Rn. 174 m. w. N.

che Einvernehmenserfordernis zur Baugenehmigung nach § 36 Abs. 1 BauGB.[331]

b) Separationsmodell

Das Separationsmodell, bei dem verschiedene Verwaltungsverfahren unverbunden nebeneinander stehen und ggf. parallel durchgeführt werden müssen, dürfte der Regelfall sein. Hier müssen für ein bestimmtes Gesamtvorhaben, das verschiedene Rechtsbereiche berührt, unterschiedliche Genehmigungen eingeholt werden, die sich jeweils auf einen Teilaspekt des Vorhabens beziehen. Insoweit kann eine Verfahrensbündelung letztlich nur informell durch Organisation von Antragskonferenzen[332] oder behördenübergreifenden Projektgruppen gewährleistet werden.[333] U. U. kann es zudem möglich sein, dass für einen Genehmigungsantrag das Sachbescheidungsinteresse fehlt, wenn offensichtlich ist, dass das Gesamtvorhaben wegen bestandskräftiger Ablehnung einer anderen Genehmigung schlechthin nicht verwirklicht werden kann.[334]

c) Verfahren über eine einheitliche Stelle (§§ 71a ff. VwVfG)

Eine gesetzlich vorgesehene Koordination von Parallelverfahren ist im Falle der Anwendbarkeit der §§ 71a ff. VwVfG, die das Verfahren über eine einheitliche Stelle betreffen, möglich,[335] wenn und soweit

für die zu koordinierenden Parallelverfahren *jeweils* fachgesetzlich angeordnet ist, dass sie über eine einheitliche Stelle nach den Vorschriften der §§ 71a ff. VwVfG abgewickelt werden können, und der Antragsteller von dieser besonderen Verfahrensart Gebrauch machen will.

---

331 Siehe zu derartigen Verfahren *Schmitz* und *U. Stelkens*, in: P. Stelkens/Bonk/Sachs (Hrsg.), VwVfG, 8. Aufl. 2014, § 9 Rn. 127 ff. und § 35 Rn. 167 ff.; *Schneider*, in: Hoffmann-Riem/Schmidt-Aßmann/Voßkuhle (Hrsg.), Grundlagen des Verwaltungsrechts II, 2. Aufl. 2012, § 28 Rn. 91 ff.

332 Vgl. § 71e VwVfG i. d. F. des Genehmigungsverfahrensbeschleunigungsgesetzes v. 12. 9. 1996 (BGBl. I, 1354).

333 Vgl. *Siegel,* Entscheidungsfindung im Verwaltungsverbund, 2009, S. 102.

334 Vgl. *Schmitz*, in: P. Stelkens/Bonk/Sachs (Hrsg.), VwVfG, 8. Aufl. 2014, § 9 Rn. 153 ff.

335 *Schneider*, in: Hoffmann-Riem/Schmidt-Aßmann/Voßkuhle (Hrsg.), Grundlagen des Verwaltungsrechts II, 2. Aufl. 2012, § 28 Rn. 23a.

Den §§ 71a ff. VwVfG liegt damit zwar der Gedanke des *One-Stop-Government* zu Grunde, bei dem die Möglichkeit besteht, unabhängig von örtlichen und sachlichen Zuständigkeiten alle für einen Vorgang notwendigen Verwaltungsangelegenheiten bei einer einzigen Stelle zu erledigen (Lebenslagenkonzept).[336] Ob bezogen auf eine konkrete „Lebenslage" die §§ 71a ff. VwVfG jedoch tatsächlich diese Wirkung haben, hängt davon ab, ob der Bundes- und/oder Landesgesetzgeber fachgesetzlich anordnet, dass alle einschlägigen Verfahren über einen einheitlichen Ansprechpartner abgewickelt werden können. Zudem ändert eine solche fachgesetzliche Anordnung nichts an der Struktur von einzelnen Genehmigungen und Zuständigkeiten. Die einheitliche Stelle dient nur als Servicestelle, die in geringem Umfang auch Vorprüfungen übernimmt ohne weitergehende Einflussnahmemöglichkeiten auf die von den zuständigen Behörden durchzuführenden Verfahren zu haben.[337] Schließlich kann der Antragsteller, soweit er dies möchte, direkt in Kontakt mit der zuständigen Fachbehörde treten. Insofern hat das Verfahren nach den §§ 71a ff. VwVfG zudem Angebotscharakter[338] – mit der Folge, dass der Umfang, in dem Parallelverfahren über die einheitliche Stelle koordiniert werden können, auch davon abhängt, inwieweit der Antragsteller für die betroffenen Parallelverfahren von dem Angebot Gebrauch macht.

d) Staffelung von Verwaltungsverfahren

Bei gestaffelten Verwaltungsverfahren setzt die Erteilung einer Genehmigung materiellrechtlich voraus, dass bereits andere Genehmigungen (anderer Behörden) vorliegen.[339] In abgeschwächter Form setzt die Entschei-

---

336 *Ernst*, Die Einführung eines einheitlichen Ansprechpartners i. S. der EU-Dienstleistungsrichtlinie durch das 4. Gesetz zur Änderung verwaltungsverfahrensrechtlicher Vorschriften, DVBl 2009, 953, 954 (m. w. N.); *Schneider*, in: Hoffmann-Riem/Schmidt-Aßmann/Voßkuhle (Hrsg.), Grundlagen des Verwaltungsrechts II, 2. Aufl. 2012, § 28 Rn. 23a.

337 *Schmitz/Prell*; Verfahren über eine einheitliche Stelle – Das Vierte Gesetz zur Änderung verwaltungsrechtlicher Vorschriften, NVwZ 2009, 1 (3 f.); *Schneider*, in: Hoffmann-Riem/Schmidt-Aßmann/Voßkuhle (Hrsg.), Grundlagen des Verwaltungsrechts II, 2. Aufl. 2012, § 28 Rn. 23b.

338 Vgl. *Schmitz*, in: P. Stelkens/Bonk/Sachs (Hrsg.), VwVfG, 8. Aufl. 2014, § 71a Rn. 16.

339 Vgl. *Schmitz*, in: P. Stelkens/Bonk/Sachs (Hrsg.), VwVfG, 8. Aufl. 2014, § 9 Rn. 202.

dung über die nachfolgende Genehmigung zwar nicht das Vorliegen der anderen Genehmigung voraus, darf sich aber im Falle ihres Vorliegens nicht in Widerspruch hierzu setzen, sondern hat deren Ergebnis zu übernehmen.[340]

e) Verfahren mit formeller Konzentrationswirkung

Das Modell des Verfahrens mit formeller Konzentrationswirkung liegt § 75 Abs. 1 VwVfG und § 13 BImSchG zu Grunde. Eine solche formelle Verfahrenskonzentration wird demnach angeordnet, wenn die ein Vorhaben betreffenden verschiedenen Entscheidungs- und Genehmigungsverfahren in der Form konzentriert werden, dass eines dieser Verfahren gesetzlich zu einem konzentrierenden Verfahren erklärt wird, in dem auch das Vorliegen der Genehmigungs- und Entscheidungsvoraussetzungen der übrigen „an sich" ebenfalls notwendigen Genehmigungen und Entscheidungen überprüft wird. Die anschließende konzentrierende Genehmigungsentscheidung ersetzt dann (auch) die übrigen Genehmigungen bzw. macht deren Einholung entbehrlich. Eine solche formelle Verfahrenskonzentration begründet somit oftmals eine Zuständigkeitsverlagerung. Sie betrifft aber auch das auf Genehmigungserlass gerichtete Verwaltungsverfahren, in dem i. d. R. ausschließlich die Vorschriften anzuwenden sind, die für das Verfahren der konzentrierenden Genehmigung gelten.[341]

---

340 So wird etwa in ständiger Rechtsprechung das Verhältnis zwischen der Gaststättenerlaubnis nach dem Bundesgaststättengesetz zur Baugenehmigung gesehen: *Winkler*, Die Problematik paralleler Genehmigungsverfahren am Beispiel von Gaststättengenehmigung und Baugenehmigung, Jura 2006, 260 ff.; ferner *Ehlers*, in: Ehlers/Fehling/Pünder (Hrsg.), Besonderes Verwaltungsrecht – Band 1: Öffentliches Wirtschaftsrecht, 3. Aufl. 2012, § 20 Rn. 33 ff.; *Glaser*, Gaststättenrecht im Wandel: Zwischen föderaler Vielfalt und rechtsstaatlichen Herausforderungen, GewArch. 2013, 1 (2 f.); *Siegel,* Entscheidungsfindung im Verwaltungsverbund, 2009, S. 212 ff.

341 *Schmitz*, in: P. Stelkens/Bonk/Sachs (Hrsg.), VwVfG, 8. Aufl. 2014, § 9 Rn. 148; *Siegel,* Entscheidungsfindung im Verwaltungsverbund, 2009, S. 127 ff.; *Schneider*, in: Hoffmann-Riem/Schmidt-Aßmann/Voßkuhle (Hrsg.), Grundlagen des Verwaltungsrechts II, 2. Aufl. 2012, § 28 Rn. 80 m. Fn. 372.

f) Verfahren mit materieller Konzentrationswirkung (Entscheidungskonzentration)

Bei dem Modell des Verfahrens mit materieller Konzentrationswirkung (Entscheidungskonzentration) handelt es sich um ein im geltenden Recht selten anzutreffendes Modell, bei dem – wie bei den Verfahren mit formeller Konzentrationswirkung – eine Genehmigung andere behördliche Entscheidungen und Genehmigung mit einschließt, jedoch bei Erlass der konzentrierenden Genehmigung ausschließlich deren materielle Voraussetzungen zu überprüfen sind, das Prüfprogramm für die Erteilung der konzentrierenden Genehmigung also nicht die materiellen Voraussetzungen der übrigen Genehmigungen mit umfasst. Im Ergebnis ist dies nur sinnvoll, wenn zuvor eben diese materiellen Voraussetzungen der verschiedenen Genehmigungen einander angeglichen wurden.[342]

2. Verfahrenskoordination bei Großveranstaltungen

Im Regelfall folgt die „Koordination" der hier untersuchten Verfahren, die in Zusammenhang mit der Zulassung und Durchführung von Großveranstaltungen zu durchlaufen sind, dem einfachen Separationsmodell (s. o. C. III. 1. b), bei dem eine interne Mitwirkung anderer Behörden (s. o. C. III. 1. a) nicht vorgesehen oder allenfalls auf Grund einer Verwaltungsvorschrift oder freiwillig praktiziert wird. Dies erklärt sich auch daraus, dass die entsprechenden Genehmigungen und Anordnungen durchaus unterschiedliche Adressaten haben können (s. o. C. II.). Eine Abstimmung der verschiedenen Behörden untereinander kann damit in den meisten Fällen nur auf einer freiwilligen Koordination und Kooperation beruhen. Soweit für die Zulassung von Großveranstaltungen Landesrecht maßgeblich ist, ist jedoch zu beachten, dass sich die Frage des Verhältnisses der verschiedenen Verfahren untereinander dann eben (auch) nach Landesrecht richtet, das insoweit durchaus divergiert, was sich insbesondere bei der Frage des Verhältnisses zwischen der straßenrechtlichen Sondernutzungserlaubnis zum Erlaubnisverfahren nach § 29 Abs. 2 StVO (s. u. C. III. 2. b) und der Frage zeigt, in welchem Verhältnis die Baugenehmigung zu den übrigen anlagenbezogenen Genehmigungsverfahren steht (s. u. C. III. 2. c).

---

342 Vgl. hierzu *Siegel,* Entscheidungsfindung im Verwaltungsverbund, 2009, S. 133 ff.

a) Verfahrenskoordination im Festsetzungsverfahren nach § 69 GewO

Für die Marktfestsetzung nach § 69 GewO gilt zunächst zwar, dass nach § 6b Satz 1 GewO das Verfahren über eine einheitliche Stelle (§§ 71a ff. VwVfG) abgewickelt werden kann.[343] Entsprechendes gilt in Rheinland-Pfalz nach § 9 LMAMG für die Marktfestsetzung nach § 11 LMAMG (s. o. B II. 1. f). Hieraus ergibt sich aber nur ein weiterer zusätzlicher Ansprechpartner für die Marktfestsetzung, ohne dass hierdurch das Marktfestsetzungsverfahren formell und materiell konzentriert würde (s. o. C. III. 1. c). In der Regel ist auch nicht vorgesehen, dass andere für Großveranstaltungen relevante Verfahren ebenfalls über das Verfahren nach den §§ 71a ff. VwVfG abgewickelt werden können. Eine Ausnahme bildet soweit ersichtlich nur Hamburg, da nach § 19 Abs. 2a HmbWG auch das Sondernutzungserlaubnisverfahren über eine einheitliche Stelle abgewickelt werden kann, so dass in diesem Rahmen eine vereinfachte informelle Koordination mit dem Marktfestsetzungsverfahren ermöglicht wird. Im Übrigen wurde bereits darauf hingewiesen, dass die Erlaubnisverfahren nach Art. 19 Abs. 3 BayLStVG und § 42 Abs. 2 ThürOBG auf Grund der Subsidiaritätsklausel der Art. 19 Abs. 9 BayLStVG und § 42 Abs. 6 ThürOBG im Falle der Beantragung einer Festsetzung nach § 69 GewO eben durch das Festsetzungsverfahren verdrängt werden (s. o. B. II. 4. b).

Lange Zeit war zudem für das Marktfestsetzungsverfahren eine interne Koordination mit anderen Behörden in Ziff. 3.1.2.1 der „Verwaltungsvorschriften zum Vollzug des Titels IV der Gewerbeordnung (MarktgewVwV)“ vorgesehen. Diese Verwaltungsvorschriften der Länder beruhten auf einem Musterentwurf eines Arbeitskreises der Gewerbe- und Messerechtsreferenten des Bundes und der Länder, die die Länder zunächst förmlich durch entsprechende Anwendungserlasse übernommen hatten. Diese Anwendungserlasse sind jedoch mittlerweile ausdrücklich aufgehoben worden oder durch Zeitablauf außer Kraft getreten. Der Bund-Länder-Ausschuss „Gewerberecht“ pflegt aber weiterhin die MarktgewVwV und bietet damit den Vollzugsbehörden eine Hilfe an. Insoweit wird davon

343 Soweit ersichtlich macht kein Land (mehr) von der Kompetenz des § 6b Satz 2 GewO Gebrauch, die Anwendbarkeit der §§ 71a ff. VwVfG bei reinen Inlandssachverhalten auszuschließen.

ausgegangen, dass die MarktgewVwV selbst ohne förmliche Bindungswirkung weiterhin im Vollzug Beachtung findet.[344]

Nach Ziff. 3.1.2.1. der MarktgewVwV ist die Anhörung verschiedener Behörden vor der Festsetzungsentscheidung vorgesehen. Zu hören ist

die Gemeinde, auf deren Gebiet die Veranstaltung festgesetzt wird, soweit sie nicht selbst Festsetzungsbehörde ist,

die Industrie- und Handelskammer, ggf. die Handwerkskammer,

das Landesamt für Gesundheit und Arbeitssicherheit,

die untere Bauaufsichtsbehörde,

der Straßenbauträger und die Straßenverkehrsbehörde,

das Gesundheitsamt,

das Veterinäramt,

das staatliche Umweltamt.

Vorgesehen ist damit aber eben nur eine Anhörung dieser Behörden (es muss also kein Einvernehmen hergestellt werden). Da es sich zudem um keine gesetzlich vorgeschriebene Mitwirkung dieser Behörden handelt, liegt auch kein Fall einer erforderlichen Mitwirkung i. S. des § 44 Abs. 3 Nr. 4, § 45 Abs. 1 Nr. 5 VwVfG vor, so dass ihr Unterlassen die Festsetzung nicht formell rechtswidrig macht.

b) Koordination von straßenverkehrsrechtlichen Erlaubnisverfahren (§ 29 Abs. 2 StVO) und der straßenrechtlichen Sondernutzungserlaubnisverfahren untereinander und mit anderen Verfahren

Straßenverkehrsrechtlich ist nicht vorgesehen, dass das Erlaubnisverfahren nach § 29 Abs. 2 StVO mit anderen (straßenbezogenen) Erlaubnisverfahren zu koordinieren wäre bzw. es hinter diesen Verfahren zurück tritt. Nach Nr. III 1 c (Rn. 37) der Verwaltungsvorschrift zu § 29 Abs. 2 StVO sind jedoch im Erlaubnisverfahren nach § 29 Abs. 2 StVO die Polizei, die Straßenverkehrsbehörden, die Behörden der Straßenbaulastträger, die Forstbehörden und die Naturschutzbehörden zu hören, soweit ihr Zuständigkeitsbereich berührt wird. Hieraus ergeben sich allerdings – wie im Fall des marktrechtlichen Festsetzungsverfahren – keine Mitwirkungsrechte

---

344 Siehe hierzu *Schönleiter*, in: Landmann/Rohmer (Begr.), Gewerbeordnung – Teil II: Ergänzende Vorschriften, Loseblatt, Nr. 550 Vorbem. Rn. 1 ff.

dieser Behörden und die Unterlassung der Anhörung hat keine Auswirkungen auf die Rechtmäßigkeit der Erlaubnis nach § 29 Abs. 2 StVO.

Umgekehrt finden sich in § 8 Abs. 6 Satz 1 FStrG und in den Landesstraßengesetzen (außer in Hamburg) Regelungen zur Koordination des straßenrechtlichen Sondernutzungserlaubnisverfahrens mit dem Erlaubnisverfahren nach § 29 Abs. 2 StVO. In den meisten Bundesländern und nach § 8 Abs. 6 Satz 1 FStrG bedarf es nämlich einer straßenrechtlichen Sondernutzungserlaubnis dann nicht, *„wenn nach den Vorschriften des Straßenverkehrsrechts eine Erlaubnis für eine übermäßige Straßenbenutzung oder eine Ausnahmegenehmigung erforderlich ist*“.[345] Damit wird auf die Erlaubnisverfahren nach § 29 StVO und die Ausnahmegenehmigungen nach § 46 StVO (letzteres ist unklar in Mecklenburg-Vorpommern[346]) Bezug genommen. Bei Erforderlichkeit einer solchen straßenverkehrsrechtlichen Erlaubnis (oder Ausnahmebewilligung) wird also in diesen Bundesländern eine devolvierende Zuständigkeitskonzentration zugunsten der Straßenverkehrsbehörde und damit deren alleinige Zuständigkeit begründet.[347]

In Brandenburg, Sachsen-Anhalt und Thüringen tritt dagegen das Sondernutzungserlaubnisverfahren nur dann zurück, wenn die straßenverkehrsrechtliche Erlaubnis oder Ausnahmegenehmigung *„erteilt ist*“.[348] Hier kann das Verfahren auch nach dem Separationsmodell durchlaufen werden, nämlich dann, wenn zunächst ein Antrag auf Erteilung einer Sondernutzungserlaubnis beim Straßenbaulastträger gestellt wird. Dieser kann dann hierüber entscheiden, solange nicht die Straßenverkehrsbehörde über einen bei ihr gestellten Antrag entschieden hat.[349] Der Bestand einer von der Straßenbaubehörde erteilten Erlaubnis (und der hiermit verbundenen

---

345 § 16 Abs. 6 StrG BW; Art. 21 BayStrWG; § 13 BerlStrG; § 18 Abs. 3 BremLStrG; § 16 Abs. 7 HessStrG; § 22 Abs. 7 StrWG MV; § 19 NdsStrG; § 21 StrWG NRW; § 41 Abs. 7 LStrG RhPf; § 18 Abs. 7 SaarlStrG; § 19 SächsStrG; § 21 Abs. 6 StrWG SH.

346 § 22 Abs. 7 StrWG MV spricht nur von „Erlaubnis“ aber nicht von „Ausnahmegenehmigungen“, so dass unklar ist, ob auch Ausnahmegenehmigungen nach § 46 StVO erfasst werden: Ablehnend wohl (für entsprechende frühere Regelung in Schleswig-Holstein): BVerwG, Urt. v. 26.6.1981 – 7 C 27/79 – juris Rn. 17 = BVerwGE 62, 376 (380); *Sauthoff*, Öffentliche Straßen, 2010, § 8 Rn. 392 mit Fn. 477.

347 OVG Lüneburg, Urt. v. 21.3.2013 – 7 LB 173/11 – juris Abs. 32 ff. = NdsVBl. 2013, 315 f.; *Sauthoff*, Öffentliche Straßen, 2010, § 8 Rn. 393.

348 § 19 BbgStrG; § 19 StrG LSA; § 19 ThürStrG.

349 *Sauthoff*, Öffentliche Straßen, 2010, § 8 Rn. 397.

Nebenbestimmungen) bleibt aber durch eine später ergehende straßenverkehrsrechtliche Entscheidung unberührt.

Unabhängig davon, wie die Zuständigkeitskonzentration straßenrechtlich ausgestaltet ist, wird der Entzug der Zuständigkeit des Straßenbaulastträgers in allen einschlägigen Bestimmungen durch eine Mitwirkungsbefugnis der Straßenbaubehörde im straßenverkehrsrechtlichen Verfahren kompensiert: Die Straßenbaubehörde ist im Vorfeld der Entscheidung anzuhören und die von ihr vorgeschlagenen straßenrechtlichen Nebenbestimmungen in die straßenverkehrsrechtlichen Entscheidung aufzunehmen.[350] Darüber hinaus hat die Straßenbaubehörde aber keine Möglichkeit, i. S. eines Veto-Rechts die Straßenverkehrsbehörde zur Versagung der Erlaubnis zu zwingen.[351] Im Ergebnis bleiben aber die beschriebenen Möglichkeiten straßenrechtlicher Auflagen durch die straßenrechtlichen Konzentrationsvorschriften letztlich unberührt. Lediglich das Verfahren, in dem die Nebenbestimmungen erteilt werden, ändert sich.

Zu beachten ist zusätzlich, dass die sich aus den Straßengesetzen ergebende Zuständigkeitskonzentration zu Gunsten der Straßenverkehrsbehörde nur soweit greift, wie die Regelungswirkung der straßenverkehrsrechtlichen Erlaubnis nach § 29 Abs. 2 StVO. Diese bezieht sich – wie bereits erwähnt – nur auf die „*Veranstaltung*" nicht aber auf die für diese Veranstaltungen zu errichtenden „Infrastrukturen (s. o. B. 2. d.). Soweit für die Dauer der Veranstaltung Imbissbuden, Tische und Stühle etc. aufgestellt werden sollen, sind also neben der Erlaubnis nach § 29 Abs. 2 StVO zusätzlich noch straßenrechtliche Sondernutzungserlaubnisse einzuholen.

In den Landesstraßengesetzen Baden-Württembergs, Bayerns, und Bremens[352] ist schließlich angeordnet, dass auch dann keine Sondernutzungserlaubnis erforderlich ist, wenn die Straßennutzung einer Anlage dient, für die eine Baugenehmigung erforderlich ist.[353] In Brandenburg ist dies nur der Fall, wenn die Baugenehmigung erteilt wurde.[354]

Auf die Sonderregelung des § 19 Abs. 2a HmbWG, nach dem Sondernutzungserlaubnisverfahren über eine einheitliche Stelle abgewickelt

---

350 VGH Kassel, Urt. v. 19.2.1991 – 2 UE 2060/89 – juris Rn. 31 = NVwZ-RR 1992, 2 (3). Im Hinblick auf die Gesetzgebungskompetenz sind die entsprechenden Regelungen in den Landesstraßengesetzen nicht ganz unbedenklich: *Stahlhut*, Kodal (Begr.), Straßenrecht, 7. Aufl. 2010, Kap. 27 Rn. 49.

351 *Sauthoff*, Öffentliche Straßen, 2010, § 8 Rn. 393.

352 § 16 Abs. 6 StrG BW; Art. 21 BayStrWG; § 18 Abs. 3 BremLStrG.

353 Hierzu *Sauthoff*, Öffentliche Straßen, 2010, § 8 Rn. 398.

354 § 19 BbgStrG.

werden können, was u. a. eine vereinfachte Koordination mit dem Marktfestsetzungsverfahren ermöglicht, ist bereits oben (C. III. 2. a.) hingewiesen worden.

c) Verhältnis des Baugenehmigungsverfahrens zu anderen anlagenbezogenen Genehmigungsverfahren

Darauf, dass die Landesstraßengesetze Baden-Württembergs, Bayerns, Bremens und (mit Einschränkungen) Brandenburgs der Baugenehmigung gegenüber der straßenrechtlichen Sondernutzungserlaubnis Konzentrationswirkung zusprechen, ist schon hingewiesen worden.[355] Im Übrigen ist in den Landesbauordnungen nicht einheitlich geregelt, in welchem Verhältnis das Baugenehmigungsverfahren zu anderen anlagenbezogenen Genehmigungsverfahren steht. Die Vorschriften zu den Wirkungen der Baugenehmigung und zur Verfahrenskoordination und Verfahrenskonzentration sind sehr unterschiedlich, so dass einheitliche Aussagen nicht (mehr) möglich sind: Die Lösungsmodelle gehen über eine formelle Konzentrationswirkung der Baugenehmigung gegenüber anderen anlagenbezogenen Genehmigungsverfahren über die Anordnung einer Verfahrensstaffelung, an deren Schlusspunkt die Baugenehmigung steht, bis hin zur einer klaren Entscheidung für ein Separationsmodell mit parallelen Genehmigungsverfahren.[356] Ist für die Durchführung einer Großveranstaltung eine Baugenehmigung erforderlich, ist somit unter Rückgriff auf das einschlägige Landesrecht zu klären, welche Wirkungen diese Baugenehmigungen in Bezug auf sonstige anlagenbezogene Genehmigungen hat und in welchem Verhältnis die jeweiligen Genehmigungsverfahren zueinander stehen. Diese (sehr) länderspezifischen Einzelheiten, deren Relevanz für Verfahren auf Zulassung von Großveranstaltungen nicht sehr eindeutig ist, können im Rahmen dieses Gutachtens nicht dargestellt werden.

---

355 Oben bei Fn. 352.

356 Siehe hierzu die Länderübersicht bei *Finkelnburg/Ortloff/Otto*, Öffentliches Baurecht II, 6. Aufl. 2010, S. 104 ff.; *Siegel*, Entscheidungsfindung im Verwaltungsverbund, 2009, S. 104 ff.

d) Verfahrenskoordination im Erlaubnisverfahren nach Art. 19 Abs. 3 BayLStVG und § 42 Abs. 3 ThürOBG

Es ist schließlich ebenfalls bereits darauf hingewiesen worden, dass die Erlaubnisverfahren nach Art. 19 Abs. 3 BayLStVG und § 42 Abs. 3 ThürOBG auf Grund der Subsidiaritätsklausel der Art. 19 Abs. 9 BayLStVG und § 42 Abs. 6 ThürOBG im Falle der Beantragung einer Festsetzung nach § 69 GewO durch das Festsetzungsverfahren verdrängt werden (s. o. C. III. 2. a) und zudem dann nicht gelten, wenn die Veranstaltung in einer Versammlungsstätte stattfinden soll (s. o. B. II. 4. b). Im letzteren Fall tritt das Erlaubnisverfahren letztlich hinter das Baugenehmigungsverfahren zurück.

Vorschriften, nach denen der Erlaubnis nach Art. 19 Abs. 3 BayLStVG und § 42 Abs. 3 ThürOBG eine formelle Konzentrationswirkung zukommt, existieren im Übrigen nicht mehr, nachdem die frühere Konzentrationsregelung im BayLStVG durch Gesetzesänderung von 1978 gestrichen worden ist (vgl. C. I. a. E.). Für das Erlaubnisverfahren nach Art. 19 Abs. 3 BayLStVG sieht die bayerische VollzBekLStVG[357] unter Nr. 19.2.1 jedoch vor:

> „[1]Aufgrund der Anzeige gemäß Art. 19 Abs. 1 hat die zuständige Behörde zu prüfen, ob die Durchführung der beabsichtigten Vergnügung Gefahren für die in Art. 19 Abs. 4 Satz 1 genannten Rechtsgüter erwarten lässt. [2]Maßgebend ist hierfür der Erkenntnisstand, der sich vor der Veranstaltung gewinnen lässt. [3]Hierzu kann die Anhörung von Polizei, Feuerwehr, Rettungsdiensten oder sonstigen Fachdienststellen erforderlich sein. [4]Sind Gefahren nicht zu erwarten und brauchen keine Anordnungen für den Einzelfall getroffen zu werden (Art. 19 Abs. 5), so duldet die Behörde den Ablauf der angezeigten Vergnügung ohne förmliche Entscheidung.“

Die Anhörung von Polizei, Feuerwehr, Rettungsdiensten und sonstigen Fachstellen ist aber auch hier eben nicht gesetzlich bindend vorgesehen und ihre Notwendigkeit im Wesentlichen der Einschätzung der Erlaubnisbehörde überlassen. Wird sie unterlassen, hat dies dementsprechend keine Auswirkungen auf die formelle Rechtmäßigkeit der abschließenden Entscheidung. Für das Erlaubnisverfahren nach § 42 Abs. 3 ThürOBG gibt es schließlich keine Verwaltungsanweisungen.

---

357 Fn. 251.

IV. Zusammenfassung und Ergebnis zu C

Zusammenfassend lässt sich festhalten, dass nach den geltenden Vorschriften für den Regelfall in keinem Bundesland eine Koordinierung der sich auf die Zulassung einer Großveranstaltung beziehenden Verfahren, Genehmigungen, Anordnungs- und Überwachungsbefugnisse vorgesehen ist und sich diese auch nicht aus dem Bundesrecht ergibt. Während gegenüber der Verwaltung der „Veranstalter" im Ergebnis der „einheitliche Ansprechpartner" für alle Fragen der Veranstaltung bildet und der Veranstalter die übrigen an der Durchführung der Veranstaltung beteiligten Personen koordinieren muss, fehlt dementsprechend i. d. R. ein entsprechendes Gegenüber, dass die Vielzahl der handelnden Akteure auf der „Verwaltungsseite" bündelt – insbesondere was die mit der Durchführung einer Großveranstaltung verbundenen Sicherheitsfragen angeht.

Dies schließt allerdings eine „freiwillige" Koordination der beteiligten Behörden nach Art einer „Projektgruppe Großveranstaltung X" nicht aus. Dem trägt teilweise die in verschiedenen Verwaltungsvorschriften vorgesehene Anhörung anderer Behörden vor Erlass bestimmter behördlicher Maßnahmen Rechnung, die sich auf Großveranstaltungen beziehen. Das Problem derartiger Projektgruppen in Zusammenhang mit Großveranstaltungen könnte aber sein, die Behörde zu bestimmen, die diese Projektgruppe leiten und ihre Mitglieder koordinieren soll. Dies ist vor allem deshalb problematisch, weil es – wie im vorigen Abschnitt gezeigt – nur in wenigen Fällen ein „Trägerverfahren" gibt, das geeignet ist, die sicherheitsrelevanten Aspekte einer Großveranstaltung insgesamt in den Blick zu nehmen (s. o. B. IV.). Auch wenn etwa mit der Erteilung einer straßenrechtlichen Sondernutzungserlaubnis oder einer Festsetzung nach § 69 GewO die Durchführung einer Großveranstaltung stehen und fallen kann, bedeutet dies somit nicht, dass die hiermit betrauten Behörden auch diejenigen sind, die im Hinblick auf die Sicherheitsprobleme derartiger Veranstaltungen die meisten Erfahrungen haben. Auch ist etwa nicht von vornherein auszuschließen, dass eine Behörde die Frage der Durchführung einer Großveranstaltung vor allem aus dem Blickwinkel der Wirtschafts- und Tourismusförderung sieht und daher etwa bestehenden Sicherheitsbedenken hintanstellt bzw. sie sich diesen auch aus politischen Gründen verschließt.[358]

---

358 Vgl. *Frankewitsch*, Der externe Verhandlungsleiter vor Großveranstaltungen, NVwZ 2012, 1514 (1515).

Ob und in welchem Umfang zur Lösung dieser Probleme entsprechende gesetzgeberische Maßnahmen (auf Landesebene) erforderlich sind, ist auch hier eine primär rechtspolitische Frage. Sollte dem Gedanken eines „Landes-Großveranstaltungsgesetzes“ (s. o. B. IV.) näher getreten werden, würde sich aber anbieten, in diesem Gesetz eine klare Bestimmung darüber zu treffen, welche Behörde in Bezug auf die Großveranstaltung (oder jedenfalls in Bezug auf die sicherheitsbezogenen Präventivmaßnahmen wie die Abstimmung von Sicherheitskonzepten) federführend und für die Koordination der übrigen zu beteiligenden Behörden zuständig sein soll.

D. Besonderheiten bei Veranstaltungen von Kommunen und sonstigen Verwaltungsträgern

Wird eine Großveranstaltung vom Bund oder einem Land (z. B. bei den Feierlichkeiten zum Tag der Deutschen Einheit, großer Zapfenstreich etc.), einer Kommune oder einer sonstigen juristischen Person des öffentlichen Rechts (im Folgenden: öffentlicher Veranstalter) selbst veranstaltet, ist es diesem öffentlichem Veranstalter eben als Veranstalter zunächst ohne weiteres möglich, selbst für die Beachtung der Sicherheitsstandards zu sorgen und die Aufstellung eines umfassenden Sicherheitskonzepts zu ermöglichen, unabhängig davon, wo die Veranstaltung stattfindet und ob sie „an sich“ nur beschränkten Genehmigungserfordernissen und ordnungsrechtlichen Zugriffen anderer Behörden unterliegt. Der öffentliche Veranstalter ist also keinesfalls verpflichtet, von sich aus nur den Sicherheitsanforderungen Genüge zu tun, deren Beachtung einem privaten Veranstalter zwangsweise auferlegt werden dürfte. Welchen – auch sicherheitsbezogenen – Charakter die Veranstaltung haben soll, ist damit zunächst und vor allem eine Frage, die der autonomen Entscheidung des öffentlichen Veranstalters unterliegt. Er kann also ein eigenes Sicherheitskonzept entwerfen und dessen Beachtung auch durch vertragliche Regelungen und vertragliche Pflichtenhefte mit den Privaten absichern, die die Veranstaltung für den öffentlichen Veranstalter tatsächlich organisieren (z. B. einem privater Eventmanager) oder die an der Veranstaltung (nur) mitwirken (z. B. den Beschickern eines kommunalen Volksfestes, dem „eingekauften“ Feuerwerksmeister oder dem bestellten Sanitätsdienst).

Bei öffentlichen Veranstaltern kann sich jedoch die Frage stellen, ob ihre Veranstaltung denselben Genehmigungs- und Erlaubnispflichten unterliegt wie die Veranstaltungen Privater und ob die Behörden anderer Verwaltungsträger (oder auch ihre eigenen Behörden) ihnen gegenüber Anordnungen auf denselben Rechtsgrundlagen treffen dürfen, wie sie auch im Verhältnis zu Privaten gelten. Insoweit stellt sich zunächst die Frage, die vielfach unter dem Stichwort der „Polizeipflicht von Hoheitsträgern" diskutiert wird. Dies ist die Frage, ob und unter welchen Voraussetzungen Verwaltungsträger gegenüber anderen Verwaltungsträgern Maßnahmen auf Grundlage von Rechtsvorschriften erlassen dürfen, die „an sich" auf das Staat-Bürger-Verhältnis zugeschnitten sind, und ob und unter welchen Voraussetzungen die Tätigkeit eines Verwaltungsträgers nach allgemeinen Vorschriften genehmigungsbedürftig und erlaubnispflichtig sein kann (I).

Diese Frage sollte nicht mit der Frage vermengt werden, welche Rechtsnatur Maßnahmen haben können, die Verwaltungsträger gegenüber anderen Verwaltungsträgern auf Grund von Normen erlassen, die „an sich" auf das Staat-Bürger-Verhältnis zugeschnitten sind. Insoweit entspricht es allgemeiner Auffassung, dass sich ihrer Rechtsnatur nach derartige Maßnahmen nicht von der Rechtsnatur der Maßnahmen unterscheiden, die die Behörde auf derselben Rechtsgrundlage gegenüber einem Privaten erlässt: Eine einem Verwaltungsträger erteilte Baugenehmigung ist damit ebenso ein Verwaltungsakt i. S. des § 35 VwVfG wie die gegenüber einem Verwaltungsträger erlassene Gefahrenabwehrverfügung oder immissionsschutzrechtliche Anordnung.[359] Auf Erlass derartiger Maßnahmen gerichtete Verfahren sind dementsprechend grundsätzlich auch Verwaltungsverfahren i. S. der §§ 9 ff. VwVfG und keine rein internen Verwaltungsverfahren, auch wenn die §§ 9 ff. VwVfG im Verhältnis zwischen Verwaltungsträgern teilweise in etwas modifizierter Form zur Anwendung kommen.[360] Die Anwendbarkeit der §§ 9 ff. VwVfG wird allerdings teilweise dann als problematisch angesehen, wenn eine Behörde auf Grundlage von „an sich" auf das Staat-Bürger-Verhältnis zugeschnittenen Normen Maßnahmen gegenüber ihrem eigenen Rechtsträger erlässt. Hier stellt sich das Problem der Möglichkeit und Durchführung sog. „In-sich-Verfahren" (II).

359 Hierzu m. w. N. *U. Stelkens* in: P. Stelkens/Bonk/Sachs (Hrsg.), VwVfG, 8. Aufl. 2014, § 35 Rn. 189.

360 Ausführlich hierzu *Jungkind*, Verwaltungsakte zwischen Hoheitsträgern, 2008, S. 211 ff.

I. „Polizeipflicht" öffentlicher Veranstalter und Erlaubnisbedürftigkeit ihrer Veranstaltungen

Soweit ein öffentlicher Veranstalter sich Erlaubnis- und Genehmigungserfordernissen für die Durchführung seiner Großveranstaltung ausgesetzt sieht oder ihm gegenüber Anordnungen auf Grundlage des allgemeinen Gefahrenabwehrrechts oder anderen speziellerer ordnungsrechtlicher Vorschriften wie dem Immissionsschutzrecht oder der Landesbauordnungen erlassen werden sollen, stellt sich – wie bereits einleitend bemerkt – die generelle Frage, ob und inwieweit Vorschriften, die an sich auf das Staat-Bürger-Verhältnis zugeschnitten ist, auch im Verhältnis zwischen den Trägern öffentlicher Verwaltung Anwendung finden können. Das Problem stellt sich dabei nur, wenn die fragliche Vorschrift ihrem Wortlaut nach ihre Anwendbarkeit zu Lasten auch von Verwaltungsträgern *nicht ausschließt*, ohne Verwaltungsträger als Adressaten der auf sie gestützten Maßnahmen ausdrücklich einzubeziehen[361] oder auszuschließen. Eine derartige Situation ist etwa gegeben, wenn allgemein alle „Anlagenbetreiber", „Grundstückseigentümer", „Verursacher", „natürliche und juristische Personen" verpflichtet werden oder schlicht formuliert wird, dass ein bestimmtes genauer beschriebenes Tun einer Erlaubnis oder Genehmigung bedarf, ohne die Person des Handelnden ausdrücklich zu benennen.

Zur Klärung der Frage, ob eine solche Norm auch auf das Verhältnis zwischen Verwaltungsträgern Anwendung findet, ist dann jedenfalls der schlichte Verweis auf diesen offenen („an sich" auch Verwaltungsträger einschließenden) Wortlaut jedoch – ebenso wie der Verweis auf die Gesetzesbindung der Verwaltung (Art. 20 Abs. 3 GG) – i. d. R. ungeeignet, weil sich der Erlass von Maßnahmen zwischen jeweils kompetenzgebundenen Verwaltungsträgern mit dem Erlass von Maßnahmen gegenüber grundrechtsgeschützten Privaten kaum vergleichen lässt und auch die Gesetzgebungskompetenz zum Erlass von Vorschriften, die das Staat-Bürger-Verhältnis betreffen, nicht selbstverständlich auch die Kompetenz

361 Dies war die Konstellation in dem bekannten „Forstpolizeiurteil": BVerwG, Urt. v. 16.1.1968 – I A 1/67 – BVerwGE 29, 52 (53): Das fragliche Landesforstgesetz bezog ausdrücklich auch „Wälder öffentlich-rechtlicher Körperschaften" in seinen Anwendungsbereich mit ein. In derartigen Fällen stellt sich „nur" die Frage, ob und ggf. inwieweit eine Inanspruchnahme auch von Verwaltungsträgern auf Grundlage derartiger Regelungen mit der Verteilung der Gesetzgebungs- und Verwaltungszuständigkeiten vereinbar ist, vgl. *U. Stelkens*, Umweltpflicht von Verwaltungsträgern, UTR 98 (2008), S. 55 (67 ff.).

umfasst, die zwischen Verwaltungsträgern bestehenden verwaltungsorganisationsrechtlichen Rechtsverhältnisse mit zu regeln.[362]

Daher kann nur dann angenommen werden, dass ein Verwaltungsrechtssatz, der sich „an sich" an Private richtet, auch der Verwaltungstätigkeit Grenzen setzt, wenn sich hierfür über den offenen Wortlaut des Rechtssatzes hinaus zusätzliche Anhaltspunkte finden lassen und sich die Anwendung dieses Rechtssatzes gegenüber Verwaltungsträgern in die Zuständigkeitsverteilungsregelungen einfügt. Zumeist prüft daher auch die Rechtsprechung, ob die Inanspruchnahme von Verwaltungsträgern auf der Grundlage von Vorschriften, die „an sich" auf das Staat-Bürger-Verhältnis zugeschnitten sind, mit verwaltungsorganisationsrechtlichen Vorgaben vereinbar ist.[363] Bei der Untersuchung, ob und inwieweit dies für die einzelnen hier behandelten Verfahren zutrifft, lässt sich erneut zwischen flächenbezogenen Erlaubnisverfahren (1), den Verfahren, die sich auf die Zulassung der Veranstaltung insgesamt beziehen (2), und den Verfahren differenzieren, die sich auf Einzelaspekte beziehen (3).

---

362 Ausführlich hierzu *U. Stelkens*, Umweltpflicht von Verwaltungsträgern, UTR 98 (2008), S. 55 (59 ff.); wie hier auch *Glöckner*, Anordnungsbefugnis der Immissionsschutzbehörden gegenüber kommunalen Anlagenbetreibern nach § 24 BImSchG, NVwZ 2003, 1207 (1208); *Jungkind*, Verwaltungsakte zwischen Hoheitsträgern, 2008, S. 132 ff.; *Schönenbroicher*, Landeshoheit und Bundesverwaltung, DVBl. 1990, 811 (812 f.); a. A. offenbar *Borowski*, Die materielle und formelle Polizeipflicht von Hoheitsträgern, VerwArch. 101 [2010], S. 58 (67 ff.); *Britz*, Abschied vom Grundsatz der fehlenden Polizeipflicht von Hoheitsträgern, DÖV 2002, 891 (893); *Kugelmann*, Polizei- und Ordnungsrecht, 2. Aufl. 2012, 8. Kapitel Rn. 13.; *Scheidler*, Gemeinden als Adressaten immissionsschutzrechtlicher Anordnungen, LKV 2008, 300 (302); *Schoch*, Polizeipflichtigkeit von Hoheitsträgern, Jura 2005, 324 (325).

363 Siehe hierzu die Nachweise bei *U. Stelkens*, Umweltpflicht von Verwaltungsträgern, UTR 98 (2008), S. 55 (62 Fn. 17); ferner BVerwG, Urt. v. 25.9.2008 – 7 A 4/07 – juris Rn. 35 ff. = NVwZ 2009, 588 Rn. 35 ff. (keine Geltung denkmalschutzrechtlicher Genehmigungserfordernisse für Bundeswasserstraßenverwaltung).

1. Flächenbezogene Erlaubnisverfahren für Großveranstaltungen

a) Gestattung der Nutzung von Grundstücken, die keine öffentlichen Straßen sind (Festplätze, Grünanlagen, fiskalische Grundstücke etc.)

Will ein öffentlicher Veranstalter für seine Großveranstaltung einen Festplatz, eine öffentliche Grünanlage oder ein sonstiges Grundstück nutzen, über das ein anderer Verwaltungsträger verfügen kann und das nicht zu einer öffentlichen Straße gewidmet ist (s. o. B. I. 3.), so ist – unabhängig davon, ob dieses Grundstück für die Durchführung von Großveranstaltungen gewidmet ist oder nicht – nicht erkennbar, aus welchem Grund der öffentliche Veranstalter ein derartiges Grundstück ohne vorherige Gestattung durch den verfügungsberechtigten Verwaltungsträger nutzen können sollte. Ebenso wenig ist ein Grund ersichtlich, weshalb diese Gestattung nicht von grundsätzlich ähnlichen Bedingungen abhängig gemacht werden können sollte als sie gegenüber privaten Veranstaltern gestellt würden.[364] Allenfalls wird man etwa unter dem Gesichtspunkten der Amtshilfe (Art. 35 Abs. 1 GG) oder der allgemeinen Pflicht zur Kooperation, Abstimmung und wechselseitigen Rücksichtnahme zwischen Verwaltungsträgern[365] eine Pflicht des verfügungsberechtigten Verwaltungsträgers herleiten können, die besonderen Interessen des öffentlichen Veranstalters an der Nutzung der konkreten Fläche für seine Großveranstaltung angemessen zu berücksichtigen.

b) Straßenrechtliche Sondernutzungserlaubnis

Dass auch Verwaltungsträger, wenn sie Straßen über den Gemeingebrauch hinaus benutzen, einer Sondernutzungserlaubnis bedürfen, wird in der aktuellen straßenrechtlichen Literatur offenbar als selbstverständlich vorausgesetzt, da hierauf nicht gesondert eingegangen wird. Allenfalls wird etwa betont, dass z. B. der Bundeswehr, soweit ihre Fahrzeuge am Straßenver-

---

364 Vgl. hierzu *U. Stelkens*, Verwaltungsprivatrecht, S. 818 ff.

365 Diese öffentlich-rechtliche Pflicht wird oft aus der Bundestreue hergeleitet (vgl. BVerwG, Urt. v. 28.7.1989 – 7 C 65/88 – juris Rn. 7 = BVerwGE 82, 266 [268 f.]), gilt aber auch für das Rechtsverhältnis zwischen Verwaltungsträgern innerhalb eines Landes und für die Kooperation zwischen Behörden verschiedener Länder.

kehr teilnehmen, der Gemeingebrauch an den Straßen genau so offen steht wie Privatpersonen.[366] Tatsächlich spricht insbesondere der dem Straßenrecht zu Grunde liegende Grundsatz der Gleichbehandlung aller Straßennutzer dafür, Verwaltungsträger, die in Erfüllung der ihr übertragenen Aufgaben die Straße nutzen, nicht anders als Private der Sondernutzungserlaubnispflicht zu unterwerfen – auch um insoweit den primären Widmungszweck der Straße zum öffentlichen Verkehr *durch jedermann* sicherzustellen.[367] Dementsprechend ist in der Rechtsprechung dieser Grundsatz wohl lange Zeit für selbstverständlich gehalten worden.[368]

Allerdings hat das BVerwG 1989 einmal angenommen, dass Kraftfahrzeuge der früheren (hoheitlich handelnden) Bundespost aus dienstlichen Gründen auch solche öffentlichen Straßen ohne Sondernutzungserlaubnis benutzen dürfen, die nicht dem Kraftfahrzeugverkehr gewidmet sind:

> „Allerdings hat der Träger der Straßenbaulast bei Wahrnehmung seiner Befugnis, durch Widmung die Verkehrsaufgabe einer Straße zu bestimmen, bundesrechtlich vorgegebene Schranken zu beachten, die sich aus dem Wesen dieses Aktes der Daseinsvorsorge ergeben. Öffentliche Verkehrsflächen dienen seit jeher nicht nur dem Individualverkehr, sondern im Allgemeininteresse auch Trägern öffentlicher Aufgaben zur Erfüllung ihrer Pflichten. Das gilt für ordnungsrechtliche Tätigkeiten (z.B. Polizei und Feuerwehr) ebenso wie für Aufgaben der Leistungsverwaltung (Post, Abfallentsorgung). Im innerörtlichen Bereich kommt diese Zweckbestimmung auch dadurch zum Ausdruck, daß Grundstücke im allgemeinen nur erschlossen und damit bebaubar sind, wenn sie über öffentliche Straßen für bestimmte öffentliche Dienste mit Fahrzeugen zugänglich sind. Ist ein solcher Aufgabenträger auf die Benutzung öffentlicher Verkehrswege mit Kraftfahrzeugen angewiesen, würde ein genereller Ausschluß von der Benutzungsmöglichkeit seinerseits zu ordnungswidrigen Zuständen, nämlich zur Funktionsbeeinträchtigung einer Verwaltungseinrichtung, führen. Jeder Träger öffentlicher Verwaltung ist an den im Bundesstaatsprinzip verankerten Grundsatz der Bundestreue und die daraus folgende Pflicht staatlicher Organe zu "gemeinschaftsfreundlichem Verhalten" gebunden (vgl. dazu Herzog in Maunz/Dürig/Herzog/Scholz, GG, Art. 20 Rdnr. 64). Darunter ist die Verpflichtung eines Hoheitsträgers zu verstehen, im Interesse einer funktionierenden gesamtstaatlichen Ordnung nicht nur die Tätigkeit anderer Verwaltungseinrichtungen nicht zu behindern, sondern mit diesen zusammenzuar-

366 *Stahlhut*, in: Kodal (Begr.), Straßenrecht, 7. Aufl. 2010, Kap. 25 Rn. 81.

367 Deutlich *Lorenz*, Die Bedeutung der Sonderrechte gemäß § 35 StVO in ihrem Verhältnis zum Straßenrecht, DÖV 1990, 517 (520).

368 S. etwa RG, Urt. v. 21. 9. 1898 – IV 421/96 – RGZ 42, 205 ff.: Hier wurde als selbstverständlich vorausgesetzt, dass die Reichspost für die Errichtung von Telegraphenmasten auf Straßengrund einer Sondernutzungsgestattung der zuständigen Gemeinde bedürfe – dies führte zum Erlass des Telegraphenwegegesetzes, s. hierzu *U. Stelkens*, TKG-Wegerecht, 2010, § 68 Rn. 5 ff.

> beiten, soweit es für deren ordnungsgemäße Aufgabenerfüllung geboten ist und soweit es die Erfüllung der eigenen Aufgaben zuläßt. Diese Pflicht zu Kooperation, Abstimmung und gegenseitiger Rücksichtnahme verbietet es, die im Allgemeininteresse unumgängliche Benutzung einer öffentlichen Straße als die von einer Erlaubnis abhängige Gewährung eines Benutzungsrechts anzusehen, wie dies in der Rechtskonstruktion der Sondernutzungserlaubnis angelegt ist. Vielmehr ist ein zulassungsfreier "Allgemeingebrauch" für bestimmte öffentliche Aufgaben – unter noch zu erörternden Einschränkungen – von vornherein mit jeder Widmung einer Straße zum öffentlichen Verkehr eröffnet. Darin liegt um so weniger eine unzulässige Beeinträchtigung der straßenrechtlichen Widmungshoheit des Baulastträgers, als es nicht um eine umfassende und ständige, sondern nur um eine nach Zweck, Anlaß und Dauer eingegrenzte Inanspruchnahme der Straßen geht."[369]

Aus dieser Entscheidung lässt sich aber kein allgemeiner Grundsatz herleiten, alle Verwaltungsträger bedürften für die „dienstliche“ Sondernutzung öffentlicher Straßen keiner Sondernutzungserlaubnis. Dies soll hiernach allenfalls dann gelten, wenn das Sondernutzungsrecht zur Erfüllung der ihnen übertragenen Pflichtaufgaben unumgänglich ist.[370] Es sind jedoch keine Fälle ersichtlich, in denen ein Verwaltungsträger zur Durchführung einer konkreten Großveranstaltung auf einer konkreten Straßenfläche gesetzlich zwingend verpflichtet ist, so dass aus der Entscheidung des BVerwG von 1989 für die Fälle der Nutzung von öffentlichen Straßen für Großveranstaltungen von Verwaltungsträgern nichts hergeleitet werden kann.

Unabhängig davon ist diese Entscheidung zu Recht mit dem Argument kritisiert worden, dass der Umstand, dass ein Verwaltungsträger zur Erfüllung seiner Aufgaben zwingend auf die Sondernutzung angewiesen ist, nicht zwingend rechtfertigt, ihn auch vom Erfordernis einer Sondernutzungserlaubnis freizustellen. Vielmehr sei gerade das Sondernutzungser-

---

369 BVerwG, Urt. v. 28.7.1989 – 7 C 65/88 – juris Rn. 7 = BVerwGE 82, 266 (268 f.).

370 Weitere Fälle einer solchen Unumgänglichkeit von Sondernutzungen durch Verwaltungsträger können sich in den von § 35 StVO genannten Konstellationen ergeben, wenn die dort straßenverkehrsrechtlich erlaubte Straßennutzung die straßenrechtliche Widmung überschreitet: Beispiele hierfür bei *Eiffler*, Zum Verhältnis von straßenverkehrlichen Sonderrechten und straßenrechtlichen Sondernutzungen, NZV 2000, 319 (320); *Lorenz*, Die Bedeutung der Sonderrechte gemäß § 35 StVO in ihrem Verhältnis zum Straßenrecht, DÖV 1990, 517 f. Die h. M. nimmt jedoch wohl an, dass jeder Fall der Inanspruchnahme von Sonderrechten nach § 35 StVO vom Gemeingebrauchsrecht gedeckt ist: *Stahlhut*, in: Kodal (Begr.), Straßenrecht, 7. Aufl. 2010, Kap. 25 Rn. 94.

laubnisverfahren mit seiner Verteilungsfunktion der richtige Ort, um im Rahmen der Ermessensausübung zu einem Ausgleich zwischen den von der Sondernutzung berührten straßenrechtlichen Belangen und den Nutzungsnotwendigkeiten zu erlangen, die sich aus der dem antragstellenden Verwaltungsträger zugewiesenen Aufgaben ergeben. Ist die antragstellende Behörde auf die Sondernutzungserlaubnis zur Erfüllung ihr gesetzlich zugewiesener Pflichtaufgaben zwingend angewiesen, kann dem durch eine entsprechende Ermessensreduzierung bei der Frage, ob eine Sondernutzungserlaubnis erteilt werden soll, Rechnung zu tragen sein, ohne dass deshalb etwa die Möglichkeit entfallen muss, durch Nebenbestimmungen zur Sondernutzungserlaubnis das „Wie" der Straßennutzung gesondert zu regeln.[371] Die Entscheidung des BVerwG zur Sondernutzungserlaubnisfreiheit der Bundespost hat daher – soweit ersichtlich – in Bezug auf sonstige Verwaltungsträger bisher zu Recht keine Nachfolger gefunden.

c) Straßenverkehrsrechtliche Erlaubnisse und Ausnahmegenehmigungen

Dass das Straßenverkehrsrecht auch für Verwaltungsträger gilt und damit für sie ggf. die Notwendigkeit besteht, für die Durchführung einer Großveranstaltung Erlaubnisse nach § 29 Abs. 2 und 3 StVO oder Ausnahmegenehmigungen nach § 46 StVO einzuholen, ergibt sich unmissverständlich aus § 35 StVO, der die Sonderrechte der Verwaltung im Straßenverkehr abschließend aufzählt und damit den Umkehrschluss gebietet, dass für Verwaltungsträger im Übrigen die Regelungen der StVO in der Form gelten, wie sie auch gegenüber und zwischen Privaten Anwendung finden.[372] § 35 StVO lautet:

„§35 Sonderrechte

> (1) Von den Vorschriften dieser Verordnung sind die Bundeswehr, die Bundespolizei, die Feuerwehr, der Katastrophenschutz, die Polizei und der Zolldienst befreit, soweit das zur Erfüllung hoheitlicher Aufgaben dringend geboten ist.

---

371 *Lorenz*, Die Bedeutung der Sonderrechte gemäß § 35 StVO in ihrem Verhältnis zum Straßenrecht, DÖV 1990, 517 (520 f.); *Schönenbroicher*, Landeshoheit und Bundesverwaltung, DVBl. 1990, 811 (816 f.); ablehnend auch *Eiffler*, Zum Verhältnis von straßenverkehrlichen Sonderrechten und straßenrechtlichen Sondernutzungen, NZV 2000, 319 (320).

372 Deutlich *Scholz*, Zur Polizeipflicht von Hoheitsträgern, DVBl. 1968, 732 (735).

(1a) Absatz 1 gilt entsprechend für ausländische Beamte, die auf Grund völkerrechtlicher Vereinbarungen zur Nacheile oder Observation im Inland berechtigt sind.

(2) Dagegen bedürfen diese Organisationen auch unter den Voraussetzungen des Absatzes 1 der Erlaubnis, wenn sie mehr als 30 Kraftfahrzeuge im geschlossenen Verband (§ 27) fahren lassen wollen, im Übrigen bei jeder sonstigen übermäßigen Straßenbenutzung mit Ausnahme der nach § 29 Absatz 3 Satz 2.

(3) Die Bundeswehr ist über Absatz 2 hinaus auch zu übermäßiger Straßenbenutzung befugt, soweit Vereinbarungen getroffen sind.

(4) Die Beschränkungen der Sonderrechte durch die Absätze 2 und 3 gelten nicht bei Einsätzen anlässlich von Unglücksfällen, Katastrophen und Störungen der öffentlichen Sicherheit oder Ordnung sowie in den Fällen der Artikel 91 und 87a Absatz 4 des Grundgesetzes sowie im Verteidigungsfall und im Spannungsfall.

(5) Die Truppen der nichtdeutschen Vertragsstaaten des Nordatlantikpaktes sind im Falle dringender militärischer Erfordernisse von den Vorschriften dieser Verordnung befreit, von den Vorschriften des § 29 allerdings nur, soweit für diese Truppen Sonderregelungen oder Vereinbarungen bestehen.

(5a) Fahrzeuge des Rettungsdienstes sind von den Vorschriften dieser Verordnung befreit, wenn höchste Eile geboten ist, um Menschenleben zu retten oder schwere gesundheitliche Schäden abzuwenden.

(6) Fahrzeuge, die dem Bau, der Unterhaltung oder Reinigung der Straßen und Anlagen im Straßenraum oder der Müllabfuhr dienen und durch weiß-rot-weiße Warneinrichtungen gekennzeichnet sind, dürfen auf allen Straßen und Straßenteilen und auf jeder Straßenseite in jeder Richtung zu allen Zeiten fahren und halten, soweit ihr Einsatz dies erfordert, zur Reinigung der Gehwege jedoch nur, wenn die zulässige Gesamtmasse bis zu 2,8 t beträgt. Dasselbe gilt auch für Fahrzeuge zur Reinigung der Gehwege, deren zulässige Gesamtmasse 3,5 t nicht übersteigt und deren Reifeninnendruck nicht mehr als 3 bar beträgt. Dabei ist sicherzustellen, dass keine Beschädigung der Gehwege und der darunter liegenden Versorgungsleitungen erfolgen kann. Personen, die hierbei eingesetzt sind oder Straßen oder in deren Raum befindliche Anlagen zu beaufsichtigen haben, müssen bei ihrer Arbeit außerhalb von Gehwegen und Absperrungen auffällige Warnkleidung tragen.

(7) Messfahrzeuge der Bundesnetzagentur für Elektrizität, Gas, Telekommunikation, Post und Eisenbahn (§ 1 des Gesetzes über die Bundesnetzagentur) dürfen auf allen Straßen und Straßenteilen zu allen Zeiten fahren und halten, soweit ihr hoheitlicher Einsatz dies erfordert.

(7a) 1Fahrzeuge von Unternehmen, die Universaldienstleistungen nach § 11 des Postgesetzes in Verbindung mit § 1 Nummer 1 der Post-Universaldienstleistungsverordnung erbringen oder Fahrzeuge von Unternehmen, die in deren Auftrag diese Universaldienstleistungen erbringen (Subunternehmer), dürfen abweichend von Anlage 2 Nummer 21 (Zeichen 242.1) Fußgängerzonen auch außerhalb der durch Zusatzzeichen angeordneten Zeiten für Anlieger- und Anlieferverkehr benutzen, soweit dies zur zeitgerechten Leerung von Briefkästen oder zur Abholung von Briefen in stationären Einrichtungen erforderlich ist. 2Ferner dürfen die in Satz 1 genannten Fahrzeuge abweichend von § 12 Absatz 4 Satz 1 und Anlage 2 Nummer 62 (Zeichen 283), Nummer 63 (Zeichen 286) und Nummer 64 (Zeichen 290.1) in einem Bereich von 10 m vor oder hinter einem Briefkasten auf der Fahrbahn auch in zweiter Reihe kurzfristig parken, soweit dies mangels geeigneter anderweitiger Parkmöglichkeiten in diesem Bereich zum Zwecke der Leerung von Briefkästen erforderlich ist. 3Die Sätze 1 und 2 gelten nur, soweit ein Nachweis zum Erbringen der Universaldienstleistung oder zusätzlich ein Nachweis über die Beauftragung als Subunternehmer im Fahrzeug jederzeit gut sichtbar ausgelegt oder angebracht ist. 4§ 2 Absatz 3 in Verbindung mit Anhang 3 Nummer 7 der Verordnung zur Kennzeichnung der Kraftfahrzeuge mit geringem Beitrag zur Schadstoffbelastung vom 10. Oktober 2006 (BGBl. I S. 2218), die durch Artikel 1 der Verordnung vom 5. Dezember 2007 (BGBl. I S. 2793) geändert worden ist, ist für die in Satz 1 genannten Fahrzeuge nicht anzuwenden.

(8) Die Sonderrechte dürfen nur unter gebührender Berücksichtigung der öffentlichen Sicherheit und Ordnung ausgeübt werden.“

Insbesondere aus § 35 Abs. 2 StVO folgt damit, dass für die Durchführung von Großveranstaltungen auf öffentlichen Verkehrsflächen auch Verwaltungsträger einer Erlaubnis nach § 29 Abs. 2 StVO bedürfen, da die Regelungen der StVO über Sonderrechte der Verwaltung im Straßenverkehr eindeutig abschließend sind.

2. Verfahren, die sich auf die Zulassung der Großveranstaltung insgesamt beziehen

a) Festsetzungsverfahren nach § 69 GewO

Es entspricht allgemeiner Auffassung, dass eine Gemeinde oder ein sonstiger öffentlicher Veranstalter als Veranstalter eines Volksfests i. S. des § 60b GewO oder einer anderen festsetzungsfähigen Veranstaltung i. S. der §§ 64 bis 68 GewO eine Marktfestsetzung nach § 69 GewO beantragen kann. Bei Vorliegen seiner Voraussetzungen besteht dann auch einen entsprechenden Festsetzungsanspruch, auch wenn dieser nicht grundrechtlich gerechtfertigt werden kann.[373] Dies wird zumeist damit begründet, dass der Antragsteller nicht selbst Gewerbetreibender i. S. der GewO sein müs-

373 *Ehlers*, in: Besonderes Verwaltungsrecht – Band 1: Öffentliches Wirtschaftsrecht, 3. Aufl. 2012, § 19 Rn. 77; *Wirth*, Die Festsetzung von Märkten in gemeindlicher Trägerschaft, GewArch 1986, 186 (187).

se, da die §§ 64 ff. GewO insofern neutral formuliert seien.[374] Ergänzend lässt sich darauf hinweisen, dass die Möglichkeit, Veranstaltungen nach § 69 GewO festsetzen zu lassen, kein Zulassungserfordernis (Verbot mit Erlaubnisvorbehalt) formuliert, sondern die Festsetzung ausschließlich die Marktprivilegien (und bestimmte Veranstalterpflichten) zur Entstehung bringt (s. o. B II. 1. a). Es sind aber keine Gründe erkennbar, die es ausschließen würden, auch an Veranstaltungen der öffentlichen Hand Marktprivilegien durch Marktfestsetzung zu gewähren.

b) Baugenehmigungsverfahren

Dass die Vorschriften des Bauordnungsrechts – und damit auch die Regelungen über die Erteilung von Baugenehmigungen – im Grundsatz auch für die Errichtung und Nutzungsänderung baulicher Anlagen durch Verwaltungsträger gelten, lässt sich aus einem Umkehrschluss aus den Regelungen der Landesbauordnungen[375] entnehmen, die für Vorhaben bestimmter öffentlicher Bauherren unter bestimmten Voraussetzungen eine Befreiung vom Erfordernis einer Baugenehmigung vorsehen und diese durch eine „Zustimmung" der Bauaufsichtsbehörde ersetzen, deren Prüfprogramm gegenüber der Baugenehmigung v. a. im Hinblick auf bestimmte bautechnische Fragen begrenzt ist.[376] Dabei wird allgemein angenommen, dass es sich bei dieser „Zustimmung" nicht um ein Verwaltungsinternum, sondern – wie bei einer normalen Baugenehmigung – um einen Verwaltungsakt i. S. des § 35 VwVfG handelt.[377] Im Ergebnis ist dementsprechend unstrittig, dass auch Verwaltungsträger einer „Bauordnungspflicht" unterliegen und die zuständigen Bauaufsichtsbehörden ihnen ge-

---

374 *Ennuschat*, in: Tettinger/Wank/Ennuschat, Gewerbeordnung, 8. Aufl. 2011, § 69 Rn. 14; *Schönleiter*, in: Landmann/Rohmer (Begr.), Gewerbeordnung, Loseblatt, § 69 Rn. 8.

375 § 70 LBO BW; Art. 73 BayBO; § 76 BerlBauO; § 72 BbgBO; § 79 BremLBO; § 64 HmbBauO; § 69 HessBauO; § 77 LBauO MV; § 74 NdsBauO; § 80 BauO NRW; § 83 LBauO RhPf; § 62 SaarlLBO; § 77 SächsBO; § 76 BauO LSA; § 77 LBO SH; § 75 ThürBO.

376 *Finkelnburg/Ortloff/Otto*, Öffentliches Baurecht II, 6. Aufl. 2010, S. 99 f.; *Grotefels*, in: Hoppe/Bönker/Grotefels, Öffentliches Baurecht, 4. Aufl. 2010, § 16 Rn. 19.

377 S. hierzu die Nachw. bei *U. Stelkens* in: P. Stelkens/Bonk/Sachs (Hrsg.), VwVfG, 8. Aufl. 2014, § 35 Rn. 189.

genüber gestützt auf die bauordnungsrechtlichen Vorschriften Anordnungen treffen können.[378]

c) Erlaubnisverfahren nach Art. 19 Abs. 3 BayLStVG und § 42 Abs. 3 ThürOBG

Ob in Bayern und Thüringen auch öffentliche Veranstalter von „Vergnügungen" einer Erlaubnis nach Art. 19 Abs. 3 BayLStVG und § 42 Abs. 3 ThürOBG bedürfen, wird – soweit ersichtlich – weder in der Rechtsprechung noch in der Literatur behandelt. Die bayerische VollzBekLStVG[379] sagt zu dieser Frage ebenfalls nichts. Der Wortlaut der Bestimmungen ist insoweit neutral.

Insoweit könnte sich jedoch aus der Stellung der Vorschriften in den allgemeinen Gefahrenabwehrgesetzen Bayerns und Thüringens ergeben, dass auf sie die Grundsätze Anwendung finden sollen, die nach wohl (jedenfalls noch) herrschender Meinung zur sogenannten fehlenden „formellen Polizeipflicht von Hoheitsträgern" herangezogen werden. Soweit es um die Anordnung von Gefahrenabwehrmaßnahmen geht, wird nämlich vielfach angenommen, die Gefahrenabwehrbehörden seien im Zweifel nicht ermächtigt, auf Grundlage der ihnen zustehenden allgemeinen Gefahrenabwehrbefugnisse auch Anordnungen gegenüber Verwaltungsträgern zu erlassen, die sich unmittelbar auf die Erfüllung derjenigen Aufgaben auswirken, für die der in Anspruch genommene Verwaltungsträger zuständig ist. Denn die allgemeinen Gefahrenabwehrbehörden seien keine Oberbehörden, die die Beachtung des Grundsatzes der Gesetzmäßigkeit der Verwaltung durch andere Verwaltungsträger zu überwachen hätten. Es gebe zur Durchsetzung der Rechtsbindung der öffentlichen Hand spezielle, gesetzlich vorgesehene Mechanismen, die von den Gefahrenabwehrbehörden nicht einfach umgangen werden dürften. Würden die allgemeinen, nicht ausdrücklich auf Hoheitsträger bezogenen Befugnisnormen für Eingriffe in hoheitliche Tätigkeiten ausreichen, wären letztlich die Gefahrenabwehrbehörden befugt, über die Unverletzlichkeit der Rechtsordnung als Schutzgut der öffentlichen Sicherheit jeden vermeintlichen Rechtsverstoß

378 Siehe nur *Lechner*, in: Simon/Busse (Begr. und Hrsg.), Bayerische Bauordnung, Loseblattsammlung, Art. 73 Rn. 57d. Deutlich auch *Scholz*, Zur Polizeipflicht von Hoheitsträgern, DVBl. 1968, 732 (735).

379 Fn. 251.

anderer Verwaltungsträger zu verfolgen. Dies sei mit der grundsätzlichen Gleichordnung aller Verwaltungsträger außerhalb echter Aufsichtsverhältnisse unvereinbar. Aus dieser Gleichordnung folge vielmehr, dass jeder Verwaltungsträger grundsätzlich für die Ordnungsgemäßheit der Erfüllung der ihm obliegenden Aufgaben selbst verantwortlich sei.[380]

Diese (ungeschriebenen) Grundsätze, nach denen die allgemeinen Polizei- und Gefahrenabwehrbehörden gegenüber Verwaltungsträgern keine Gefahrenabwehrverfügungen erlassen dürfen, jedenfalls soweit derartige Verfügung deren hoheitlichen Tätigkeitsbereich betreffen würden, werden jedoch zunehmend in Zweifel gezogen.[381] Alle denkbaren Argumente zur Frage der Polizeipflicht von Hoheitsträgern sind insoweit aber auch in der jüngeren Literatur erneut ausgetauscht worden, so dass sich dem an dieser Stelle nichts hinzufügen lässt. Ob diese Grundsätze nach wie vor Geltung beanspruchen bzw. ob sie überhaupt eine Berechtigung haben, kann daher hier weder allgemein noch speziell für den Fall der Art. 19 Abs. 3 BayLStVG und § 42 Abs. 3 ThürOBG endgültig geklärt werden. Allerdings ist darauf hinzuweisen, dass nur in sehr wenigen Fällen bisher angenommen worden ist, dass diese Grundsätze auch Erlaubnispflichten gegenüber Hoheitsträgern entfallen lassen.[382]

Speziell für eine Erlaubnispflicht auch von Veranstaltungen öffentlicher Veranstalter nach Art. 19 Abs. 3 BayLStVG und § 42 Abs. 3 ThürOBG könnte v. a. sprechen, dass es sich bei Art. 19 Abs. 3 BayLStVG und § 42 Abs. 3 ThürOBG um Vorschriften handelt, die den besonderen Gefahren von Großveranstaltungen Rechnung tragen sollen. Es soll eine Vorabprüfung der Veranstaltung durch eine insbesondere mit den örtlichen Gegebenheiten vertraute Behörde (den Gemeindebehörden nämlich) ermöglicht werden. Zudem wird durch die Annahme einer Erlaubnispflicht auch zu

---

380 So *Denninger*, in: Lisken/Denninger (Hrsg.), Handbuch des Polizeirechts, 5. Aufl. 2012, D Rn. 95 ff.; *Jungkind*, Verwaltungsakte zwischen Hoheitsträgern, 2008, S. 136 ff.; *Pieroth/Schlink/Kniesel*, Polizei- und Ordnungsrecht mit Versammlungsrecht, 7. Aufl. 2012, § 5 Rn. 38 f.; *Schenke*, Polizei- und Ordnungsrecht, 7. Aufl. 2011, § 4 Rn. 233 ff.

381 So bei *Borowski*, Die materielle und formelle Polizeipflicht von Hoheitsträgern, VerwArch. 101 [2010], S. 58 (73 ff.); *Britz*, Abschied vom Grundsatz der fehlenden Polizeipflicht von Hoheitsträgern, DÖV 2002, 891ff.; *Götz*, Allgemeines Polizei- und Ordnungsrecht, 15. Aufl. 2013, § 9 Rn. 76 ff:; *Kugelmann*, Polizei- und Ordnungsrecht, 2. Aufl. 2012, 8. Kapitel Rn. 12 ff.; *Schoch*, Polizeipflichtigkeit von Hoheitsträgern, Jura 2005, 324 (326 ff.).

382 So aber für naturschutzrechtliche Erlaubnisverfahren: *Gebhard*, Polizeipflichtigkeit der Hoheitsträger, DÖV 1986, 545 (551 ff.).

Lasten von Verwaltungsträgern, deren Befugnis, in Wahrnehmung ihrer ihnen gesetzlich zugewiesenen Aufgaben auch Großveranstaltungen durchzuführen, letztlich nicht beschränkt. Im Ergebnis erscheint es daher als wahrscheinlicher, dass die Gerichte eine Geltung der Art. 19 BayLStVG und § 42 ThürOBG auch zu Lasten von Verwaltungsträgern für anwendbar halten werden als die Annahme, dass sie insoweit die ungeschriebenen und umstrittenen Grundsätze über die fehlende „formelle Polizeipflicht von Hoheitsträgern" für einschlägig halten werden.

3. Verfahren, die sich auf einzelne Aspekte einer Großveranstaltung beziehen

Soweit Fachbehörden auf Grundlage spezieller Ermächtigungen Maßnahmen treffen können, um von Großveranstaltungen ausgehende Gefahren für die Umwelt oder die Besucher oder Anlieger zu bekämpfen, wird man mittlerweile annehmen können, dass insoweit durchgehend auch eine Anordnungs- und Überwachungsbefugnis (auch) gegenüber öffentlichen Veranstaltern besteht. Insoweit hat das BVerwG etwa zuletzt in einer ausführlich begründeten Entscheidung vom 25. 7. 2002[383] betont, dass sich aus der Gesamtsystematik des BImSchG ergebe, dass die Immissionsschutzbehörden auf seiner Grundlage auch Maßnahmen gegenüber Verwaltungsträgern treffen können. Dem ist zuzustimmen: Soweit begründet werden kann, dass die sich aus einem bestimmten Fachgesetz ergebenden Pflichten materiell nicht nur Private sondern auch Verwaltungsträger bei der Erfüllung ihrer Aufgaben binden, folgt hieraus – bei Fehlen von Ausnahmebestimmungen –, dass insoweit die zuständigen Fachbehörden dann auch zuständig sind, auf die Einhaltung dieser fachrechtlichen Vorgaben durch den hieran gebundenen Verwaltungsträger hinzuwirken. Diesen Behörden stehen insoweit zudem grundsätzlich dieselben Handlungsinstrumente zu, wie gegenüber Privaten, sofern nicht im entsprechenden Fachgesetz selbst – durch Ausnahmebestimmungen – Gegenteiliges zum Ausdruck kommt.[384]

---

383 BVerwG, Urt. v. 25.7.2002 – 7 C 24/01 – juris Abs. 7 ff. = BVerwGE 117, 1 (2 ff.).

384 Ausführlich hierzu *U. Stelkens*, Umweltpflicht von Verwaltungsträgern, UTR 98 (2008), S. 55 (68 ff.).

Daher sind die zuständigen Behörden etwa auch dann zum Erlass von Anordnungen nach § 24 BImSchG (s. o. B. III. 2.) oder von Maßnahmen nach dem Brandschutzrecht (s. o. B. III. 3) oder dem Gaststättenrecht[385] (s. o. B. III. 5. a) befugt, wenn es um eine Maßnahme zur Sicherung einer von einem Verwaltungsträger veranstalteten Großveranstaltung geht.

4. Ergebnis zu I

Insgesamt ist damit davon auszugehen, dass öffentliche Veranstalter bei Großveranstaltungen denselben Genehmigungserfordernissen und Ordnungspflichten unterliegen, die auch für private Veranstalter gelten, wobei allerdings in Bezug auf die Erlaubnispflicht nach Art. 19 Abs. 3 BayLStVG und § 42 Abs. 3 ThürOBG gewisse Restzweifel im Hinblick auf den tradierten Grundsatz der fehlenden „formellen Polizeipflichtigkeit von Hoheitsträgern“ bleiben.

II. Möglichkeit von „In-sich-Verfahren“

Werden einem öffentlichen Veranstalter Genehmigungen und Erlaubnisse von der Behörde eines anderen Verwaltungsträgers erteilt oder werden ihm gegenüber von einer Behörde eines anderen Verwaltungsträgers Anordnungen auf Grundlage von Vorschriften getroffen, die „an sich“ auf das Staat-Bürger-Verhältnis zugeschnitten sind, so steht nach dem bisher Gesagten fest, dass derartige Maßnahmen dieselbe Rechtsnatur haben wie die Maßnahmen, die auf derselben Rechtsgrundlage gegenüber einem Bürger erlassen werden, und dass sich das auf ihren Erlass gerichtete Verwaltungsverfahren insoweit i. d. R. nach den §§ 9 ff. VwVfG rich-

385 Dass die Gaststättengesetze auch gegenüber Gastwirtschaften der öffentlichen Verwaltung anzuwenden sind, ergibt sich (außer in Thüringen, wo eine entsprechende Vorschrift fehlt) aus einem Umkehrschluss aus den Vorschriften der Gaststättengesetze, die u. a. die Kantinen der Bundeswehr und der Bundespolizei aus ihrem Anwendungsbereich ausnehmen (§ 25 Abs. 1 Satz 1 GastG Bund; § 1 Abs. 3 BbgGastG; § 11 Nr. 1 BremGastG; § 1 Abs. 5 Nr. 1 HessGastG; § 1 Abs. 4 Satz 1 NdsGastG; § 13 SaarlGastG (s. a. Fn. 307); § 1 Abs. 3 SächsGastG), und damit erkennbar voraussetzen, dass sie im Übrigen auch gegenüber Verwaltungsträgern Anwendung finden sollen.

tet.[386] Dies wird allerdings teilweise für die Fälle bestritten, in denen eine Behörde auf derartiger Rechtsgrundlage eine Maßnahme gegenüber ihrem eigenen Rechtsträger erlässt.

So wird etwa angenommen, dass die Erteilung einer straßenrechtlichen Sondernutzungserlaubnis dann nicht in Betracht komme, wenn Sondernutzungen von anderen „stationes fisci" des Baulastträgers in Anspruch genommen würden. Denn die Baulastträgerkörperschaft nutze dann die Straße für eigene Zwecke, so dass an die Stelle der Erlaubnis nur eine Verwaltungsvereinbarung der beteiligten Dienststellen trete.[387] Entsprechend wird vielfach nur vom Vorliegen eines Verwaltungsinternums ausgegangen (das aber dieselben Rechtsfolgen wie eine „normale Festsetzung habe), wenn für die Marktfestsetzung nach § 69 GewO die Gemeinden zuständig sind und die Gemeinde dann letztlich bei sich selbst die Festsetzung eines Marktes beantragt.[388]

Mittlerweile entspricht es aber grundsätzlich allgemeiner Auffassung, dass eine Behörde jedenfalls dann, wenn sie einen gleichartigen Verwaltungsakt auch gegenüber einem Privaten hätte erlassen können, auch gegenüber dem eigenen Rechtsträger Verwaltungsakte – also Maßnahmen mit Außenwirkung – erlassen kann, und dass in derartigen „In-Sich-Verfahren" auch die „normalen" verwaltungsverfahrensrechtlichen Bestimmungen der §§ 9 ff. VwVfG gelten.[389] Bezogen auf die Marktfestsetzung hat der VGH Kassel etwa ausdrücklich entschieden:

---

386 Siehe oben bei Fn. 360.

387 *Stahlhut*, in: Kodal (Begr.), Straßenrecht, 7. Aufl. 2010, Kap. 27 Rn. 27.

388 *Ehlers*, in: Ehlers/Fehling/Pünder (Hrsg.) Besonderes Verwaltungsrecht – Band 1: Öffentliches Wirtschaftsrecht, 3. Aufl. 2012, § 19 Rn. 79; *Hösch*, Rechtsschutz gegen die Nichtzulassung auf festgesetzten Märkten, GewArch 1996, 402 (404); *Spannowsky,* Vergabe von Standplätzen auf Volksfesten, Messen und Märkten an EU-ausländische Anbieter, GewArch 1995, 265 (268); ähnliche Probleme sehen *Ennuschat* (in: Tettinger/Wank/Ennuschat, Gewerbeordnung, 8. Aufl. 2011, § 69 Rn. 47) und *Wirth* (Die Festsetzung von Märkten in gemeindlicher Trägerschaft, GewArch 1986, 186 [188]), die sie aber in derartigen Fällen durch eine „Umdeutung" der Festsetzung zu einer öffentlich bekannt zu gebende Allgemeinverfügung zu vermeiden versuchen (hiergegen *U. Stelkens* in: P. Stelkens/Bonk/Sachs [Hrsg.], VwVfG, 8. Aufl. 2014, § 35 Rn. 295).

389 *Jungkind*, VA zwischen Hoheitsträgern, 2008, S. 46 ff.; ferner *Kniesel,* Veranstaltung traditioneller Märkte durch Kommunen, GewArch 2013, 270 (271); *Steinweg,* Verwaltungsaktcharakter einer zugunsten des eigenen Verwaltungsträgers vorgenommenen marktverkehrsrechtlichen Festsetzung nach § 69 Abs. 1 GewO, GewArch 2004, 101 ff.; *U. Stelkens* in: P. Stelkens/Bonk/Sachs [Hrsg.], VwVfG, 8. Aufl. 2014, § 35 Rn. 190.

> „Das Verwaltungsgericht sieht in dieser Festsetzung vielmehr zu Recht einen von der Antragstellerin mit Widerspruch und Klage angreifbaren Verwaltungsakt. Der gegenteiligen Auffassung der Antragsgegnerin, bei der Marktfestsetzung zu Gunsten der Stadt handele es sich um eine "intrakorporale Umsetzungsmaßnahme", der mangels Außenwirkung die Qualität eines Verwaltungsakts abzusprechen sei, kann nicht zugestimmt werden. Soweit keine funktionale Identität der Aufgabenerfüllung vorliegt, können Regelungen mit Außenwirkung von einer Behörde auch gegenüber dem eigenen Rechtsträger getroffen werden. Um einen solchen Fall geht es hier. Denn die Stadt handelt einerseits – bei der Marktfestsetzung – als Festsetzungsbehörde auf Grund einer ihr als Pflichtaufgabe übertragenen gesetzlichen Zuständigkeit; und sie nimmt andererseits – in der Eigenschaft als Veranstalterin, die eine Marktfestsetzung nach § 69 der Gewerbeordnung (GewO) beantragt und erhält – eine Aufgabe wahr, die, wenn sie sich ihrer nicht freiwillig auf der Grundlage ihres Selbstverwaltungsrechts annähme, ebenso gut durch einen privaten Veranstalter erfüllt werden könnte. Stellt sich für diesen die begehrte Marktfestsetzung als ein begünstigender Verwaltungsakt dar, so kann für die Stadt als Veranstalterin nichts anderes gelten. Die Dinge liegen in dieser Hinsicht ebenso wie beispielsweise bei einer Baugenehmigung, die der Gemeinde von ihrer eigenen Bauaufsichtsbehörde für ein von ihr zu verwirklichendes Bauvorhaben erteilt wird.“[390]

In derartigen Fällen erfolgt die Bekanntgabe nach § 41 VwVfG i. d. R. durch Ausfertigung eines „normalen“ Bescheides, der dann zu den Akten des Amtes gegeben wird, das für die Umsetzung dieses Verwaltungsakts zuständig ist.[391] Im Ergebnis unterscheiden sich damit in rechtlicher Hinsicht die Erteilung von Genehmigungen und der Erlass von Ordnungsverfügungen gegenüber dem eigenen Rechtsträger nicht wesentlich von dem Erlass entsprechender Genehmigungen und Ordnungsverfügungen gegenüber Privaten. Davon unabhängig ist die Frage zu beantworten, ob und unter welchen Voraussetzungen der Rechtsträger in derartigen Fällen Rechtsschutz gegen seine eigene Behörde erlangen kann. Dies ist ein hier nicht weiter zu behandelndes Problem der Klagebefugnis und des Rechtsschutzbedürfnisses.[392]

---

390 VGH Kassel, Beschl. v. 3.12.2002 – 8 TG 2177/02 – juris Rn. 6 = NVwZ-RR 2003, 345.

391 Vgl. *Steinweg,* Verwaltungsaktcharakter einer zugunsten des eigenen Verwaltungsträgers vorgenommenen marktverkehrsrechtlichen Festsetzung nach § 69 Abs. 1 GewO, GewArch 2004, 101 (106 f.); *U. Stelkens* in: P. Stelkens/Bonk/Sachs [Hrsg.], VwVfG, 8. Aufl. 2014, § 35 Rn. 190.

392 S. hierzu m. w. N. *Jungkind,* VA zwischen Hoheitsträgern, 2008, S. 46 (48 Fn. 145); *U. Stelkens* in: P. Stelkens/Bonk/Sachs [Hrsg.], VwVfG, 8. Aufl. 2014, § 35 Rn. 190.

III. Zusammenfassung und Ergebnis zu D

Damit lässt sich festhalten, dass im Hinblick auf die hier untersuchten Verfahren letztlich kaum Besonderheiten gelten, wenn eine Großveranstaltung nicht von einem Privaten, sondern einer Gemeinde oder einem anderen Verwaltungsträger veranstaltet wird. Die Zuständigkeiten, Verantwortungen und Handlungsmöglichkeiten der für die Genehmigung und Überwachung von Großveranstaltungen zuständigen Behörden bleiben hierdurch im Wesentlichen unberührt.

Hauptunterschied zum „Normalfall“ der Durchführung einer Großveranstaltung durch einen Privaten dürfte sein, dass der öffentliche Veranstalter es für „seine“ Veranstaltung natürlich in der Hand hat, eine über die gesetzlichen Verpflichtungen hinausgehende umfassende Risikovorsorge zu betreiben. Daher kann er auch die übrigen für die Genehmigung und Überwachung der Großveranstaltung zuständigen Behörden in gewisser Weise selbst koordinieren.

Literaturverzeichnis

Axer, Peter: Die Widmung als Schlüsselbegriff des Rechts der öffentlichen Sachen, 1994

Axer, Peter: Friedhöfe als öffentliche Sachen, DÖV 2013, 165 – 172

Becker, Ulrich/Sichert, Markus: Einführung in die kommunale Rechtsetzung am Beispiel gemeindlicher Benutzungssatzungen, JuS 2000, 144 – 148 und 348 – 353

Bickenbach, Christian: Das rheinland-pfälzische Gesetz über Messen, Ausstellungen und Märkte, LKRZ 2014, 265 – 270

Borowksi, Martin: Die materielle und formelle Polizeipflicht von Hoheitsträgern, VerwArch. 101 (2010), S. 58 – 85

Brand, Thorsten: Zur Gleichbehandlung von Parteien bei der Überlassung kommunaler Einrichtungen auf der vertraglichen Ausgestaltungsstufe, BayVBl. 2001, 104 – 109

Britz, Gabriele: Abschied vom Grundsatz der fehlenden Polizeipflicht von Hoheitsträgern, DÖV 2002, 891 – 899

Brückner, Götz: Die Verfassungsmäßigkeit des § 9 a SächsPolG – Grenzen abstrakt-genereller Alkoholverbote im öffentlichen Raum, LKV 2012, 202 – 207

Burgi, Martin/Durner, Wolfgang: Modernisierung des Verwaltungsverfahrensrechts durch Stärkung des VwVfG, 2012

Burmann, Michael/Heß, Rainer/Jahnke, Jürgen/Janker, Helmut: Straßenverkehrsrecht, 22. Aufl. 2012

Dietl, Alfred/Gintzel, Kurt/Kniesel, Michael: Versammlungsgesetz, 16. Aufl. 2011

Durner, Wolfgang: Glasverbot im Kölner Karneval, JA 2010, 398 – 400

Ebinger, Falk: Vollzug trotz Reform? Die Umweltverwaltungen der Länder im Wandel, VerwArch. 100 (2009), S. 55 – 70

Ehlers, Dirk: Rechtsprobleme der Nutzung kommunaler öffentlicher Einrichtungen, Jura 2012, 692 – 700 und 849 – 857

Ehlers, Dirk/Fehling, Michael/Pünder, Hermann (Hrsg.): Besonderes Verwaltungsrecht – Band 1: Öffentliches Wirtschaftsrecht, 3. Aufl. 2012

Eiffler, Sven-R.: Zum Verhältnis von straßenverkehrlichen Sonderrechten und straßenrechtlichen Sondernutzungen, NZV 2000, 319 – 321

Erichsen, Hans-Uwe/Ehlers, Dirk (Hrsg.): Allgemeines Verwaltungsrecht, 14. Aufl. 2010

Ernst, Christian: Die Einführung eines einheitlichen Ansprechpartners i. S. der EU-Dienstleistungsrichtlinie durch das 4. Gesetz zur Änderung verwaltungsverfahrensrechtlicher Vorschriften, DVBl. 2009, 953 – 961

Finkelnburg, Klaus/Ortloff, Karsten Michael/Otto, Christian W.: Öffentliches Baurecht – Band II: Bauordnungsrecht, Nachbarschutz, Rechtsschutz, 6. Aufl. 2010

Frankewitsch, Annegret: Der externe Verhandlungsleiter vor Großveranstaltungen, NVwZ 2012, 1514 – 1517

Friauf, Karl-Heinrich (Hrsg.): Kommentar zur Gewerbeordnung, Loseblatt, Stand: Dezember 2012

Fricke, Hanns-Christian: Zur rechtlichen Beurteilung der durch Festveranstaltungen verursachten Geräuschimmissionen, DÖV 2013, 640 – 648

Funke, Elmar/Müller, Günter: Eventrecht, 3. Aufl. 2009

Gassner, Ulrich M.: Grenzen des Zulassungsanspruchs politischer Parteien zu kommunalen öffentlichen Einrichtungen, VerwArch. 85 (1994), S. 533 – 566

Gebhard, Hugo: Polizeipflichtigkeit der Hoheitsträger, DÖV 1986, 545 – 553

Glaser, Andreas: Gaststättenrecht im Wandel: Zwischen föderaler Vielfalt und rechtsstaatlichen Herausforderungen, GewArch 2013, 1 – 7

Glöckner, Arne: Anordnungsbefugnis der Immissionsschutzbehörden gegenüber kommunalen Anlagenbetreibern nach § 24 BImSchG, NVwZ 2003, 1207 – 1210

Götz, Volkmar: Allgemeines Polizei- und Ordnungsrecht, 15. Aufl. 2013

Große-Suchsdorf, Ulrich: Niedersächsische Bauordnung, Kommentar, 9. Aufl. 2013

Guckelberger, Annette: Flatrate- und Billigalkoholpartys aus gaststättenrechtlicher Perspektive, LKV 2008, 385 – 391

Güllemann, Dirk/Mertens, Reza-René: Veranstaltungsmanagement, Event- und Messerecht, 6. Aufl. 2013

Heckel, Christian: Scherbenmeer im Karneval – Zur Polizeirechtswidrigkeit von Bierflaschen und Schokoriegeln, NVwZ 2012, 88 – 92

Henkel, Jörg: Großveranstaltungen im Koordinatensystem der Rechtsregime – Wer ist verantwortlich, wer haftet?, DVBl. 2011, 1393 – 1400

Hentschel, Peter/König, Peter/Dauer, Peter: Straßenverkehrsrecht, 42. Aufl. 2013

Hoffmann-Riem, Wolfgang/Schmidt-Aßmann, Eberhard/Voßkuhle, Andreas (Hrsg.): Grundlagen des Verwaltungsrechts II: Informationsordnung, Verwaltungsverfahren, Handlungsformen, 2. Aufl. 2012

Hoppe, Werner/Bönker, Christian/Grotefels, Susan: Öffentliches Baurecht, 4. Aufl. 2010

Hornmann, Gerhard: Hessische Bauordnung (HBO), 2. Aufl. 2011

Jarass, Hans Dieter: Bundesimmissionsschutzgesetz, 10. Aufl. 2013

Jeder, Petra/Weiner, Cornelia: Praxis der Kommunalverwaltung – Band K 5 He: Immissionsschutzrecht in Hessen, Loseblattsammlung, Stand: August 2013

Jeromin, Curt M. (Hrsg.): LBauO Rh-Pf, 3. Aufl. 2012

Jungkind, Vera: Verwaltungsakte zwischen Hoheitsträgern, 2008

Hilderscheid, Heinrich: Entwicklungen im Messe- und Ausstellungsrecht 2011 – 2013, 11 – 16

Hösch, Ulrich: Rechtsschutz gegen die Nichtzulassung auf festgesetzten Märkten, GewArch 1996, 402 – 407

Kaller, Katrin/Jukl, Sebastian: Maßnahmen gegen Flatrate- und Billigalkohol-Partys am Beispiel des Vorgehens der Stadt Nürnberg, KommJur 2007, 441 – 445

Ketteler, Gerd: Die Beurteilung von Geräuschimmissionen bei Freizeitanlagen, DVBl 2008, 220 – 230

Kniesel, Michael: Veranstaltung traditioneller Märkte durch Kommunen, GewArch 2013, 270 – 276

Kodal, Kurt (Begr.): Straßenrecht, 7. Aufl. 2010

Körner, Burkhard/Mehringer, Rolf: Praxis der Kommunalverwaltung, Band K 30 Bay, Landesstraf- und Verordnungsgesetz, Loseblattsammlung

Krüger, Heike/van der Schoot, Oliver: Lex „Flatrate“ – ein Akt symbolischer Gesetzgebung?, DVBl. 2008, 697 – 700 ff.

Kugelmann, Dieter: Polizei- und Ordnungsrecht, 2. Aufl. 2012

Landmann, Robert von/Rohmer, Gustav (Begr.): Gewerbeordnung und ergänzende Vorschriften, Loseblattsammlung, Stand: März 2014

Landmann, Robert von/Rohmer, Gustav (Begr.): Umweltrecht, Loseblattsammlung, Stand: Januar 2014

Lenski, Sophie-Charlotte: Der öffentliche Raum als kommunale Einrichtung, JuS 2012, 984 – 989

Ley, Frauke: Rechtshandbuch der Märkte und Volksfeste, 1. Aufl. 2008

Ley, Frauke: Sicherheit bei Volksfesten, NWVBl. 2012, 169 – 174

Liehr, Manuel: Der Betrieb von Versammlungsstätten – oder die Versammlungsstättenverordnung, eine vernachlässigte Regelung, VBlBW 2013, 169 – 177

Lisken, Hans/Denninger, Erhard (Hrsg.): Handbuch des Polizeirechts, 5. Aufl. 2012

Lorenz, Dieter: Die Bedeutung der Sonderrechte gemäß § 35 StVO in ihrem Verhältnis zum Straßenrecht, DÖV 1990, 517 – 521

Mager, Ute/Sokol, Ljuba: Gemeingebrauch im Recht der öffentlichen Sachen, Jura 2012, 913 – 922

Mann, Thomas/Püttner Günter (Hrsg.): Handbuch der kommunalen Wissenschaft und Praxis – Band 1: Grundlagen und Kommunalverfassung, 3. Aufl. 2007

Maurer, Hartmut: Allgemeines Verwaltungsrecht, 18. Aufl. 2011

Michow, Jens/Ulbricht, Johannes: Veranstaltungsrecht, 2013

Muckel, Stefan/Ogorek, Markus: Öffentliches Baurecht, 2. Aufl. 2014

Ossenbühl, Fritz: Rechtliche Probleme der Zulassung zu öffentlichen Stadthallen, DVBl. 1973, 289 – 300

Paul, Siegfried/Ebner, Michael/Klode, Kerstin/Sakschweski, Thomas: Sicherheitskonzepte für Veranstaltungen, 2012

Pieroth, Bodo/Schlink, Bernard/Kniesel, Michael: Polizei- und Ordnungsrecht, 7. Aufl. 2012

Püttner Günter/Lingemann, Stefan: Aktuelle Probleme der Zulassung zu öffentlichen Einrichtungen, JA 1984, 121 – 129 und 274 – 277

Rasch, Ernst: Polizei und Grundrechte, DVBl. 1987, S. 194 – 199

Rebler, Adolf: Das System von Ausnahmegenehmigungen und Erlaubnissen nach der StVO und StVZO, dargestellt am Beispiel der Großraum- und Schwertransporte, NZV 2004, 450 – 452.

Rebler, Adolf/Borzym Christian: Bedingungen in einer Ausnahmegenehmigung für Großraum- und Schwertransporte, SVR 2008, 133 – 134

Reschke, Werner: Öffentliche Veranstaltungen, Loseblattsammlung, Stand: April 2013

Ridder, Helmut/Breitbach, Michael/Rühl, Ulrich/Steinmeier, Frank: Versammlungsrecht – Kommentar, 1992

Risch, Mandy/Kerst, Andreas: Eventrecht kompakt, 2. Aufl. 2011

Rücker, Norbert: Praxis der Kommunalverwaltung, Band K 30 Th, Ordnungsbehördengesetz Thüringen, Loseblattsammlung

Sauthoff, Michael: Öffentliche Straßen, 2. Aufl. 2010

Scheidler, Alfred: Gemeinden als Adressaten immissionsschutzrechtlicher Anordnungen, LKV 2008, 300 – 303

Scheidler, Alfred: Gaststättenrechtliche Auflagen gegen Alkoholmissbrauch auf „Flatrate-Partys", DÖV 2008, 189 – 194

Scheidler, Alfred: Behördliches Vorgehen gegen Skinhead-Konzerte in Bayern, NVwZ 2013, 1449 – 1454

Schenke, Wolf-Rüdiger: Polizei- und Ordnungsrecht, 7. Aufl. 2011

Schmidt am Busch, Birgit: Informale Absprachen als Steuerungsinstrument im Gaststättenrecht, GewArch. 2009, 377 – 384

Schmidt am Busch, Birgit; Flatrate-Partys, Jura 2009, 473 – 479

Schmitz, Heribert/Prell, Lorenz: Verfahren über eine einheitliche Stelle – Das Vierte Gesetz zur Änderung verwaltungsrechtlicher Vorschriften, NVwZ 2009, 1 – 12

Schoch, Friedrich: Polizeipflichtigkeit von Hoheitsträgern, Jura 2005, 324 – 328

Schoch, Friedrich: Der Zweckveranlasser im Gefahrenabwehrrecht, Jura 2009, 360 – 366

Schoch, Friedrich: Behördliche Untersagung "unerwünschten Verhaltens" im öffentlichen Raum, Jura 2012, 858 – 866

Schoch, Friedrich: Sondernutzung öffentlicher Straßen, Jura 2013, 911 – 924

Schönenbroicher, Klaus: Landeshoheit und Bundesverwaltung, DVBl. 1990, 811 – 817

Schönleiter, Ulrich/Stenger, Anja: Frühjahrssitzung 2009 des Bund-Länder-Ausschusses „Gewerberecht", GewArch 2009, 294 – 298

Scholz, Rupert: Zur Polizeipflicht von Hoheitsträgern, DVBl. 1968, 732 – 740

Schröder, Meinhard/Führ, Thorsten: Zulässigkeit von „Flatrate"-Parties, NVwZ 2008, 145 – 149

Schwabenbauer, Thomas: Die sicherheitsrechtliche Behandlung von Großveranstaltungen in Bayern, KommunalPraxis BY 2013, 135 – 139

Siegel, Thorsten: Entscheidungsfindung im Verwaltungsverbund, 2009

Simon, Alfons/Busse, Jürgen (Begr. und Hrsg.): Bayerische Bauordnung, Loseblattsammlung, Stand: Mai 2013

Spannowsky, Willy: Vergabe von Standplätzen auf Volksfesten, Messen und Märkten an EU-ausländische Anbieter, GewArch 1995, 265 – 274

Steinweg, Christian: Verwaltungsaktcharakter einer zugunsten des eigenen Verwaltungsträgers vorgenommenen marktverkehrsrechtlichen Festsetzung nach § 69 Abs. 1 GewO, GewArch 2004, 101 – 107

Stelkens, Paul/Bonk, Heinz Joachim/Sachs, Michael (Hrsg.): Verwaltungsverfahrensgesetz, 8. Aufl. 2014

Stelkens, Ulrich: Verwaltungsprivatrecht, 2005

Stelkens, Ulrich: Barrierefreiheit nur bei Alkoholausschank?, BayVBl. 2007, 263 – 269

Stelkens, Ulrich: Umweltpflicht von Verwaltungsträgern, UTR 98 (2008), S. 55 – 91

Stelkens, Ulrich: TKG-Wegerecht, 2010

Stelkens, Ulrich: Das Recht der Öffentlichen Sachen – Allgemeines Verwaltungsrecht, Besonderes Verwaltungsrecht, Trümmerhaufen – oder was?, Die Verwaltung 46 (2013), S. 493 – 536

Stollenwerk, Detlef: Anmerkung zu VG Neustadt, Urteil vom 10.06.2009 – 4 L 562/09. NW., GewArch 2009, 320 – 322

Stollenwerk, Detlef: Der Umgang mit „Reisegaststätten", GewArch 2011, 186 – 189

Tettinger, Peter/Wank, Rolf/Ennuschat, Jörg: Gewerbeordnung, 8. Aufl. 2011

Trunit, Christoph: Eingriffsbefugnisse bei Veranstaltungen, Jura 2012, 365 – 372

Ullrich, Nobert: Typische Rechtsfragen bei Demonstrationen und Gegendemonstrationen/Gegenaktionen, DVBl. 2012, 666 – 674

Vollmer, Silke: Inhalt und Umfang des Zulassungsanspruchs politischer Parteien zu den kommunalen öffentlichen Einrichtungen, DVBl. 1989, 1087 – 1093

Winkler, Daniela: Die Problematik paralleler Genehmigungsverfahren am Beispiel von Gaststättengenehmigung und Baugenehmigung, Jura 2006, 260 – 265

Wirth, Karl-Ludger: Die Festsetzung von Märkten in gemeindlicher Trägerschaft, GewArch 1986, 186 – 188

Ziekow, Jan: Öffentliches Wirtschaftsrecht, 3. Aufl. 2013

Perspektiven einer rechtlichen Harmonisierung bei Großveranstaltungen: Der einheitliche Ansprechpartner

Dr. jur. Saniye Öcal[1]

A. Einleitung

Unterschiedliche Veranstaltungstypen mit unterschiedlichen Ausrichtungen tragen jährlich nicht nur zur Attraktivität der jeweils ausrichtenden Veranstaltungsstädte bei, sondern sie dienen neben der Belustigung und Zerstreuung der Bevölkerung vor allem auch als Wirtschaftsfaktor. So unterschiedlich Veranstaltungen in ihrer Ausrichtung sein können, haben sie doch übereinstimmende Gemeinsamkeiten. Sie beanspruchen üblicherweise im Vergleich zur Gemeindegröße eine große Fläche eines Stadtteils, typischerweise sind zur gleichen Zeit eine hohe Anzahl von Veranstaltungsteilnehmern vor Ort und es werden veranstaltungsspezifische Maßnahmen in Bezug auf die Lenkung des Straßenverkehrs vorgenommen. Es werden abgestimmte Pläne mit öffentlichen Verkehrsbetrieben sowie mit Feuerwehr und Rettungsdienst entworfen und durchgeführt. Großveranstaltungen bringen allerdings auch stets Risiken von Gefährdungen für die Veranstaltungsteilnehmer aber auch für Unbeteiligte mit. Realisiert sich die Gefahr, wie dies etwa beim Open-Air-Festival in Roskilde 2000[2] oder der Love-Parade 2010 in Duisburg[3] der Fall war, muss der Frage nachgegangen werden, wie zukünftig derartige Unglücksfälle vermieden werden können. Dazu ist es notwendig, die Risiken bereits im Vorfeld einer Veranstaltung zu erkennen, um die entsprechenden Vorsichtsmaßnahmen zu treffen. Gefahrenprognosen im Vorfeld einer Veranstaltung trifft zunächst der Veranstalter. Darüber hinaus ist aber auch der Staat gefordert, Rege-

1 Wissenschaftliche Mitarbeiterin bei Prof. Dr. D. Kugelmann, Fachgebiet 07 Öffentliches Recht mit Schwerpunkt Polizeirecht einschließlich des internationalen Rechts und des Europarechts.

2 Dazu http://www.spiegel.de/panorama/massenpanik-mindestens-acht-tote-bei-rockfestival-in-roskilde-a-83334.html, zuletzt abgerufen am 8.1.2015.

3 Dazu http://www.spiegel.de/panorama/imageprojekt-love-parade-party-um-jeden-preis-a-708573.html, zuletzt abgerufen am 8.1.2015.

lungen zum besseren Schutz von Besuchern bei Großveranstaltungen zu treffen. Seine Verpflichtung ergibt sich aus „*dem Sozialstaats- und Demokratieprinzip*" ableitbaren Schutzauftrag für das Leben und die Gesundheit der Bevölkerung nach Art. 1 I GG und Art. 2 I GG.[4] Der vorliegende Beitrag verfolgt die Frage, ob einheitliche Regelungs- und Verfahrensmodelle bei Großveranstaltungen zu einem Zuwachs an Sicherheit führen können. Ausgangspunkt der Untersuchung sind bereits normierte Gesetze und sonstige Vorgaben, die zu untersuchen und zu bewerten sind, auf deren Grundlage Großveranstaltungen im Freien genehmigt bzw. Auflagen für diese Veranstaltungen angeordnet werden können. Soweit erforderlich werden Vorschläge zur Optimierung dieser Regelungen erarbeitet. Im Fokus steht die Einführung des einheitlichen Ansprechpartners nach Art. 6 EU- Dienstleistungsrichtlinie (DLRL) i.V.m. §§ 71 a ff. VwVfG über den alle Verfahren und Formalitäten, die für die Aufnahme und Ausübung einer Großveranstaltung erforderlich sind, abgewickelt werden können.

B. Die Implementierung des einheitlichen Ansprechpartners bei Großveranstaltungen

I. Der Begriff der Großveranstaltung

Im deutschen Rechtssystem findet der Begriff seine *Erwähnung* in § 6 I Nr. 13 StVG: „Das Bundesministerium für Verkehr, Bau- und Wohnungswesen wird ermächtigt, Rechtsverordnungen mit Zustimmung des Bundesrates zu erlassen über Nr. 13: die Einrichtung gebührenpflichtiger Parkplätze für Großveranstaltungen im Interesse der Ordnung und Sicherheit des Verkehrs." Auf der Ebene des Verfassungsrechts werden - im Einklang mit der Linie des BVerfG - vom Begriff der Großveranstaltung alle öffentlichen Versammlungen i.S. von Art. 8 GG ausgenommen. Das BVerfG definierte die Versammlungsfreiheit in seiner grundlegenden Entscheidung als „Freiheit zur kollektiven Meinungskundgabe".[5] Dies hatte zur Folge, dass die Versammlungsfreiheit wie die Meinungsfreiheit als „unmittelbarster Ausdruck" der individuellen Persönlichkeitsentfaltung in-

4 *Callies, Christian,* Schutzpflichten, in: Handbuch der Grundrechte II, § 44 Rn. 1 ff.

5 BVerfGE 69, S. 315 ff. (Brokdorf-Beschluss).

terpretiert wurde.[6] Auf der Grundlage dieser Entscheidung befasste sich das BVerfG mit dem Versammlungscharakter von Großveranstaltungen wie „Love Parade“ und „Fuckparade“ und interpretierte diese als Grundrecht auf kollektive Meinungsäußerung, das der Persönlichkeitsentfaltung dient. Schließlich hob das Gericht die herausragende Bedeutung der Versammlungsfreiheit für die freiheitliche demokratische Grundordnung[7] heraus und entschied - entgegen anderer Ansichten in der Lehre -, dass als Versammlungszweck nicht jeder Zweck in Betracht komme. Wegen der herausragenden Bedeutung der Versammlungsfreiheit für die Demokratie fordert das Gericht, dass Versammlungen nach Art. 8 GG auf die öffentliche Meinungsbildung ausgerichtet sein müssen. In der Konsequenz entschied das Gericht, dass unter den Versammlungsbegriff Volksfeste und Vergnügungsveranstaltungen ebenso wenig fallen sollen wie Veranstaltungen, die der reinen Zurschaustellung eines Lebensgefühls dienten oder die als eine - auf bloßen Spaß und Unterhaltung ausgerichtete - Massenparty gedacht seien.[8] Nach der Interpretation des Gerichts dienen Musik und Tanz bei Großveranstaltungen wie „Love Parade“ und „Fuckparade“ keinen kommunikativen Zwecken. Veranstaltungsbesucher würden eine verfassungsrechtliche kollektive Meinungskundgabe bei Großveranstaltungen dieser Art eher nicht in Verbindung bringen, sondern Spaß und Unterhaltung. Im Ergebnis fielen Veranstaltungen dieser Art auch nicht dadurch unter den Versammlungsbegriff i.S.d. Art. 8 GG, wenn im Zuge der Veranstaltung nebenbei bzw. bei Gelegenheit eine Meinungskundgabe erfolge. Beinhalte eine Veranstaltung unterhaltende sowie kommunikative Elemente, komme es für ihre Beurteilung als Versammlung darauf an, welche Elemente das Gesamtbild einer Veranstaltung präge.[9] Bleibt somit das Verfassungsrecht für eine Begriffsbestimmung der „Großveranstaltung“ außen vor, ist darüber hinaus festzuhalten, dass es weder im deut-

---

6 *Tillmanns, Reiner,* Art. 8 GG: Versammlungseigenschaft der Love Parade und Fuckparade, JA 2002, Heft 4, S. 279.

7 BVerfGE 69, 315 (346 f.).

8 BVerfG, Beschluss v. 12.07.2001 – 1 BvQ 28/01, 1 BvQ 30/01, NJW 2001, 2459 ff. Dazu *Tillmanns, Reiner,* Art. 8 GG: Versammlungseigenschaft der Love Parade und Fuckparade, JA 2002, Heft 4, S. 279.

9 *Tillmanns, Reiner,* Art. 8 GG: Versammlungseigenschaft der Love Parade und Fuckparade, JA 2002, Heft 4, S. 280.

schen Recht, noch im benachbarten Ausland eine juristische Definition des Begriffs Großveranstaltung gibt.[10]

Dennoch ist im BaSiGo Projekt[11] und in anderen interdisziplinären Forschungsprojekten[12] der Versuch gestartet worden, „Großveranstaltungen“ zu erläutern. Die Ergebnisse der Projekte dienen hier als Grundlage für die Beleuchtung und Darlegung des Begriffs „Großveranstaltung“. Da allen Ansätzen immanent ist, mehr Sicherheit für die Besucher von Großveranstaltungen auszuarbeiten, bedingt die Begriffsbestimmung die Berücksichtigung mehrerer Komponenten, die dazu geeignet sind, ein erhöhtes Gefährdungspotential zu tragen. Indes scheint es nicht möglich zu sein, eine fest umrissene typisierte Gefährdungssituation darzustellen, die die Grenze festlegt, ab wann eine Veranstaltung als „Großveranstaltung“ bezeichnet werden kann. Die Gefahrenanalyse einer Großveranstaltung wird regelmäßig nicht nur von mehreren aufeinandertreffenden Faktoren abhängen, die im Vorfeld bekannt und überprüft werden können, sondern auch von Faktoren, die im Vorfeld nicht bekannt sind und also auch nicht geregelt werden können. So sind Umweltkatastrophen unvorhersehbare Ereignisse, bei deren Eintritt die zuständigen Behörden im Einzelfall agieren müssen. Ausschlaggebend für eine nahezu konkrete Begriffsbestimmung wird in der Regel die hohe Besucherzahl, der Ort bzw. der Platz, auf dem die Veranstaltung stattfindet sowie die Dichte der Menschenmenge auf diesen Plätzen sein, die summarisch dazu geeignet sein können, eine Gefahr auszulösen oder zu erhöhen. Die Nennung einer konkreten Teilnehmerzahl, bei deren Überschreiten eine Gefahr eintritt und infolgedessen von einer Typisierung des Begriffs „Großveranstaltung“ ausgegangen werden kann, ist möglich, scheint aber auch nicht ein eindeutiges starres Kriterium zu sein. Sie kann allenfalls als weiteres Indiz für eine Gefährdungssituation dienen. Eine Besucheranzahl von täglich 1000 Anwesen-

---

10 *Frankewitsch, Annegret*, Der externe Verhandlungsleiter vor Großveranstaltungen, NVwZ 2012, S. 1514 m.w.N.

11 Stelkens, Ulrich/ Perabo, Thorsten, Pflichten zur Erarbeitung, Vorlage, Abstimmung und Durchführung von Sicherheitskonzepten in Verfahren zur Genehmigung von Großveranstaltungen und rechtliche Rahmenbedingungen ihrer Durchführung (Aufgaben der Akteure und Kooperation zwischen ihnen) in den Ländern der Bundesrepublik Deutschland), Gutachten im Projekt, Bausteine zur Sicherheit von Großveranstaltungen (BaSiGo), in diesem Bd., S. 10 ff.

12 *Landesregierung NRW,* Sicherheit von Großveranstaltungen im Freien - Orientierungsrahmen des Ministeriums für Inneres und Kommunales NRW für die kommunale Planung, Genehmigung, Durchführung und Nachbereitung von Großveranstaltungen im Freien (Stand: 15. August 2012), S. 5-6.

den kann mal eine Gefährdungssituation hervorrufen und mal nicht. Entscheidend ist möglicherweise auch, welche Besuchergruppen sich vor Ort begegnen und ob besondere Konflikte zu erwarten sind. Weiterhin ist der Ort, auf dem die Veranstaltung stattfinden soll, ein zusätzliches Kriterium, das beachtet werden muss. Die Ausrichtung von Veranstaltungen, die auf großen Plätzen erfolgen, wirft in der Regel ein geringeres Gefährdungspotential auf, als wenn sich die gleiche Anzahl von Veranstaltungsteilnehmern auf einem wesentlich kleineren Platz trifft. Dann kann die Gestaltung des Veranstaltungsortes eine wesentliche Rolle spielen, je nachdem, ob die Fläche eher in sich geschlossen oder offen ist. Im letzteren Fall ist wiederum das Gefährdungspotential geringer, weil hier die Teilnehmer die Möglichkeit des „Ausweichens“ in mehrere Richtungen haben. Letztendlich spielen die Gesamtumstände sowie der Gesamtcharakter einer Veranstaltung ebenso eine wichtige Rolle wie der Rahmen bzw. das Motto einer Veranstaltung. Die Ausrichtung einer Fahrradrally hat eine andere Dimension und ein differenziert zu betrachtendes Besucheraufkommen als etwa die Ausrichtung des Oktoberfestes in München. Um den Begriff „Großveranstaltung“ dennoch zumindest zu umkreisen, soll in Anlehnung an die dargelegten Forschungsergebnisse sowie in Anlehnung an Art. 19 Abs. III BayLStVG[13] und § 42 Abs. III ThürOBG[14] davon ausgegangen werden, dass eine Großveranstaltung mit ihren typischen Gefahren dann gegeben ist, wenn erstens mehr als 1000 Besucher gleichzeitig erwartet werden, die Veranstaltung unter freiem Himmel stattfindet und auf oder in nicht speziell dafür ausgerichteten Anlagen bestritten wird.[15]

13 Art. 19 Abs. III BayLStVG: *„Die Veranstaltung öffentlicher Vergnügungen bedarf der Erlaubnis, wenn ... zu einer Veranstaltung, die außerhalb dafür bestimmter Anlagen stattfinden soll, mehr als eintausend Besucher zugleich zugelassen werden sollen.“* Zum Regelungsgehalt des Art. 19 LStVG, vgl. *Schwabenbauer, Thomas,* Die sicherheitsrechtliche Behandlung von Großveranstaltungen in Bayern, KommunalPraxis BY, Aufl. 4, *2013, S. 135-139.*

14 § 42 Abs. III ThürOBG: „„*Die Veranstaltung öffentlicher Vergnügungen bedarf der Erlaubnis, wenn ... zu einer Veranstaltung, die in nicht dafür bestimmten Anlagen stattfinden soll, mehr als eintausend Besucher zugleich zugelassen werden sollen.“*

15 *Stelkens, Ulrich/ Perabo,* Thorsten, Pflichten zur Erarbeitung, Vorlage, Abstimmung und Durchführung von Sicherheitskonzepten in Verfahren zur Genehmigung von Großveranstaltungen und rechtliche Rahmenbedingungen ihrer Durchführung (Aufgaben der Akteure und Kooperation zwischen ihnen) in den Ländern der Bundesrepublik Deutschland), Gutachten im Projekt, Bausteine zur Sicherheit von Großveranstaltungen (BaSiGo), in diesem Bd., S. 10 ff.

II. Der Begriff „Einheitlicher Ansprechpartner"

Der Anknüpfungspunkt für die Schaffung eines einheitlichen Ansprechpartners ist die in Europa stetig anwachsende Herausforderung in Hinblick auf die Bewältigung verwaltungsverfahrensrechtlicher Anforderungen bei der Ausübung von Dienstleistungen. Je nach Art und Umfang einer wirtschaftlichen Tätigkeit können unterschiedliche Verwaltungsverfahren bei unterschiedlichen Behörden erforderlich sein. Bei grenzüberschreitenden wirtschaftlich ausgerichteten Tätigkeiten im Europäischen Binnenmarkt, sind die Anforderungen an ausländische Gewerbetreibende, die das erste Mal mit für sie fremden Verwaltungsmechanismen in Berührung kommen, weitaus höher. Aus diesen anwachsenden grenzüberschreitenden Erschwernissen resultierte das Erfordernis, einen einheitlichen europäischen Rahmen für Dienstleistungen im Binnenmarkt zu schaffen.[16] So wurde von dem Europäischen Parlament und dem Rat der Europäischen Union die Dienstleistungs-Richtlinie[17] verabschiedet.[18] Deutschland ist seiner Verpflichtung, die Richtlinie bis zum 28. Dezember 2009 umzusetzen, größtenteils nachgekommen.[19] Die Dienstleistungs-RL besteht dem Grunde nach aus insgesamt drei Teilen. Sie umfasst verfahrungsrechtliche und organisatorische Vorschriften, Regelungen zur Niederlassungsfreiheit der Dienstleistungserbringer und Vorschriften zur Dienstleistungsfreiheit.[20] Das Ziel dieser europäischen Vorgaben – die Liberalisierung des Dienstleistungssektors – soll durch eine Vereinfachung der Verwaltungs- und Verfahrensstrukturen erreicht werden. Neben dem Recht auf Information

---

16 *Callies, Christian, Korte, Stefan,* EU-Dienstleistungsfreiheit, § 3 Rn. 21 ff.; *Ernst, Christian,* Die Einführung eines einheitlichen Ansprechpartners i.S. der EU-Dienstleistungsrichtlinie durch das 4. Gesetz zur Änderung verwaltungsverfahrensrechtlicher Vorschriften, DVBl 2009, 953 f.

17 Richtlinie 2006/123/EG des Europäischen Parlaments und des Rates über Dienstleistungen im Binnenmarkt v.12.12.2006, ABlEG Nr. L 376, S. 36.

18 *Ernst, Christian,* Die Einführung eines einheitlichen Ansprechpartners i.S.der EU-Dienstleistungsrichtlinie durch das 4. Gesetz zur Änderung verwaltungsverfahrensrechtlicher Vorschriften, DVBl 2009, 953 f.

19 Vgl. *Shirvani, Foroud,* Grenzüberschreitende Gewerbeausübung im Lichte der Dienstleistungsrichtlinie, DVBl 2012, S. 1338 ff. m.w.N.

20 *Callies, Christian, Korte, Stefan,* EU-Dienstleistungsfreiheit, § 3 Rn. 34 ff.; *Huck, Winfried* in: *Bader, Johann / Ronellenfitsch, Michael,* Verwaltungsverfahrensgesetz, Kommentar, München 2010, § 71 a Rn. 3; *Hatje, Armin,* Die Dienstleistungsrichtlinie – Auf der Suche nach dem liberalen Mehrwert, Auch eine Herausforderung für die Rechtsanwaltschaft), NJW 2007, S. 2359.

und anderen, von der Dienstleistungsrichtlinie vorgegebenen Regelungen, soll die Verwaltungsvereinfachung insbesondere durch die Einsetzung eines einheitlichen Ansprechpartners und die Gewährleistung der elektronischen Verfahrensabwicklung erzielt werden.[21] Dabei stehen sich die beiden letztgenannten Ansätze in einer Art Wechselwirkung gegenüber, die beide zusammenfallend den Schwerpunkt der Umsetzung bilden. Zentral für die Etablierung des „einheitlichen Ansprechpartners" bei Großveranstaltungen ist das der Richtlinie zugrunde liegende Verwaltungsverständnis, das die Verwaltung als Dienstleister betrachtet, deren Fokus es sein soll, Privaten grundsätzlich wenige Hindernisse bei der Ausübung ihrer Dienstleistungsfreiheit zu bereiten.[22]

Der Einsatz des einheitlichen Ansprechpartners bei Großveranstaltungen eröffnet die Frage seiner Begriffsbeschreibung sowie seiner rechtlichen Positionierung. Das Verfahren über die Einsetzung eines einheitlichen Ansprechpartners ist im Abschnitt 1a in den §§ 71 a-71 e VwVfG geregelt. Der Abschnitt selbst trägt die Überschrift „... Verfahren über eine einheitliche Stelle ..." und in § 71 a I VwVfG heißt es „... dass ein Verwaltungsverfahren über eine einheitliche Stelle abgewickelt werden kann ...". Die Benennung „Verfahren über eine einheitliche Stelle" soll nach dem Gesetzesentwurf der Bundesregierung zur Änderung verfahrensrechtlicher Vorschriften deutlich machen, dass es sich um ein allgemeines Verfahren handelt, das nicht nur begrenzt auf den Anwendungsbereich der Dienstleistungsrichtlinie und den dort gebrauchten Begriff des „einheitlichen Ansprechpartners" (vgl. Art. 6 Abs. I DLRL) gelten soll. Die Bezeichnung beschränkt sich auf die verfahrensrechtliche Funktion der Stelle im Sinne des Verwaltungsverfahrensgesetzes und nimmt nicht die verwaltungsorganisatorische Bezeichnung der Behörde vorweg, die die Funktion der einheitlichen Stelle de facto ausübt. Für die verwaltungsorganisatorische Benennung der Stelle kann deshalb die Bezeichnung „einheitlicher Ansprechpartner" aus der Dienstleistungsrichtlinie übernommen werden, nicht zuletzt um den Bezug zur Dienstleistungsrichtlinie deutlich zu machen.[23] Im BaSiGo-Projekt sind bei der Benennung der Stelle im Zusammenhang von Großveranstaltungen Begrifflichkeiten wie „Lotse", „Koor-

---

21 *Huck, Winfried* in: *Bader, Johann / Ronellenfitsch, Michael*, Verwaltungsverfahrensgesetz, Kommentar, München 2010, § 71 a Rn. 4 m.w.N.

22 *Gädeke, Henning*, Sportveranstaltungen als staatliche Herausforderung, Diss., Europäische Hochschulschriften, Reihe II Rechtswissenschaft, Bd./Vol.5334, Frankfurt am Main (u.a.) 2011, S. 185.

23 BR-Drs 580/08, S. 34,

dinator" „Verfahrensmittler" o.ä. gefallen. In der amtlichen Begründung ist auch der Begriff „unterstützender „Verfahrensmittler" gebraucht worden.[24] Es können i.E. neben dem Begriff „einheitlicher Ansprechpartner" also auch andere der jeweiligen Organisationsstruktur geeignet erscheinende Bezeichnungen für die einheitliche Stelle gewählt werden.[25] Aus rechtlich dogmatischer Sicht sind „Funktion" (einheitliche Stelle) und Bezeichnung im Einzelfall (z.B. einheitlicher Ansprechpartner) zu trennen.[26] Nach der Verfahrensstruktur sind einheitliche Ansprechpartner primär in der Verwaltung als „hoheitlich handelnde Stelle" angesiedelt. Als einheitliche Ansprechpartner sind Europarechtlich auch private Einrichtungen im Sinne der EU-Dienstleistungsrichtlinie zulässig und möglich.[27] Ihr Einsatz kommt daher auch im Rahmen von Großveranstaltungen in Betracht. Auf nationaler Ebene finden private Einrichtungen aber keine Erwähnung.[28]

III. Die Funktion des einheitlichen Ansprechpartners bei Großveranstaltungen

Großveranstaltungen berühren den Regelungsbereich mehrerer Rechtsgebiete, weshalb sie unterschiedlichen Genehmigungsverfahren unterliegen können. Die Vorschriften, die im Zuge der Genehmigung von Großveranstaltungen herangezogen werden können, reichen von bau- und ordnungsrechtlichen Regelungen[29], über Straßen[30]-und gewerberechtliche[31] Vorschriften bis hin zu verfahrens- und schließlich verfassungsrechtlichen Normierungen.[32] Dabei ist es möglich, dass bei ein und derselben Veran-

---

24 BR-Drs 580/08, S. 34,

25 BR-Drs 580/08, S. 26 f.

26 BR-Drs 580/08, S. 26 f.

27 So die 48. Begründungserwägung der RL 2006/123/EG; Dazu *Windoffer, Alexander,* Die Implementierung einheitlicher Ansprechpartner nach der EU-Dienstleistungsrichtlinie, NVwZ 2007, 496.

28 Dazu *Huck, Winfried* in: *Bader, Johann/Ronellenfitsch, Michael,* Kommentar zum VwVfG, München 2010, § 71a Rn. 28.

29 So etwa § 2 I NWBauO, soweit „bauliche Anlagen" betroffen sind; § 79 NWBauO, soweit „fliegende Bauten" betroffen sind, § 75 I BauONW, soweit es um die Genehmigung an sich geht.

30 § 18 I StrWGNW bzw. § 8 FStrG.

31 §§ 69a I, 60b GewO.

32 Dazu *Frankewitsch, Annegret,* Der externe Verhandlungsleiter vor Großveranstaltungen, NVwZ 2012, S. 1515.

staltung, je nach Typisierung durch die Genehmigungsbehörde eine Veranstaltung in einer Gemeinde ohne Genehmigung stattfinden kann, in einer anderen einer Marktfestsetzung nach gewerberechtlichen Vorschriften bedarf und wieder in einer anderen unter baurechtlichen Gesichtspunkten als Bauanlage charakterisiert wird.[33] Hier kann der einheitliche Ansprechpartner gewinnbringend eingesetzt werden. Die Funktion der einheitlichen Stelle besteht darin, dem Antragsteller einer Großveranstaltung eine erste Orientierung über alle entsprechenden Vorschriften und notwendigen Verfahren sowie die jeweils zuständigen Behörden zu geben. Damit verbunden ist allerdings keine rechtliche Beratung. Als erste Anlaufstelle kann von einem einheitlichen Ansprechpartner die mit einer Großveranstaltung verzahnte gesamte Verfahrenskorrespondenz mit den zuständigen Behörden abgewickelt werden. Die einheitliche Stelle fungiert hier als „Lotse", der das eigentliche Verwaltungsverfahren nicht selbst durchführt. Er muss aber über den jeweiligen Verfahrensstand den Antragsteller einer Großveranstaltung informieren. Die bestehenden Zuständigkeiten der Behörden nach dem VwVfG bleiben erhalten; es kommt nicht zu einer Zuständigkeitsverlagerung.[34] Dem Antragsteller einer Großveranstaltung wird ermöglicht, die für eine Großveranstaltung nötigen Genehmigungsverfahren, Formalitäten und alle anderen Behördenläufe ausnahmslos über die einheitliche Stelle abzuwickeln, ohne sich an jede einzelne dieser Behörden direkt wenden zu müssen. Der Antragsteller korrespondiert von der Einholung notwendiger Auskünfte bis zur Entgegennahme einer abschließenden Behördenentscheidung nur mit der einheitlichen Stelle. Der Antragsteller hat mit der zuständigen Behörde insofern keinen Kontakt. Funktional erweist sich die einheitliche Stelle mithin als „Verfahrensrechtlich kanalisierend wirkende Vorschaltlösung."[35] Bei Großveranstaltungen wird ihre Hauptaufgabe darin liegen, parallele und behördenübergreifende Entscheidungsprozesse im Interesse des Antragstellers zu bündeln, weitgehend zu organisieren und ständigen Kommunikationskontakt zum Antragsteller und zur zuständigen Behörde zu halten.

Auf das Ergebnis des Verfahrens hat die einheitliche Stelle damit keinen Einfluss, auf das Verfahren schon. In der Literatur wird die einheitli-

---

33 *Frankewitsch, Annegret*, Der externe Verhandlungsleiter vor Großveranstaltungen, NVwZ 2012, S. 1515.

34 *Huck in Bader, Johann/Ronellenfitsch, Michael,* Kommentar zum VwVfG, München 2010, § 71a Rn. 31.

35 *Huck in Bader, Johann/Ronellenfitsch, Michael,* Kommentar zum VwVfG, München 2010, § 71a Rn. 33.

che Stelle auch als „Front Office" und die dahinter fungierende zuständige Behörde als „Back Office" bezeichnet.[36] Dabei obliegt allein dem „Back Office" als „fachlich zuständige Behörde" die Verfahrensführung und die damit verbundenen rechtlichen Sach- und Entscheidungskompetenzen.[37] Dies geht auch aus der Dienstleistungsrichtlinie hervor, vgl. Art. 6 Abs. 2 DLRL. Der Begriff des Verwaltungsverfahrens ist weit zu verstehen. Er umfasst nicht nur sämtliche Tätigkeiten der zuständigen Behörde, die nach § 9 auf den Erlass eines Verwaltungsaktes oder den Abschluss eines öffentlich-rechtlichen Vertrages abzielen, sondern auch solche, die im Zusammenhang mit einem Anzeigeverfahren stehen, oder nur Informationspflichten der Behörden betreffen – etwa bei genehmigungs- oder anzeigefreien Tätigkeiten. Für den Mehrwert bei Etablierung der einheitlichen Stelle wird es im Ergebnis darauf ankommen, wie effektiv und strukturell organisiert „Front Office" und „Back Office" zusammen arbeiten. Dabei geschieht die Zusammenarbeit nicht freiwillig, sondern ist verpflichtend, vgl. § 71 b VwVfG.[38] Die zuständigen Behörden und die einheitlichen Stellen müssen mit Blick auf die am Bürger zu erbringende Dienstleistung zusammen arbeiten.[39]

IV. Die mögliche rechtliche Verortung des einheitlichen Ansprechpartners bei Großveranstaltungen

1. Regelung in der Gewerbeordnung

Die rechtliche Verortung erfolgt zunächst über §§ 71 a ff. VwVfG. In diesem hat der deutsche Gesetzgeber Art. 6 der EU-DLR umgesetzt. § 71 a ff. gibt vor, dass ein Verwaltungsverfahren über eine einheitliche Stelle abgewickelt werden kann, wenn eine „Rechtsvorschrift" dies anordnet. Eine fachgesetzliche Anordnung kann in § 6 b GewO gesehen werden, der vorschreibt, dass Verwaltungsverfahren nach der GewO oder nach einer auf Grund der GewO erlassenen Rechtsverordnung über eine einheitliche Stelle nach den Vorschriften des Verwaltungsverfahrensgesetzes abgewi-

36 *Windoffer, Alexander,* Die Implementierung einheitlicher Ansprechpartner nach der EU-Dienstleistungsrichtlinie, NVwZ 2007, 495.

37 BR-Drs 580/08, 28.

38 *Huck in Bader, Johann/Ronellenfitsch, Michael,* Kommentar zum VwVfG, München 2010, § 71b Rn. 1.

39 BR-Drs 580/08, 28.

ckelt werden können. Die Voraussetzung dafür, dass der Veranstalter seine Großveranstaltung über eine einheitliche Stelle nach den Vorschriften der Gewerbeordnung iVm mit den Vorschriften des Verwaltungsverfahrensgesetzes abwickeln kann ist, dass für Großveranstaltungen der Anwendungsbereich des § 69 GewO zunächst eröffnet sein muss. Die Gewerbeordnung zählt abschließend die Veranstaltungen auf, die nach § 69 GewO festgesetzt werden können. Diese Veranstaltungen sind legal definiert in den §§ 64 bis 68 GewO. Umfasst von der Anwendbarkeit ist die Messe (§ 64 GewO), die Ausstellung (§ 65 GewO), der Großmarkt (§ 66 GewO), der Wochenmarkt (§ 67 GewO) sowie der Spezialmarkt (§ 68 Abs. 1 GewO) und der Jahrmarkt (§ 68 Abs. II GewO). Zudem ist nach § 60 GewO auch der Veranstaltungstyp des Volksfestes vorgesehen. Im Ergebnis könnte die einheitliche Stelle auf Antrag des Veranstalters eine Veranstaltung über die zuständige Behörde nur festsetzen lassen, wenn die Veranstaltung eindeutig einer dieser „Marktformen" zugeordnet werden kann. Praktisch werden als im Freien stattfindende Großveranstaltungen nur der Spezialmarkt, der Jahrmarkt und das Volksfest in Betracht kommen. Dabei kann es im Einzelfall bei der Abgrenzung zwischen dem Spezialmarkt, dem Jahrmarkt und dem Volksfest zu Schwierigkeiten kommen. Dessen ungeachtet ist eine Festsetzung nach § 69 GewO bei solchen Großveranstaltungen nicht möglich, bei denen die für ein Volksfest oder einen Spezial- oder Jahrmarkt typischen Erscheinungsformen nur eine untergeordnete Rolle spielen. Ein Radrennen wird etwa nicht dadurch zum Spezialmarkt, weil dort Fahrrad-Fachgeschäfte einschlägige Verkaufsstände aufbauen, es dort eine Getränke- oder Imbissbude gibt.[40] Damit fallen etwa Sportveranstaltungen, wie Marathon, Duathlon, Radsportveranstaltungen aus dem Anwendungsbereich der GewO heraus. Ähnliches gilt für Konzertveranstaltungen, deren wesentliches Gepräge die Darbietung von Musik ist. Hinzu kommt, dass es sich bei der Marktfestsetzung nicht um eine behördliche Veranstaltungserlaubnis handelt, ohne die eine Veranstaltung i.S.d. § 60 b, §§ 64 bis 68 GewO nicht durchgeführt werden kann. Die GewO knüpft vielmehr an die Festsetzung einer Veranstaltung bestimmte Marktprivilegien, § 69 GewO. Dies bedeutet, dass die Veran-

40 Dazu *Stelkens, Ulrich/ Perabo, Thorsten*, Pflichten zur Erarbeitung, Vorlage, Abstimmung und Durchführung von Sicherheitskonzepten in Verfahren zur Genehmigung von Großveranstaltungen und rechtliche Rahmenbedingungen ihrer Durchführung (Aufgaben der Akteure und Kooperation zwischen ihnen) in den Ländern der Bundesrepublik Deutschland), Gutachten im Projekt, Bausteine zur Sicherheit von Großveranstaltungen (BaSiGo), in diesem Bd., S. 46 ff.

stalter von der Pflicht zur Beachtung bestimmter Vorschriften freigestellt werden, die sie sonst zu beachten hätten, wenn die Veranstaltung ohne Festsetzung als sogenannter „Privatmarkt“ durchgeführt würde.[41] Im Umkehrschluss bedeutet dies, dass es der freien Entscheidung des Veranstalters obliegt, ob er einen Festsetzungsantrag stellt.[42] Außerdem können bei der „Festsetzung einer Veranstaltung nach der GewO“ nur Sachverhalte, die unmittelbar in den Anwendungsbereich des Gewerberechts fallen, über die einheitliche Stelle abgewickelt werden. Alle anderen Aspekte, die im engen Zusammenhang mit der Sicherheit von Großveranstaltungen zu betrachten sind, so etwa Erlaubnisse bzw. Genehmigungen nach der StVO oder dem StWG wären davon nicht umfasst. Die Ziele, eine Behörden- und Verfahrenskonzentration zu erreichen sowie ein schnelleres Bündelungsverfahren über die einheitliche Stelle, wären nicht bzw. nur partiell erreichbar. Da es an einem gesetzlichen Zwang fehlt, wird sich ein Veranstalter nur dann um eine Festsetzung seiner Veranstaltung an eine einheitliche Stelle wenden, wenn gerade für ihn die mit der Festsetzung verbundenen Marktprivilegien unmittelbar oder mittelbar – etwa durch die Steigerung der Attraktivität für die Ausrichter oder auch für die Besucher – in wirtschaftlicher Hinsicht interessant sind.[43] Das gewerbliche Marktrecht erscheint damit aus verschiedenen Gründen als nur eingeschränkt für die Verortung einer einheitlichen Stelle geeignet. Die einheitliche Stelle kann nur dann in Anspruch genommen werden, wenn sie gesetzlich verankert ist. Die gesetzliche Verankerung in der GewO ist im Ergebnis zwar möglich, würde allerdings nur eine Optimierung für ganz bestimmte Veranstaltungstypen bedeuten. Für alle anderen Großveranstaltungen wäre die einheitliche Stelle mangels gesetzlicher Regelung nicht zuständig.

---

41 *Ehlers, in: Ehlers, Dirk / Fehling, Michael / Pünder, Hermann (Hrsg.),* Besonderes Verwaltungsrecht, Bd. 1, Öffentliches Wirtschaftsrecht, 3. Aufl. 2012, § 19 Rn. 83.

42 *Güllemann, Dirk / Mertens, Reza-René*, Veranstaltungsmanagement, Event- und Messerecht, 6. Aufl. 2013, S. 205.

43 *Stelkens, Ulrich/ Perabo, Thorsten,* Pflichten zur Erarbeitung, Vorlage, Abstimmung und Durchführung von Sicherheitskonzepten in Verfahren zur Genehmigung von Großveranstaltungen und rechtliche Rahmenbedingungen ihrer Durchführung (Aufgaben der Akteure und Kooperation zwischen ihnen) in den Ländern der Bundesrepublik Deutschland), Gutachten im Projekt, Bausteine zur Sicherheit von Großveranstaltungen (BaSiGo), in diesem Bd., S. 51 ff.

2. Landes- bzw. bundesgesetzliche Regelungsmöglichkeiten

Da die Verankerung der einheitlichen Stelle im Rahmen der GewO zwar denkbar, ihre Einsatzmöglichkeiten aber eingeschränkt wären, bieten sich Überlegungen zu einheitlichen Regelungen an, die alle Großveranstaltungen umfassen. Die Etablierung des einheitlichen Ansprechpartners kann auf verschiedenen Ebenen im föderalen System der Bundesrepublik Deutschland eingeführt werden. In Betracht kommen die Ebenen des Bundes, des Landes, der Bezirke, der Kreise und Gemeinden sowie die Ebenen der verschiedenen institutionellen Formen (Verwaltung, Kammern, Kooperationen, Private). Im Folgenden sollen die Optionen auf Bundes- und Landesebene dargestellt werden.[44]

a. Errichtung eines einheitlichen Ansprechpartners auf Bundesebene

Die Option, einen zentralen einheitlichen Ansprechpartner auf Bundesebene einzurichten, eröffnet als allererstes die Frage nach der Zuständigkeit des Bundes, mithin nach der Frage der Kompetenz, ob der Bund mittels einer bundesweit zuständigen Stelle mit der Wahrnehmung der Aufgaben des einheitlichen Ansprechpartners betraut werden kann. Abgrenzungsgrundlage der Zuständigkeiten zwischen Bund und Land ist Art. 30 GG[45], nach dem die Ausübung der staatlichen Befugnisse und die Erfüllung der staatlichen Aufgaben Sache der Länder ist, soweit das GG keine andere Regelung trifft oder zulässt. Nach Art. 70 Abs. 1 GG haben die Länder das Recht der Gesetzgebung, soweit das GG nicht dem Bunde Gesetzgebungsbefugnisse verleiht. Es ist folglich zu prüfen, ob sich aus diesen Vorschriften eine Zuständigkeit des Bundes für die Errichtung des einheitlichen Ansprechpartners ableiten lässt. Es werden drei Staatsfunkti-

---

44 Zu den Ansiedlungsebenen weiterführend *Deutsches Forschungsinstitut für öffentliche Verwaltung Speyer*, Gestaltungsoptionen und Anforderungen an „Einheitliche Ansprechpartner" des Vorschlags einer EU-Dienstleistungsrichtlinie im föderalen System der Bundesrepublik Deutschland, Gutachten im Auftrag des Bundesministeriums für Wirtschaft und Technologie, Speyer 2006, S. 65 f. (abrufbar unter: http://www.dienstleisten-leicht-gemacht.de/DLR/Redaktion/ PDF/ gestaltungsoptionen-und-anforderungen-aneinheitliche,property=pdf,bereich= dlr,sprache= de,rwb=true.pdf).

45 *Erbguth, Wilfried* in *Sachs, Michael,* Grundgesetz, 3. Auflage, München 2002, Art. 30 Rn. 7.

onen in Deutschland unterschieden, die Legislative, die Exekutive sowie die Judikative, wobei der einheitliche Ansprechpartner klar in die Exekutive, der verwaltungsverfahrensrechtlichen Staatsfunktion einzugliedern ist. Wie genau die Tätigkeit des einheitlichen Ansprechpartners in der „Verwaltung" zu qualifizieren ist, bestimmt sich wiederum auf der Grundlage des Art. 83 ff. GG. Den Ländern wird in Art. 83 GG die Kompetenz verliehen, Bundesgesetze auszuführen. Gemeint ist die Ausführung in „verwaltungsmäßiger Weise". Der Begriff des Verwaltungsverfahrens wird in Art. 84 Abs. I GG näher bestimmt und meint im Kern die Art und Weise der Ausführung der Gesetze, mithin das „Wie" des Verwaltungshandels.[46] Der einheitliche Ansprechpartner soll die nationalen Zuständigkeiten nicht berühren. Deshalb ist die direkte Zuordnung zum Verwaltungsverfahren nach § 9 VwVfG äußerst fraglich. Denn nach dieser Vorschrift ist „Verwaltungsverfahren" die nach außen wirkende Tätigkeit der Behörden, die auf die Prüfung der Voraussetzungen, die Vorbereitung und den Erlass eines Verwaltungsaktes oder auf den Abschluss eines öffentlich-rechtlichen Vertrages gerichtet ist; es schließt den Erlass des Verwaltungsaktes oder den Abschluss des öffentlich-rechtlichen Vertrages ein. Aufgrund der koordinierenden Tätigkeit des einheitlichen Ansprechpartners bei Großveranstaltungen kann diesem aber auch eine „gewisse organisatorische Mitwirkung am Verfahren"[47] nicht abgesprochen werden. Sie dient der Vorbereitung der Entscheidung der zuständigen Behörde im weitesten Sinne. Durch seine „Lotsenfunktion" - etwa bei Großveranstaltungen - kooperiert und organisiert er das gesamte Verfahren. Daher wird in der Literatur zu Recht darauf hingewiesen, dass ihm auch eine gewisse Kontrollfunktion zukommt.[48] § 9 VwVfG ist wohl auch im Lichte des §

46 *Jarass, Hans / Pieroth, Bodo,* Grundgesetz für die Bundesrepublik Deutschland, 6. Auflage, München 2001, Art. 84 Rn. 4.

47 *Deutsches Forschungsinstitut für öffentliche Verwaltung Speyer*, Gestaltungsoptionen und Anforderungen an „Einheitliche Ansprechpartner" des Vorschlags einer EU-Dienstleistungsrichtlinie im föderalen System der Bundesrepublik Deutschland, Gutachten im Auftrag des Bundesministeriums für Wirtschaft und Technologie, Speyer 2006, S. 68 f. (abrufbar unter: http://www.dienstleisten-leicht-gemacht.de/DLR/Redaktion/PDF/gestaltungsoptionen-und-anforderungen-an-einheitliche,property=pdf,bereich=dlr,sprache=de,rwb=true.pdf).

48 *Deutsches Forschungsinstitut für öffentliche Verwaltung Speyer*, Gestaltungsoptionen und Anforderungen an „Einheitliche Ansprechpartner" des Vorschlags einer EU-Dienstleistungsrichtlinie im föderalen System der Bundesrepublik Deutschland, Gutachten im Auftrag des Bundesministeriums für Wirtschaft und Technologie, Speyer 2006, S. 68 f. (abrufbar unter: http://www.dienstleisten-

71a VwVfG zu interpretieren, der in Abs. 1 bestimmt, dass - wenn eine Rechtsvorschrift es anordnet - ein Verwaltungsverfahren über eine einheitliche Stelle abgewickelt werden kann. In diesem Fall sind sämtliche Vorschriften des VwVfG anwendbar, soweit sich aus ihnen nichts Abweichendes ergibt. Im Ergebnis kann die Tätigkeit des einheitlichen Ansprechpartners als verfahrensrelevant im weiteren Sinne betrachtet werden. Damit sind auch die Art. 83 GG ff. anwendbar.

Nach Art. 83 GG führen die Länder die Gesetze des Bundes als eigene Angelegenheiten aus, soweit das Grundgesetz nichts anderes bestimmt oder zulässt. Diese Kompetenz umfasst gemäß der Konkretisierung in Art. 84 Abs. 1 GG vor allem die Einrichtung der Behörden und das Verwaltungsverfahren. Ausnahmen von diesem Grundsatz finden sich dagegen in den Art. 86 ff. GG in Form der bundeseigenen bzw. der bundesunmittelbaren Verwaltung. Die zentralen Angelegenheiten der bundeseigenen Verwaltung sind in Art. 87 Abs. 1 GG, die der bundesunmittelbaren Verwaltung in Art. 87 Abs. 2 GG normiert. Beides ist allerdings vorliegend nicht einschlägig. Eine Kompetenz des Bundes zur Aufstellung einer Behörde, welche die Tätigkeiten des einheitlichen Ansprechpartners übernimmt, könnte sich allerdings aus Art. 87 Abs. 3 GG ergeben. Nach dieser Vorschrift kann der Bund durch ein Bundesgesetz eigenständige Bundesoberbehörden oder neue bundesunmittelbare Körperschaften sowie Anstalten des öffentlichen Rechts aufstellen. Dies setzt voraus, dass der Bund die materielle Gesetzgebungskompetenz für ein Gesetz bezüglich des einheitlichen Ansprechpartners besitzt. Diese Gesetzgebungszuständigkeit ist nach den Vorschriften der Art. 70 ff. GG, in denen die verfassungsrechtliche Zuständigkeitsordnung geregelt ist, zu bestimmen. Die Gesetzgebungszuständigkeit des Bundes lässt sich aus dem ausschließlichen Katalog der Art. 71 bis 75 GG ermitteln, soweit ein Sachverhalt vorliegt, der eine ausschließliche oder konkurrierende Gesetzgebung regelt oder wenn eine Materie die Rahmengesetzgebung betrifft. Die Institution des einheitlichen Ansprechpartners betrifft weder die ausschließliche noch die Rahmengesetzgebung. In Betracht kommt allein die konkurrierende Gesetzgebungskompetenz nach § Art. 74 Abs. I Nr. 11 GG: „(1) Die konkurrierende Gesetzgebung erstreckt sich auf folgende Gebiete: (...) 11. das Recht der Wirtschaft (Bergbau, Industrie, Energiewirtschaft, Handwerk, Gewerbe, Handel, Bank- und Börsenwesen, privatrechtliches Versicherungswesen) ohne das Recht des Ladenschlusses,

---

leicht-gemacht.de/DLR/Redaktion/PDF/gestaltungsoptionen-und-anforderungen-an-einheitliche,property=pdf,bereich=dlr,sprache=de,rwb=true.pdf).

der Gaststätten, der Spielhallen, der Schaustellung von Personen, der Messen, der Ausstellungen und der Märkte." Der Bund könnte im Rahmen der konkurrierenden Gesetzgebung eine gesetzliche Regelung zur weiteren Umsetzung der Europäischen Dienstleistungsrichtlinie schaffen, mithin den einheitlichen Ansprechpartner auf Bundesebene regeln, wenn sich dieser Regelungsbereich unter den Bereich des Wirtschaftsrechts subsumieren lässt. Unter dem Wirtschaftsrechtsbegriff werden all diejenigen Regelungen gefasst, die das wirtschaftliche Leben und das wirtschaftliche Handeln von der Erzeugung und Herstellung bis hin zur Verteilung von Gütern normativ anordnen.[49] Nach Art. 74 Abs. I Nr. 11 GG liegt eine wirtschaftliche Betätigung vor, wenn eine der dort aufgeführten Gebiete berührt ist. Explizit genannt ist der Bereich Handwerk, Handel und Gewerbe, der auch in der EU-Dienstleistungsrichtlinie genannt ist. Dienstleistungen sind nach Art. 4 Nr. 1 des Richtlinienentwurfs alle von Art. 50 AEUV erfassten, selbständigen Tätigkeiten, die in der Regel gegen Entgelt erbracht werden. Wird das Gewerbe als eine berufsmäßige, auf Erwerb gerichtete erlaubte Tätigkeit erfasst (und nimmt man hiervon die Urproduktion sowie weitere vereinzelte Berufe aus),[50] so lässt sich die Ausrichtung einer Großveranstaltung unter den Begriff der Dienstleistung subsumieren. Daneben müsste die Regelung des Bundes auch wirtschaftsbezogen sein. Die meisten Großveranstaltungen, wie etwa die „Love Parade" oder „Fuck-Parade" sind eine auf Erwerb ausgerichtete Veranstaltung. Inwieweit Veranstaltungen der Städte bzw. Kommunen im Allgemeinen auf reinen Erwerb ausgerichtet sind oder aber der Erwerb einen (unbedeutenden) Nebeneffekt darstellt, kann an dieser Stelle nicht abschließend beantwortet werden. Im Ergebnis dürfte dies aber dahinstehen, denn ein wie auch immer ausgestalteter „wirtschaftslenkender" bzw. „wirtschaftsregulierender" Effekt wird jeder Großveranstaltung immanent sein und genügt den EU-Anforderungen. Auch im europäischen Binnenmarkt dürften alle Arten von Großveranstaltungen, die als grenzüberschreitende Dienstleistung anzusehen sind, einen Wirtschaftsgehalt haben. Darauf zielt die Dienstleistungsrichtlinie ab. Es sollen (rechtliche) Hindernisse beseitigt und jegliche Formen von Dienstleistungen erleichtert werden. Der europäische Wirtschaftsraum soll auf diese Weise gefördert und gestärkt werden. Die nach Art. 74 Abs. I Nr. 11 GG vorausgesetzte „Wirtschaftsbezogenheit" von

49 BVerfGE 68, 319 (330).

50 *Kunig, Philip,* in: v. Münch, Ingo von / Kunig, Philip, GGK II, 6. Aufl. 2012, Art. 74 Abs. 1 Nr. 11 Rn. 44.

Großveranstaltungen ist folglich gegeben. Damit besitzt der Bund das Recht der konkurrierenden Gesetzgebung für eine weitere Regelung zur Umsetzung der DL-Richtlinie. Infolgedessen kann der Bund nach Art. 87 Abs. III 1 GG im Rahmen seiner konkurrierenden Gesetzgebung Institute, Büros, Behörden oder sonstige Einrichtungen schaffen, um den Aufgabenbereich des einheitlichen Ansprechpartners bei Großveranstaltungen zu übernehmen.[51]

Zu fragen ist, ob durch die Übernahme dieses Aufgabenfeldes der Bund - trotz seiner Kompetenz - mangels *„Zentralitätscharakter"* die Kompetenzen der Länder verletzen würde: Dem Grundsatz in Art. 83 GG *„Die Länder führen die Bundesgesetze als eigene Angelegenheit aus, soweit dieses Grundgesetz nichts anderes bestimmt oder zulässt"*, steht die Ausnahmeregelung des Art. 87 Abs. III S. 1 GG gegenüber. Dieser bestimmt, dass *„für Angelegenheiten, für die dem Bunde die Gesetzgebung zusteht, selbständige Bundesoberbehörden und neue bundesunmittelbare Körperschaften und Anstalten des öffentlichen Rechtes durch Bundesgesetz errichtet werden (können)."* Auf der Grundlage dieser weitreichenden Kompetenzen könnte der Bund Verwaltungskompetenzen beliebig an sich ziehen und damit das Regel-Ausnahme-Verhältnis des in Art. 83 GG normierten Grundsatzes zum Nachteil der Länder umschiffen. Um dem entgegenzuwirken fordert das Bundesverfassungsgericht eine Art „Zentralitätscharakter" der Aufgaben, die der Bund an sich ziehen will. Mit Blick auf den einheitlichen Ansprechpartner bei Großveranstaltungen wird vorausgesetzt, dass die Aufgaben, die durch die Etablierung eines einheitlichen Ansprechpartners begründet werden, eine gewisse bundeseinheitliche Wesenheit aufweisen und daher - in ihrem Gesamtgepräge - besser durch Bundes- als durch Landesbehörden ausgeführt werden können.[52] Die Zentralität soll nicht gegeben sein, wenn die Aufgaben einen stark regionalen Bezug haben. Bei den Aufgaben des einheitlichen Ansprechpartners bei Großveranstaltungen findet der überwiegende Teil der Genehmi-

---

51 Vgl. dazu insgesamt *Deutsches Forschungsinstitut für öffentliche Verwaltung Speyer*, Gestaltungsoptionen und Anforderungen an „Einheitliche Ansprechpartner" des Vorschlags einer EU-Dienstleistungsrichtlinie im föderalen System der Bundesrepublik Deutschland, Gutachten im Auftrag des Bundesministeriums für Wirtschaft und Technologie, Speyer 2006, S. 69 f. (abrufbar unter: http://www.dienstleisten-leicht-gemacht.de/DLR/Redaktion/PDF/ gestaltungsoptionen-und-anforderungen-an-einheitliche,property=pdf ,bereich=dlr,sprache= de, rwb= true.pdf).

52 BVerfGE 14, 197 (211).

gungsverfahren auf den unteren Verwaltungsebenen der Länder statt, die die regionalen Begebenheiten kennen und den direkten Kontakt zu den zuständigen Behörden - schon aufgrund des Näheverhältnisses - haben. Da der einheitliche Ansprechpartner zudem nicht selbständig arbeitet, sondern im engen Zusammenhang mit den zuständigen Behörden, ist eine effektive Verfahrensabwicklung sowie Begleitung von Großveranstaltungen durch einen einheitlichen Ansprechpartner auf Landesebene wohl besser angesiedelt als auf der Bundesebene. Was dem Bund bliebe, wäre die Option, eine bloß informierende Anlaufstelle sowie einen einheitlichen Ansprechpartner mit Zuständigkeit für die Bundesverwaltung zu schaffen.[53] Dem Bund fehlt im Ergebnis der „Zentralitätscharakter", mithin die Kompetenz, einheitliche Ansprechpartner bei Großveranstaltungen zu schaffen, die auf unteren Verwaltungsebenen von Landesbehörden wahrgenommen werden.

b. Errichtung eines einheitlichen Ansprechpartners auf Landesebene

Eine andere Möglichkeit könnte darin zu sehen sein, die Etablierung einer einheitlichen Stelle zur Abwicklung einer Großveranstaltung auf Landesebene anzusiedeln. Dann müssten alle verfahrensrechtlichen sowie administrativen Aufgaben, die bei Großveranstaltungen durch einen einheitlichen Ansprechpartner umzusetzen sind, auf Landesebene gesetzlich verankert werden. Die Herausforderung läge indes darin, zum einen entsprechend der Europäischen Dienstleistungsrichtlinie und zum anderen im Rahmen der länderspezifischen Kompetenzmöglichkeiten eine Klausel zu entwickeln, die diesen Gegebenheiten Rechnung trägt und gleichzeitig praxistauglich ist. Praxistauglichkeit könnte etwa darin zu sehen sein, dass die Antragstellung durch die zuständigen Behörden und in Zusammenarbeit mit dem einheitlichen Ansprechpartner nicht „freiwillig", sondern als

53 Vgl. dazu weiterführend *Deutsches Forschungsinstitut für öffentliche Verwaltung Speyer*, Gestaltungsoptionen und Anforderungen an „Einheitliche Ansprechpartner" des Vorschlags einer EU-Dienstleistungsrichtlinie im föderalen System der Bundesrepublik Deutschland, Gutachten im Auftrag des Bundesministeriums für Wirtschaft und Technologie, Speyer 2006, S. 72 f. (abrufbar unter: http://www.dienstleisten-leicht-gemacht.de/DLR/Redaktion/PDF/ gestaltungsoptionen- und-anforderungen-an-einheitliche,property= pdf,bereich=dlr, sprache= de,rwb=true.pdf).

„zwingend" geregelt wird. Praxistauglichkeit ist auch dann anzunehmen, wenn jede Art von Großveranstaltung - entsprechend der hier zugrunde liegenden Definition des Begriffs „Großveranstaltung" - unter das Gesetz fällt. Davon ausgehend, dass dem Bund die Kompetenz für die Errichtung eines einheitlichen Ansprechpartners fehlt, dürfte anzunehmen sein, dass auch die Errichtung sonstiger einheitlicher „Informationsportale" - schon aus Praktikabilitätsgesichtspunkten - auf Bundesebene eher nicht begründet wird. Konsequenterweise müsste dann der einheitliche Ansprechpartner auf Landesebene auch die Verfahren abwickeln, die im Zuge von Großveranstaltungen in den Bereich des Bundes hineinragen. Denkbar ist etwa der Fall, dass der Veranstalter eine Genehmigung benötigt, die von Behörden des Bundes zu erteilen sind. Dann würde der einheitliche Ansprechpartner des Landes koordinierend Angelegenheiten des Bundes wahrnehmen. Ob hierdurch wiederum die Kompetenz des Bundes verletzt wird, weil eine den Bundesbehörden unterstellte Landesbehörde unter Mitwirkung des einheitlichen Ansprechpartners Vollzugsaufgaben aus dem Bundesverwaltungsbereich erledigt, kann nach dem Prinzip des Sternverfahrens auf der Grundlage von § 71 d VwVfG, der die „Gegenseitige Unterstützung" vorsieht, erörtert werden. Nach dessen Wortlaut wirken die einheitliche Stelle und die zuständigen Behörden gemeinsam auf eine ordnungsgemäße und zügige Verfahrensabwicklung hin; alle einheitlichen Stellen und zuständigen Behörden sind hierbei zu unterstützen. Die zuständigen Behörden stellen der einheitlichen Stelle insbesondere die erforderlichen Informationen zum Verfahrensstand zur Verfügung. In einem Sternverfahren werden auch übergeordnete Behörden von federführenden unteren (Landes-) Behörden beteiligt. In der Literatur wird zu Recht die Meinung vertreten, dass, *„wenn bereits eine verfahrensrechtliche Beteiligung einer übergeordneten Behörde durch eine untergeordnete möglich ist, so muss eine bloße Mitwirkungshandlung wie die des einheitlichen Ansprechpartners, der keinerlei Verfahrenskompetenzen besitzt, erst recht möglich sein."*[54] Eine Verletzung von Bundeskompetenzen ist damit also nicht gegeben. Die rechtliche Verbindlichkeit dieser Verfahrensabwick-

---

54 *Deutsches Forschungsinstitut für öffentliche Verwaltung Speyer*, Gestaltungsoptionen und Anforderungen an „Einheitliche Ansprechpartner" des Vorschlags einer EU-Dienstleistungsrichtlinie im föderalen System der Bundesrepublik Deutschland, Gutachten im Auftrag des Bundesministeriums für Wirtschaft und Technologie, Speyer 2006, S. 88. (abrufbar unter: http://www.dienstleisten-leicht-gemacht.de/DLR/Redaktion/PDF/gestaltungsoptionen-und-anforderungen-an-einheitliche,property=pdf,bereich=dlr,sprache=de,rwb=true.pdf).

lung müsste allerdings entsprechend geregelt werden. Es müssten entsprechende Regelungen in den Verwaltungsverfahrensgesetzen des Bundes und der Länder vorgenommen werden.[55]

C. Zusammenfassende Bewertung

Insgesamt verdeutlichen die Ausführungen, dass es keinen Königsweg zur Implementierung des einheitlichen Ansprechpartners gibt. Die praktikabelste und damit effektivste Verortung scheint auf der Ebene der Länder zu liegen. Eine einheitliche Regelung des einheitlichen Ansprechpartners dürfte insgesamt zu einer Stärkung der Position nicht nur der zuständigen Behörde, sondern auch des Ausrichters einer Großveranstaltung bei den Behördengängen der entsprechenden Institution führen. Die Zusammenarbeit der sogenannten „Front office“ und „Back office“ ist eine verbindliche Vorgabe der Europäischen Dienstleistungsrichtlinie. Damit dient die europäische Einbindung bei der Implementierung der einheitlichen Stelle gleichzeitig zur Stärkung des Dienstleistungssektors auf allen Ebenen des föderalen Systems und fördert gleichsam auch den Status und das Wirken des einheitlichen Ansprechpartners gegenüber den zuständigen Stellen, den anderen im Umfeld agierenden Institutionen der Wirtschaft sowie auch gegenüber den politisch verantwortlichen Entscheidungsträgern. Die ökonomisch gedachte ausschließliche Abwicklung sämtlicher Verfahren bei Großveranstaltungen über den einheitlichen Ansprechpartner, ohne dass es zu einem Kontakt zwischen zuständigen Stellen und dem Dienstleister kommt, vermag in seiner Absolutheit nicht zu überzeugen. In der Praxis sind Situationen denkbar, bei denen eine fachliche Klärung und Nachfragen, - so z.B. durch das Straßenverkehrsamt -, möglicherweise faktischer und schneller in einem unmittelbaren Kontakt mit dem Dienstleister erfolgen als durch die Auseinandersetzung mit dem einheitlichen Ansprechpartner. Im Ergebnis ist zu erwarten, dass der Ausrichter einer

---

55 Weiterführend *Deutsches Forschungsinstitut für öffentliche Verwaltung Speyer*, Gestaltungsoptionen und Anforderungen an „Einheitliche Ansprechpartner“ des Vorschlags einer EU-Dienstleistungsrichtlinie im föderalen System der Bundesrepublik Deutschland, Gutachten im Auftrag des Bundesministeriums für Wirtschaft und Technologie, Speyer 2006, S. 88-89. (abrufbar unter: http://www.dienstleisten-leicht-gemacht.de/DLR/Redaktion/PDF/ gestaltungsoptionen-und-anforderungen-an-einheitliche,property= pdf,bereich= dlr,sprache=de, rwb=true.pdf).

Großveranstaltung durch einen einheitlichen Ansprechpartner intensiv beraten und effektiv durch das Großveranstaltungsverfahren gelotst werden kann. Der Funktionsbereich des einheitlichen Ansprechpartners umfasst in der Anfangsphase sämtliche Verfahren und Formalitäten, die die Aufnahme und Ausübung der Großveranstaltung umfassen. Er wirkt aber auch über das Genehmigungsverfahren hinaus, indem er nachhaltig auch auf das Verfahren während der Durchführung der Veranstaltung Einfluss nimmt, etwa durch nachträgliche Kontrollen. Die Grenze lässt sich an der Kompetenz der für das Verfahren und Entscheidung zuständigen Stellen ziehen. Dem einheitlichen Ansprechpartner fehlen insofern rechtswirksame Einwirkungsmöglichkeiten auf die zuständigen Stellen. Mit der Verortung des einheitlichen Ansprechpartners ist insgesamt zu erwarten, dass ein Stück Europa in den Regionen gelebt wird.

Effektivierung der Genehmigung von Großveranstaltungen durch E-Government

Ass. iur. Antonia Buchmann

A. Einleitung

Das Ergebnis des vorstehenden Gutachtens[1] als auch der rechtlichen Analyse des juristischen Arbeitspakets im Rahmen des BaSiGo-Projekts zeigen, dass hinsichtlich der Genehmigungsverfahren von Großveranstaltungen eine Zersplitterung der Rechtslage besteht. Um trotzdem eine partielle rechtlich mögliche Harmonisierung zu erreichen, ist der einheitliche Ansprechpartner[2] eine geeignete Lösung, die nicht nur dem Bedürfnis nach mehr Koordination Rechnung trägt, sondern auch europarechtliche Vorstellungen umsetzt. Harmonisierung und Effektivierung kann zudem durch eine einheitliche Verfahrensweise der Genehmigungsverfahren unter Nutzung des E-Government erreicht werden. Innerhalb der Genehmigungsverfahren zu Großveranstaltungen sind eine Vielzahl von Behörden beteiligt. Die Art und der Umfang der Behördenbeteiligung hängen dabei von den landesgesetzlichen Vorgaben und Best Practices der jeweiligen Genehmigungsbehörde ab. Was aber alle Genehmigungsverfahren gemein haben, ist ein steter Fluss an Daten und Informationen zum einen zwischen den Behörden und dem Veranstalter und zum anderen zwischen den Behörden untereinander, z.B. im Rahmen des Abstimmungsverfahrens zum Sicherheitskonzept nach § 43 SBauVO NRW. Dabei wurden den Gemeinden durch den Erlass „Genehmigungsverfahren bei Großveranstal-

1 *Ulrich Stelkens/Thorsten Perabo*; Gutachten im Projekt Bausteine zur Sicherheit von Großveranstaltungen (BaSiGo) „Pflichten zur Erarbeitung, Vorlage, Abstimmung und Durchführung von Sicherheitskonzepten in Verfahren zur Genehmigung von Großveranstaltungen und rechtliche Rahmenbedingungen ihrer Durchführung (Aufgaben der Akteure und Kooperation zwischen ihnen) in den Ländern der Bundesrepublik Deutschland.

2 *Dr. Saniye Öcal*: „Perspektiven einer rechtlichen Harmonisierung – der einheitliche Ansprechpartner“.

tungen“[3] aufgetragen, dass sie die Sicherheitskonzepte der Großveranstaltungen mit den jeweilig zu beteiligenden Stellen und Ämtern abstimmen sollen sowie der jeweiligen Aufsichtsbehörde eine Durchschrift durchzusenden.

Die neuen Entwicklungen im Bereich des E-Government haben Potenzial, diese Vorgänge zu beschleunigen. Da es sich bei dem Abstimmungsprozess innerhalb des Genehmigungsverfahrens um einen eigenen Teil des Verwaltungsverfahrens handelt, richtet sich die Korrespondenz nach dem Verwaltungsverfahrensgesetz.[4] Innerhalb der Verwaltung und gegenüber dem Bürger läuft die einfache Korrespondenz zwar bereits über E-Mail ab, demgegenüber erfolgen Vorgänge im klassischen Verwaltungsverfahren wie Anträge, Verwaltungsakte, Rechtsbehelfe weitestgehend noch in Papierform.[5]

Bevor die Möglichkeiten für Großveranstaltungen lokalisiert werden, wird in diesem Beitrag zunächst auf die bisherigen Regelungen zum digitalisierten Verwaltungsverfahren und dann auf die Neuerungen durch das E-Government-Gesetz – in Kraft getreten am 01. August 2013[6] - eingegangen, dies unter besonderem Fokus auf die Vorteile für Großveranstaltungen. Es wird kritisch beleuchtet, ob diese Verwaltungsabläufe bei der Vorbereitung und Durchführung von Großveranstaltungen unter Benutzung des E-Governments beschleunigt und effiziert werden können und Modelle entwickelt, wie diese Möglichkeiten technisch ausgeschöpft werden können – von Behörden- sowie von Veranstalterseite.

B. Begriffsbestimmung E-Government

E-Government bezeichnet die Abwicklung geschäftlicher Prozesse im Zusammenhang mit Regieren und Verwalten mit Hilfe von Informations-und

---

3 Ministerium für Inneres und Kommunales, Erlass v. 11.08.2010, Genehmigungsverfahren bei Großveranstaltungen: http://www.te-vt.de /uploads/media/Erlass_ GenehmigungsverfahrenGrossVA_NRW_100811.pdf.

4 Gem. § 9 VwVfG ist ein Verwaltungsverfahren im Sinne des Verwaltungsverfahrensgesetzes *„die nach außen wirkende Tätigkeit der Behörden, die auf die Prüfung der Voraussetzungen, die Vorbereitung und den Erlass eines Verwaltungsaktes oder auf den Abschluss eines öffentlich-rechtlichen Vertrags gerichtet ist“*. Der Genehmigungsbescheid ist ein solcher Verwaltungsakt im Sinne des § 35 VwVfG, so dass ein Verwaltungsverfahren im Sinne der Vorschrift vorliegt.

5 Vgl. *Ramsauer/ Frische*, Das E-Government-Gesetz, NVwZ 2013, S. 1505.

6 BGBl. I S. 2749

Kommunikationstechniken über neue Medien.[7] Das E-Government orientiert sich dabei an den drei Säulen „Information", „Kommunikation" und „Transaktion". Insbesondere soll erreicht werden, dass medienbruchfreie Prozesse vom Antrag bis zur Archivierung ermöglicht werden[8]. Im Verwaltungsverfahren werden diese Medienbrüche (der Wechsel des informationstragenden Mediums innerhalb eines Informationsbeschaffungs- oder Verarbeitungsprozesses) durch die Notwendigkeit schriftlicher Nachweise, der Führung von Papierakten und insbesondere durch die vielen Schriftformerfordernisse des allgemeinen und besonderen Verwaltungsrechts verursacht.[9] Auch wenn vielfach die Möglichkeit des Herunterladens von Formularen ermöglicht wird, ist es notwendig sie auszudrucken, zu unterschreiben und per herkömmlicher Post zur Behörde zu schicken. Die Daten des Antragsformulars müssen dann manuell durch die Sachbearbeiter der Verwaltung in die elektronische Fachanwendung der Verwaltung übertragen werden. Diese werden dann wieder als Bescheid in Papierform gefertigt und dem betroffenen Bürger - oder im Fall der Großveranstaltung als Genehmigungssubjekt dem Veranstalter - zugestellt. Neben einer enormen Verfahrensverzögerung entstehen in der Folge mediale Parallelwelten, insbesondere eine parallele Aktenführung in elektronischer und schriftlicher Form.

C. Rechtsgrundlagen

Die Europäische Union setzte den Anfang der digitalen Verwaltungsmodernisierung durch den Erlass der Signaturrichtlinie 1999/92/EG über gemeinschaftliche Rahmenbedingungen für elektronische Signaturen. Art. 5 Abs. 1 der Richtlinie verlangt die rechtliche Gleichsetzung der qualifizierten elektronischen Signatur mit der eigenhändigen Unterschrift.[10] Umgesetzt wurde diese Vorgabe u.a. durch die Schaffung des § 3a VwVfG, der die Zulässigkeit elektronischer Kommunikation im Verwaltungsverfahren regelt. In seiner alten Fassung wurde in § 3a Abs. 1 VwVfG die Zulässig-

7 Gesetzesbegründung, BT-Drs. 17/11473, S.20. Der Gesetzgeber übernimmt damit die sogenannte Speyerer-Definition, vgl. *Heckmann* in: Bauer/Heckmann/Ruge/Schallbruch, VwVfG, 2012, Einf. Rn. 10 ff. m. w. N.

8 Gesetzesbegründung, BT-Drs. 17/11473, S.2.

9 Vgl. *Stollhoff*, Das E-Government-Gesetz des Bundes, DuD – 11/2013, S. 691.

10 Vgl. *Kastner* in: Fehling/ Kastner (Hrsg.), HK-VerwR, 2. Auflage (2010), § 3a Rn. 2.

keit elektronischer Kommunikation im nicht-förmlichen Verwaltungsverfahren geregelt und in § 3a Abs. 2 VwVfG die Möglichkeit der Schriftformersetzung im elektronischen Geschäftsverkehr. Danach konnte und kann bislang die gesetzliche Schriftform mittels einer qualifizierten elektronischen Signatur i. S.d. SigG gewahrt werden.[11] Diese Vorschrift wurde somit nicht als Muss- oder Sollvorschrift verfasst, sondern so ausgestaltet, dass die Behörden den Zugang elektronischer Kommunikation eröffnen können, erst dann sind sie auch verpflichtet, elektronisch übermittelte Dokumente zu akzeptieren.[12] In der Praxis hat sich die qualifizierte Signatur hingegen nie durchgesetzt. Sie wird bis dato nur von ca. 300.000, meist professionellen, Anwendern genutzt.[13]

Auch die Richtlinie 2006/123/EG über Dienstleistungen im Binnenmarkt (Dienstleistungsrichtlinie) sieht in Art. 8 Abs. 1 Dienstleistungsrichtlinie ein Recht des EU-Bürgers auf elektronische Verfahrensabwicklung vor. Danach müssen die Mitgliedstaaten dafür Sorge tragen, dass alle Verfahren und Formalitäten, die die Aufnahme und Ausübung der Dienstleistungstätigkeit betreffen, problemlos aus der Ferne elektronisch abgewickelt werden können.[14] Diese Richtlinie wurde durch die Schaffung des § 71 e S. 1 VwVfG umgesetzt. Danach kann das Verfahren über eine einheitliche Stelle auf Verlangen in elektronischer Form abgewickelt werden. Für den Fall, dass der Antragsteller die Abwicklung in elektronischer Form wählt, sind sowohl die einheitliche Stelle nach § 71 a VwVfG als auch die zuständige Behörde verpflichtet, einen elektronischen Zugang zu eröffnen. Im Gegensatz zu dem Freiwilligkeitsprinzip des § 3a Abs. 1 VwVfG basiert die Vorschrift auf dem Prinzip der obligatorischen elektronischen Verfahrensabwicklung auf Verlangen des Bürgers oder Unternehmens.[15]

---

11 § 2 Nr. 3 SigG: Eine qualifizierte elektronische Signatur beruht zusätzlich zu den Anforderungen in § 2 Nr. 1 und Nr. 2 SiG auf einem Zertifikat und wird mit einer sicheren Signaturerstellungseinheit erzeugt. Vgl. *Kastner* in: Fehling/ Kastner (Hrsg.), Hk-VerwR, 2. Auflage (2010), § 3a, Rn.17.

12 Vgl. *Kastner* in: Fehling/Kastner (Hrsg.), HK-VerwR, 2. Auflage (2010), § 3a, Rn. 8.

13 *Müller-Terpitz/Rauchaus*, Das E-Government-Gesetz des Bundes – ein Schritt in Richtung „Verwaltung 2.0", MR 2013, S.10 (13) m.w.N.

14 Art. 8 Abs. 1 DienstleistungsRL2006/123/EG .

15 *Eisenmenger* in: Fehling/ Kastner (Hrsg.), Hk-VerwR, 2. Auflage (2010), § 71e VwVfG Rn. 4.

Bislang ist von den beiden Möglichkeiten in der Praxis nicht viel Gebrauch gemacht worden[16]. Dies lässt sich mit der Ausgestaltung der Vorschriften als Kann-Vorschrift begründen oder damit, dass der elektronische Zugang dem Bürger ein hohes Maß an technischer Infrastruktur[17] abverlangt, von der der Bürger mangels Zugangsverpflichtung nicht zwangsläufig profitieren konnte.

D. *Vorbild und Input: E-Government-Gesetz und Neufassung des § 3 a II VwVfG*

Am 01.08.2013 ist das Gesetz zur Förderung der elektronischen Verwaltung (E-GovG) in Kraft getreten.[18] Erklärtes Ziel des Gesetzes ist die Schaffung und stete Weiterentwicklung von digitalen Informations- und Kommunikationstechniken zur Einholung von Informationen, zur Kommunikation und Transaktion innerhalb und zwischen Verwaltungen, Bürgern und sonstigen Einrichtungen.[19] Geltungsbereich ist nach § 1 E-GovG die „öffentlich-rechtliche Verwaltungstätigkeit der Behörden des Bundes einschließlich der bundesunmittelbaren Körperschaften, Anstalten und Stiftungen des Öffentlichen Rechts“ wie z.B. der Bundesagentur für Arbeit, der Bundesanstalt für Finanzdienstleistungsaufsicht oder der Stiftung Preußischer Kulturbesitz. Künftige Verwaltungsvorgänge wie Beratungen, Anträge und Genehmigungen auf Bundesebene sollen medienbruchfrei angenommen, versandt, verarbeitet, beschieden und gespeichert werden.[20] Nach § 1 Abs. 2 E-GovG soll das Gesetz aber auch für die Landesverwaltung, also für die Behörden der Länder, der Kommunen und der sonstigen der Landesaufsicht unterliegenden juristischen Personen des öffentlichen Rechts gelten, wenn sie Bundesrecht ausführen. Ausführen von Bundesrecht im Sinne dieser Vorschrift bedeutet entweder Ausführen als eigene Angelegenheit des Landes (Art. 84 GG) oder Ausführen im Auftrag des

16 Siehe Fn. 56.

17 Der Nutzer muss sich bei einem Zertifizierungsdienst anmelden, der seine Tätigkeit bei der Bundesnetzagentur angezeigt hat oder freiwillig akkreditiert ist. Mit einer sog. Sicheren Signaturerstellungseinheit stellt der Dienstanbieter dem Nutzer eine qualifizierte Signatur aus, die auf einem qualifizierten Zertifikat beruht.

18 BGBl. I S. 2749.

19 Gesetzesbegründung, BT-Drs. 17/11473, S.2.

20 Vgl. *Roßnagel*, Das E-Government-Gesetz NJW 2013, S.2710 (2711).

Bundes (Art. 85, Art. 108 Abs. 3 GG).[21] Durch die Möglichkeit der Festsetzung nach § 69a GewO, in der auch sicherheitsrelevante Aspekte berücksichtigt werden können, ist das Einfallstor für E-Government zumindest in diese Art der Genehmigungsmöglichkeit geschaffen, da Gewerberecht gem. Art. 74 Abs. 1 Nr. 11, Art. 72 Abs. 2 GG Bundesrecht ist. Die Genehmigungsverfahren für Großveranstaltungen finden aber auch auf Landesbehördenebene statt, je nach Ausgestaltung der Großveranstaltung. Unterliegen Großveranstaltungen beispielsweise der Erlaubnispflicht des Landes Straßen- und Wegerechts, weil sie eine widmungsfremde Benutzung von öffentlichen Straßen in Anspruch nehmen,[22] sind die Landesbehörden zuständig, die nur beschränkt in den Anwendungsbereich fallen. Gleichwohl könnten diese Neuerungen auch langfristig von Landes- und Kommunalverwaltungsebene übernommen werden und somit Vorbildcharakter in Richtung Fortschrittlichkeit tragen.

I. Zugangsverpflichtung und –erweiterung

Für den Bereich des Genehmigungsverfahrens ist insbesondere der § 2 Abs. 1 Satz 1 E-GovG wichtig. „Mit den Regelungen in § 2 E-GovG sollen die verfassungsrechtlichen Vorgaben aus dem Rechtsstaatsprinzips hinsichtlich eines effizienten und effektiven Verwaltungszugangs sichergestellt werden".[23] Durch § 2 Abs. 1 E-GovG wurde das Freiwilligkeitsprinzips des § 3a VwVfG aufgehoben. Nun ist die Behörde verpflichtet, einen elektronischen Zugang für die Übermittlung elektronischer Dokumente zu eröffnen, während es vorher in dem Ermessen der Behörde lag, ob ein elektronischer Zugang geschaffen wurde.[24] Dabei wurde kein be-

21 Vgl. Minikommentar zum Gesetz zur Förderung der elektronischen Verwaltung sowie zur Änderung weiterer Vorschriften, erstellt durch BMI, Referat O2 http://tinyurl.com/n7e497z.

22 *Stelkens, Ulrich/Perabo, Thorsten,* Pflichten zur Erarbeitung, Vorlage, Abstimmung und Durchführung von Sicherheitskonzepten in Verfahren zur Genehmigung von Großveranstaltungen und rechtliche Rahmenbedingungen ihrer Durchführung (Aufgaben der Akteure und Kooperation zwischen ihnen) in den Ländern der Bundesrepublik Deutschland), Gutachten im Projekt, Bausteine zur Sicherheit von Großveranstaltungen (BaSiGo), Dezember 2013 in diesem Bd., S. 124.

23 *Schmitz*, in: Stelkens/Bonk/Sachs, Verwaltungsverfahrensgesetz, 7. Auflage 2008, § 3a Rn. 9.

24 Vgl. *Kopp/Ramsauer*, VwVfG, 14. Aufl. (2013), § 3a Rn. 8.

stimmtes Verfahren für die Zugangseröffnung festgelegt. Mindestbedingung ist, dass auch Dokumente mit einer qualifizierten elektronischen Signatur i.S.v. § 2 Nr. 3 SigG an die Behörde übermittelt werden können.[25] Der Verpflichtung wird das Errichten eines E-Mail-Postfaches gerecht sowie durch die Einrichtung eines elektronischen Gerichts- und Verwaltungspostfachs (EGVP), wie das sogenannte Elsterverfahren i.S.v. § 87a Abs. 6 Satz 1 AO oder andere spezielle Verfahren bzw. Portallösungen.[26]

Nach § 2 Abs. 2 E-GovG ist jede Behörde des Bundes verpflichtet, den elektronischen Zugang zusätzlich durch eine De-Mail-Adresse im Sinne des De-Mail-Gesetzes zu eröffnen, es sei denn die Behörde des Bundes hat keinen Zugang zu dem zentral für die Bundesverwaltung angebotenen IT-Verfahren, über das De-Mail-Dienste für Bundesbehörden angeboten werden.[27] Mit dem De-Mail-Standard soll Rechtssicherheit in die einfache E-Mail gebracht werden und so die elektronische Verwaltungskommunikation unter den Prämissen der Integrität, Authentizität und Vertraulichkeit sicher gewährleistet werden.[28] De-Mail ist ein vertrauliches elektronisches Kommunikationsverfahren, dessen sichere Versandart auf einer Transportverschlüsselung basiert.[29] De-Mail ermöglicht einen geschützten Transport von automatisch verschlüsselten E-Mails in einem geschlossenen System, bei dem die Identität der Inhaber der E-Mail-Adressen überprüfbar ist.[30] Darüber hinaus soll nach § 2 Abs. 3 E-GovG mittels der eingeführten eID-Funktion des neuen Personalausweises gem. § 18 Abs. 1 S.1 PAuswG, die Identität seines Inhabers gegenüber öffentlichen und nicht-öffentlichen Stellen elektronisch nachzuweisen sein. Der elektronische Identitätsnachweis erfolgt gem. § 18 Abs. 2 PAuswG durch die – bei Nutzung des Internets zu verschlüsselnde – Übermittlung bestimmter den Ausweisinhaber identifizierenden Daten aus dem elektronischen Speicher-

---

25 Vgl. *Müller-Terpitz/Rauchaus*, Das E-Government-gesetz des Bundes – ein Schritt in Richtung „Verwaltung 2.0", MR 2013, S.10 (11) m.w.N.

26 Vgl. *Müller-Terpitz/Rauchaus*, Das E-Government-gesetz des Bundes – ein Schritt in Richtung „Verwaltung 2.0", MR 2013, S.10 (11) m.w.N.

27 Vgl. *Ramsauer/Frische*, Das E-Government-Gesetz, NVwZ 2013, S. 1505 (1508).

28 Vgl. *Drechsler*, Elektronischer Zugang zur Verwaltung nach dem E-GovG, DuD 2013, S.696 (699).

29 BSI TR 01201 Teil 1.4, S.5 ff. http://tinyurl.com/mgu6ve3.

30 Vgl. *Prell*, Das E-Government Gesetz des Bundes, NVwZ 2013, S. 1514 (1517).

und Verarbeitungsmedium des Personalausweises.[31] Die Daten können dann durch Verwendung eines Lesegerätes mit der vom Bund bereitgestellten Software „AusweisApp" ausgelesen und übermittelt werden.[32] Diese Funktion kann von dem Bürger allerdings nur dann genutzt werden, wenn der Empfänger der zu übermittelnden Daten die technischen Voraussetzungen schafft um den Zugang zu ermöglichen und sich mit einem gültigen Berechtigungszertifikat gegenüber dem Personalausweisinhaber authentifizieren kann (§ 18 Abs. 4 i.V.m. § 2 Abs. 4 PAuswG).[33]

II. Schriftformerfordernisse

Parallel dazu wurden die Schriftformäquivalente des § 3a Abs. 2 VwVfG erweitert. Durch § 3a Abs. 2 S. 4 Nr.1 VwVfG wird nun ein schriftformwahrendes, elektronisches Kommunizieren durch die unmittelbare Abgabe von Erklärungen in einem elektronischen Formular, das von der Behörde in einem Eingabegerät oder über öffentlich zugängliche Netze zur Verfügung gestellt wird, ermöglicht. Um die Authentifizierung zu gewährleisten, muss gem. § 3a Abs. 2 S. 5 VwVfG n.F. die Eingabe mittels eines sicheren Identitätsnachweises nach § 18 PAuswG erfolgen.[34]

Eine weitere Möglichkeit ist gem. § 3a Abs. 2 S. 4 Nr.2 VwVfG die Versendung eines elektronischen Dokuments an die jeweilige Behörde mit der Versandart nach § 5 Abs. 5 des De-Mail-G. Der jeweilige Mail-Dienstanbieter prüft die Identität des Nutzers bei Eröffnung des De-Mail-Kontos anhand eines amtlichen Ausweises oder durch elektronische Äquivalente, wie dem elektronischen Identitätsnachweises des elektronischen Personalausweises oder einer qualifizierten elektronischen Signatur. Nach Art. 31 des Artikelgesetzes trat die Variante der Versendung mit De-Mail nach § 3a Abs. 2 S. 4 Nr. 2 und 3 zum 01.07.2014 in Kraft.[35]

---

31 Vgl. *Polenz*, Der neue elektronische Personalausweis, MMR 2010, S. 671 (673).

32 Vgl. *Ramsauer/Frische*, Das E-Government-Gesetz, NVwZ 2013, S. 1505 (1508) m.w.N.

33 Vgl. *Ramsauer/Frische*, Das E-Government-Gesetz, NVwZ 2013, S. 1505 (1509) m.w.N.

34 Vgl. *Stollhoff*, Das E-Government-Gesetz des Bundes, DuD 2013, S. 691 (693).

35 Vgl. *Prell*, Das E-Government Gesetz des Bundes, NVwZ 2013, S. 1514 (1516).

III. Elektronische Aktenführung und Elektronische Akteneinsicht

Ein für das Genehmigungsverfahren von Großveranstaltungen besonders wichtiges Thema des E-Governments sind die elektronische Aktenführung und korrespondierend dazu die elektronische Akteneinsicht. Diese Form der Aktenführung würde es ermöglichen, Informationen schneller zu finden und sie ohne Medienbruch simultan durch mehrere Bearbeiter ortsunabhängig und kontinuierlich zu bearbeiten.[36] Dies ist ein Gewinn, der insbesondere das Abstimmungsverfahren im Rahmen des Sicherheitskonzepts vereinfachen würde, da dort die Bearbeitungswege nicht durch ein Hin- und Hersenden verlangsamt und ineffektiviert würden. In der amtlichen Begründung werden elektronische Akten definiert als „eine logische Zusammenfassung sachlich zusammengehöriger oder verfahrensgleicher Vorgänge und/oder Dokumente, die alle bearbeitungs- und aktenrelevanten E-Mails, sonstige elektronisch erstellten Unterlagen sowie gescannte Papierdokumente umfasst und so eine vollständige Information über die Geschäftsvorfälle eines Sachverhalts ermöglicht".[37]

1. Elektronische Aktenführung

Grundsätzlich wurden in der Bundes- und Landesverwaltung schon elektronische Akten geführt, ohne dass ein Gesetz dies vorschrieb. Die Verpflichtung der Verwaltung, Akten zu führen beinhaltet nicht die Pflicht, diese auf eine bestimmte Art und Weise zu führen oder ein bestimmtes Medium zu nutzen, wie z.B. die Papierform.[38] Diese Verpflichtung ist zwar nicht gesetzlich vorgeschrieben, ergibt sich aber aus dem Recht auf Akteneinsicht gem. § 29 VwVfG.[39] Die Aktenführung dient dem Gebot eines effektiven, transparenten und kontinuierlichen Verwaltungsverfahrens, sie ermöglicht zum anderen die Nachvollziehbarkeit und Plausibilität eines bestimmten Verwaltungsverfahrens und kann damit die nachfolgende Fehlerkontrolle ermöglichen.[40] Werden elektronische Akten geführt,

---

36 Vgl. *Roßnagel*, Das E-Government-Gesetz, NJW 2013 S.2710 (2713).

37 Vgl. BT-Drs. 17/11473, Begr., S. 37.

38 Vgl. *Ramsauer/Frische*, Das E-Government-Gesetz, NVwZ 2013, S. 1505 (1512).

39 Vgl. *Ramsauer/Frische*, Das E-Government-Gesetz, NVwZ 2013, siehe Fußnote. 100.

40 BVerwG – I B 153.87-, NVwZ 1988, 621 (621f).

muss sichergestellt werden, dass den Verfahrensbeteiligten im Rahmen der Akteneinsicht nach § 29 VwVfG auf geeignete Weise die Akteneinsicht gewährleistet werden kann.[41] Auch dieses Thema hat Regelungen im E-GovG gefunden. Mit §§ 6, 7 E-GovG[42] wurde nun eine Pflicht zur elektronischen Aktenführung statuiert. In § 6 S. 3 E-GovG wird geregelt, dass durch geeignete technisch-organisatorische Maßnahmen nach dem aktuellen Stand der Technik sichergestellt werden muss, dass die Grundsätze ordnungsgemäßer Aktenführung[43] eingehalten werden. Sicherzustellende Grundsätze sind die Vollständigkeit der Akten, die sämtliche zu einem Verwaltungsverfahren gehörende Vorgänge umfassen müssen, die Authentizität des Aktenmaterials, das gegen nachträgliche Verfälschungen hinreichend gesichert werden muss, und die Stabilität der elektronischen Akte, so dass sie auch noch nach Jahren zu Einsichts- und Beweiszwecken zur Verfügung stehen kann.[44]

Nach § 7 Abs. 1 Satz 1 E-GovG sollen die Behörden Papierdokumente, die von außen eingehen, als elektronische Wiedergabe in der elektronischen Akte aufbewahren. Die Dokumente sollen dafür gem. § 7 Abs. 2 E-GovG eingescannt und anschließend vernichtet oder zurückgegeben werden.[45] Wegen der Verschlechterung der Kontroll- und Beweisfunktion war das ersetzende Vernichten bislang ohne ausdrückliche Erlaubnis unzulässig.[46] Eine vorübergehende Aufbewahrung der Originaldokumente nach dem Scannen in einer Zwischenablage für einen Zeitraum von sechs Monaten wird zum Zweck der Qualitätsprüfung empfohlen.[47]

2. Elektronische Akteneinsicht

Korrespondierend zur der elektronischen Aktenführung normiert § 8 E-GovG als lex specialis zu § 29 VwVfG das Recht des Bürgers auf elektro-

41 Vgl. *Ramsauer/Frische*, Das E-Government-Gesetz, NVwZ 2013, S. 1505 (1512) m.w.N.

42 Die Regelung tritt am 1. Januar 2020 in Kraft.

43 S. die Zusammenstellung in Kurzform in BT-Dr 17/110473, S.38.

44 Vgl. *Ramsauer/Frische*, Das E-Government-Gesetz, NVwZ 2013, S. 1505 (1513) m.w.N.

45 Vgl. *Habammer/Denkhaus*: Das E-Government-Gesetz des Bundes – Inhalt und erste Bewertung – Gelungener Rechtsrahmen für elektronische Verwaltung?, MMR 2013 S.358 (361).

46 Vgl. *Roßnagel*, das E-Government-Gesetz, NJW 2013 S.2710 (2714).

47 S. BT-Dr 17/11473, S.38.

nische Akteneinsicht.[48] Das Recht auf Akteneinsicht gem. § 29 VwVfG ist notwendig, damit Bürger über den Verwaltungsvorgang komplett im Bilde sind und somit in die Lage versetzt werden von ihrem Recht auf Anhörung zweckgemäß Gebrauch machen können.[49] Das Gesetz eröffnet den Behörden des Bundes die Möglichkeit, die Akteneinsicht mediengerecht dadurch zu gewähren, dass sie die elektronischen Dokumente ausdrucken, auf einem Bildschirm wiedergeben, übermitteln oder zum Zugriff frei schalten können[50]. Über die Art und Weise der Einsichtnahme ist nach pflichtgemäßem Ermessen zu entscheiden.[51]

E. *Vorteile für die Genehmigung von Großveranstaltungen*

Durch die elektronische Abwicklung von wichtigen Verfahrensschritten wie die des Genehmigungsantrags, des Genehmigungsbescheids, der Anhörung und der Abstimmung beim Genehmigungsverfahren ist es möglich, das Genehmigungsverfahren weitaus effektiver durchzuführen. Dies liegt sowohl im Interesse des Veranstalters einer Großveranstaltung als auch der Genehmigungsbehörde. Die Genehmigungsbehörde kann durch die elektronische Kommunikation andere Sicherheitsakteure wie z.B. die Feuerwehr oder Polizei intensiver und zeitnaher involvieren. Durch diese multilaterale Vernetzung können höhere Sicherheitsstandards bei der Genehmigung erreicht werden, z. B. bei der Entscheidung über sicherheitsrelevante Auflagen. Auch im Rahmen des Abstimmungsverfahrens des Sicherheitskonzepts sind durch die effektivere Kommunikation optimalere Ergebnisse zu erreichen, bei denen nicht das Risiko besteht, dass einzelne Behörden aus Zeitnot Kompromisse hinsichtlich ihrer Sicherheitsbelange eingehen müssen. Zu beteiligende Behörden wie Brandschutzdienststellen oder die Polizei müssen nicht nur mit der Genehmigungsbehörde, sondern auch mit dem Veranstalter eng kooperieren, damit die jeweiligen Interessen sachgerecht innerhalb eines Sicherheitskonzepts und etwaigen Aufla-

48 Vgl. *Habammer/Denkhaus*: Das E-Government-Gesetz des Bundes – Inhalt und erste Bewertung – Gelungener Rechtsrahmen für elektronische Verwaltung? MMR 2013 S.358 (361).

49 Vgl. *Schwarz* in: Fehling/ Kastner (Hrsg.), Hk-VerwR, 2. Auflage (2010), § 29 Rn.8.

50 Vgl. BT-Drs. 17/11473, Begr., S.33.

51 Vgl. *Roßnagel*, Das E-Government-Gesetz, NJW 2013 S.2710 (2714).

gen als Nebenbestimmungen zu einem Genehmigungsbescheid Berücksichtigung finden.

Darüber hinaus wird das Bedürfnis des Veranstalters nach Transparenz gestillt. Durch die Einführung und Verbreitung der elektronischen Kommunikation kann die Planung, Durchführung und Nachbereitung von Großveranstaltungen für den Veranstalter als Antragsteller der Genehmigung transparent gestaltet werden. Durch die elektronische Ablage der Akte kann er den Verfahrensablauf weitaus unkomplizierter beobachten und auch in ihm mitwirken. Wie erörtert sind dabei die elektronische Aktenführung und Akteneinsichtnahme ein wichtiges Instrumentarium mit dem insbesondere auch die Anhörung nach § 28 VwVfG vereinfacht werden kann. Diese ist gem. § 28 Abs.1 ist erforderlich, bevor ein Verwaltungsakt erlassen wird, der in die Rechte eines Beteiligten eingreift. Die Sicherheitsauflagen und Regelungen eines Genehmigungsbescheids greifen in der Regel in die Rechte des Antragstellers aus Art. 2 Abs. 1 GG ein, so dass eine Anhörungspflicht besteht. Da keine Form der Anhörung verbindlich vorgegeben ist, sie vielmehr unter Berücksichtigung des behördlichen Verwaltungsermessens schriftlich, mündlich oder auch fernmündlich erfolgen kann,[52] ist deshalb eine digitale Anhörung möglich und erstrebenswert und kann zu einer Beschleunigung des Verfahrens führen.

F. Modelle der Umsetzung

I. Online-Abrufen, Ausfüllen und Absenden von Genehmigungsanträgen

Das Internet ist kein Neuland für Genehmigungsbehörden. Gerade in einwohnerstarken Städten sind vielfach schon Genehmigungsanträge als Formular online abrufbar. Diese Formulare sind dann trotzdem noch schriftlich auszufüllen, auszudrucken und bei der Genehmigungsbehörde in Papierform mit eigenhändiger Unterschrift einzureichen oder per Post an die Genehmigungsbehörden zu schicken. Diese bisherige Service-Leistung der Behörden wurde ebenfalls in dem E-GovG statuiert. Laut § 3 Abs. 1 E-GovG sind die Behörden dazu angehalten über öffentlich zugängliche Netze in allgemein verständlicher Sprache Informationen über ihre Aufgaben, ihre Anschrift, ihre Geschäftszeiten sowie postalische, te-

52 *Schwarz,* in: Fehling/ Kastner (Hrsg.), HK-VerwR, 2. Auflage 2010, § 28 Rn. 28.

lefonische und elektronische Erreichbarkeiten zur Verfügung zu stellen. Darüber hinaus soll nach § 3 Abs. 2 E-GovG jede Behörde über öffentlich zugängliche Netze in allgemein verständlicher Sprache über ihre nach außen wirkende öffentlich-rechtliche Tätigkeit, damit verbundenen Gebühren, beizubringende Unterlagen und die zuständige Ansprechstelle und ihre Erreichbarkeit informieren sowie erforderliche Formulare bereitstellen. Das Potenzial dieser elektronisch bereitgestellten Formulare könnte gänzlich dadurch ausgeschöpft werden, dass die Formulare online auszufüllen und zu versenden sind. Erst auf diese Weise wird der Medienbruch vermieden. Um in diesem Rahmen die Authentifizierung des Absenders zu gewährleisten, schafft § 3a Abs. 2 S. 4 Nr. 2 VwVfG in Verbindung mit § 5 Abs. 5 des De-Mail-G das geeignete Schriftformäquivalent. Des Weiteren wird so das Verwaltungsverfahren auf digitale Weise bereits eröffnet. Die elektronische Akteneröffnung und –führung kann sich nahtlos anschließen. Es wird außerdem dem Problem Rechnung getragen, dass räumliche Distanzen, die ein Kommunikationsproblem bergen, überwunden werden. Auch dadurch können bessere Sicherheitsstandards bei der Genehmigung von Großveranstaltungen erreicht werden.

II. Nutzung eines Portals für Informations- und Kommunikationsprozesse

Für Großveranstaltungen, deren Verwaltungsverfahren sich insbesondere durch die Vielzahl der zu beteiligenden Behörden auszeichnet, kann ein Weg die Nutzung eines sogenannten Portals sein, in dem zentriert die erforderlichen Genehmigungsanträge bearbeitet und abgesandt werden und auch Genehmigungsbescheide simultan bearbeitet und zugestellt werden können. Ein solches Portal würde dem Bedürfnis gerecht werden, dass viele unterschiedliche Akteure bei der Generierung der Sicherheitsstandards zusammen arbeiten müssen, und kann ihnen als Kommunikationsplattform und Informationssystem bei jedem Arbeits- und Organisationsschritt dienen. Portale sind virtuelle Zugangstore zur Verwaltung, die dem Bürger die Möglichkeit des direkten elektronischen Kontaktes mit der Verwaltung bieten. Vorbild könnte beispielsweise das Elster-Verfahren nach § 87 a Abs. 5 Satz 1 AO sein, in dem die Datenübermittlung bereits vollelektronisch abläuft. Mit dieser Möglichkeit kann auch die organisatorische Implementierung des Einheitlichen Ansprechpartners gelingen. Diesem wird eine optimale Vernetzung geboten, so dass er seine lotsende und zentralisierende Funktion optimal erreichen kann. § 71e VwVfG regelt dazu, dass das Verfahren des Einheitlichen Ansprechpartners auf Verlangen von Verfahrensbeteiligten in elektronischer Form abgewickelt werden kann. Diese Regelung setzt Art. 8 der Dienstleistungsrichtlinie um.[53] Danach stellen die Mitgliedsstaaten sicher, dass alle Verfahren und Formalitäten, die die Aufnahme oder die Ausübung der Dienstleistungsfreiheit betreffen, problemlos aus der Ferne und elektronisch über den betreffenden Einheitlichen Ansprechpartner oder bei der betreffenden zuständigen Behörde abgewickelt werden können.[54]

III. Einfachere und effektivere Kommunikation und Abstimmung durch kollaboratives Schreiben und elektronische Meetingsysteme

Im Falle des Verfassens und Abstimmens des Sicherheitskonzepts oder des Genehmigungsbescheids könnte E-Government in Form von kollaborativen Schreibsystemen genutzt werden. Bekannt sind diese auf Softwarebasis, in denen verschiedene Dokumente synchronisiert werden können; eine Funktion, die beispielsweise das Word-Programm von Office bereits beherrscht. Besonders effektiv wäre aber ein kollaboratives Schreibprogramm auf Webbasis, da so eine noch schnellere und weitreichendere Vernetzung möglich ist. Von Nutzen sind dabei sowohl die Möglichkeit der synchronen Datenverarbeitung mittels eines Echtzeiteditors, als auch die Möglichkeit der Online-Datenspeicherung. Um dabei Datenschutzstandards einzuhalten und unbefugte Zugriffe zu verhindern, müsste dazu ein datensicherer Raum geschaffen werden, z.B. durch Schaffung eines Intranets. Darüber hinaus könnten mittels sogenannter elektronischer webbasierter Meetingsysteme die involvierten Sicherheitsakteure in Austausch treten. Diese Meetingzentren bieten verschiedene Infrastrukturen und Tools, die Diskussionen, Abstimmungen und Protokollierungen in elektronischer Form ermöglichen und wenden damit insbesondere bei beteiligten starken Verfahren Diskrepanzen bei der Abstimmung und Kommunikation ab.

---

53 Begr. Zu § 71 e VwVfG, BT-Drucks 16/10493, S.20.

54 *Eisenmenger* in: Fehling/ Kastner (Hrsg.), Hk-VerwR, 2. Auflage (2010), § 71e VwVfG Rn.2.

G. Kritikpunkte

Trotz der Fortschrittlichkeit und der damit einhergehenden Vereinfachung des Genehmigungsverfahrens, ist an dem E-GovG auch Kritik zu üben. Ein Problem bildet dabei der Anwendungsbedarf. Der große Bedarf an E-Government besteht eigentlich auf Landesebene, da die Bürgerinnen und Bürger und Unternehmen wie Veranstalter den überwiegenden Teil ihrer Verwaltungskontakte nicht mit Bundes-, sondern mit Länder- und Kommunalbehörden haben. Soweit Bundesrecht Hindernisse für elektronische Verwaltungsdienstleistungen enthält, können die für den Vollzug zuständigen Länder diese nicht selbst beseitigen.[55]

Ein weiterer Problembereich ist der Datenschutz. E-Government zeichnet sich durch einen elektronischen Datenfluss aus, dessen Sicherheitsniveau zur Disposition der Behörden steht.[56] Das Bundesverfassungsgericht hat in seinem Urteil zur Vorratsdatenspeicherung aus dem Jahr 2010 Leitlinien für den Schutz von Daten weiterentwickelt, die staatliche und private Institutionen zur Datenerhebung, -verarbeitung, -weitergabe und -nutzung zu beachten haben.[57] Dem Einzelnen erwachse aus dem Recht auf informationelle Selbstbestimmung gem. Art. 2 Abs. 1 GG i.V.m. Art. 1 Abs. 1 GG[58] ein gegen den Staat gerichteter Anspruch auf Sicherung seiner Daten vor unbefugter Nutzung oder Veränderung durch Dritte. Es müsse ein hoher Sicherheitsstandard gewährleistet werden, der die spezifischen Besonderheiten des entsprechenden Datenbestandes berücksichtige. Dieser Standard müsse sich dabei an dem Stand der Technik orientieren, neue Erkenntnisse und Einsichten fortlaufend aufnehmen und dürfe nicht unter dem Vorbehalt einer freien Abwägung mit allgemeinen wirtschaftlichen Gesichtspunkten stehen.[59] Es müssen also explizite Vorgaben zur Gewährleistung der Datensicherheit geschaffen werden.[60] In dem Referen-

---

55 Vgl. Minikommentar zum Gesetz zur Förderung der elektronischen Verwaltung sowie zur Änderung weiterer Vorschriften, erstellt durch BMI, Referat O2 http://tinyurl.com/n7e497z.

56 Vgl. *Müller-Terpitz/Rauchaus*, Das E-Government-Gesetz des Bundes – ein Schritt in Richtung „Verwaltung 2.0", MR 2013, S.10 (14).

57 Vgl. BVerfG, Urteil v. 02.03.2010, Az. 1 BvR 256/08, 1 BvR 263/08, 1 BvR 586/08, MMR 2010, 351.

58 Vgl. BVerfGE 65, 1, 43; 84, 192, 194 – st. Rspr.

59 Vgl. BVerfG, Urteil v. 02.03.2010, Az. 1 BvR 256/08, 1 BvR 263/08, 1 BvR 586/08, MMR 2010, S. 351 (361).

60 Vgl. *Müller-Terpitz/Rauchaus*, Das E-Government-Gesetz des Bundes – ein Schritt in Richtung „Verwaltung 2.0", MR 2013, S.10 (15).

tenentwurf des E-GovG wurde dieser Problematik damit Rechnung getragen, dass in § 8 E-GovG in Satz 2 geregelt wurde, dass bei einer Übermittlung der Daten zwecks Akteneinsicht „die Integrität und Authentizität der Daten (sicherzustellen sei) und deren Inhalte unter Beachtung datenschutzrechtlicher Bestimmungen nicht unbefugt zur Kenntnis genommen und nicht missbräuchlich verwendet werden“ dürften. In dem aktuellen Gesetz fehlt dieser wichtige Hinweis und findet lediglich in der Gesetzesbegründung[61] Platz, was nach den vorstehenden Ausführungen den verfassungsgerichtlichen Anforderungen an eine normenklare und verbindliche Vorschrift nicht genügt.[62]

Weniger als Kritik, sondern eher als Appell ist schließlich die Überwindung von Technikangst hin zu einer Technikoffenheit bei den Behörden, aber auch bei den Bürgern zu fordern. Zur Verwirklichung der erstrebten Ziele bedarf es zunächst eines nicht unerheblichen Verwaltungsaufwands und eines nicht unerheblichen Investitionsaufkommens in Form der Anschaffung der erforderlichen Technik, die Gestaltung dazu passender Verfahrensabläufe und die Bereitstellung geeigneter Zugänge für die elektronische Kommunikation.[63] Für die vollständige Umstellung auf elektronische Kommunikation ist nicht nur die entsprechende technische Ausstattung bei den Beteiligten vorausgesetzt, sondern auch die Bereitschaft, sich auf die elektronische Kommunikation mit all ihren Regeln und Begleiterscheinungen einzulassen. Miteinher gehen auch neue Verpflichtungen, mit denen die Nutzer konfrontiert werden. Dabei müssen in der Verwaltung Organisationsstrukturen, Ausstattungen, Ausbildungen und Verfahren an die Erfordernisse angepasst werden. Aber auch dem Bürger wird neben der Verantwortung für sein Briefpostfach die Verantwortung für seinen E-Mail-Account sowie für eine funktionsfähige kompatible technische Ausrüstung[64] auferlegt. Dazu muss auch der Service dahingehend optimiert werden, dass die elektronische Kommunikation einfach zugänglich und bedienbar ist und Aspekte wie Sprachbarrieren berücksichtigt werden können.

---

61 BR-Drs. 557/12, S.56.

62 Vgl. *Müller-Terpitz/Rauchaus*, Das E-Government-gesetz des Bundes – ein Schritt in Richtung „Verwaltung 2.0“, MR 2013, S.10 (15).

63 Vgl. *Prell,* Das E-Government-Gesetz des Bundes, NVwZ 2013, 1514 (1515).

64 Vgl. *Ramsauer/Frische*, Das E-Government-Gesetz, NVwZ 2013, S. 1505 (156).

H. Zusammenfassende Bewertung

Die Neuerungen durch das E-GovG sind begrüßenswert und entsprechen dem mit dem technischen Fortschritt stetig wachsendem Bedürfnis der Gesellschaft effizienter und flexibler Verwaltungsgänge und Verwaltungsvorgänge auf digitalem Wege abwickeln zu können. Besonders die Zeitersparnis durch die verminderten Behördengänge ist für die Vereinfachung des Genehmigungsverfahrens von Großveranstaltungen profitabel: Das bisherige Risiko durch fehlende Zeit, Sicherheitsstandards nicht vollumfänglich zu berücksichtigen, wird minimiert. Auch wenn das zentrale Thema des E-Government die Erweiterung der Möglichkeiten der Schriftformwahrung ist, sind die Themen der elektronischen Aktenführung und Akteneinsicht für den Bereich der Genehmigungsverfahren besonders von Bedeutung und bieten eine vielversprechende Perspektive für eine zukünftige Beschleunigung. Darüber hinaus wird das Verfahren damit transparenter und stärkt so die Kooperation zwischen Genehmigungsbehörde und Veranstalter. Mit der Erhaltung des Multikanalprinzips, so dass auf postalischem Weg noch mit den Behörden kommuniziert werden kann, wird weniger technisch versierten Bürgern und weniger erfahrenen Veranstaltern der Zugang erhalten. Trotz der evidenten Vorteile des E-Government wird damit den Behörden sowie den Bürgern mehr Verantwortung aufgebürdet, insbesondere für die ständige Gewährleistung der technischen Vorrichtungen, welche gleichzeitig eine Abhängigkeit von der Funktionsfähigkeit der technischen Infrastruktur mit sich bringt. Die vielen fließenden Daten müssen darüber hinaus auf höchstem Datenschutzniveau behandelt werden. Faktoren, die überdies berücksichtigt werden müssen sind Zeit und Geld: Laut Gesetzentwurf wird prognostiziert, dass innerhalb von 30 Jahren alle Prozesse an die elektronische Verwaltung angepasst werden. Es wird mit einem Umstellungsaufwand von mindestens € 687 Millionen gerechnet.[65] Wenn diese Infrastrukturen letztendlich geschaffen worden sind, ist eine Effektivierung des Verwaltungsverfahrens sehr wahrscheinlich, wovon insbesondere Verfahren mit steter Kommunikation und einer Beteiligung vieler Akteure profitieren werden – Verfahren, zu denen besonders das Genehmigungsverfahren von Großveranstaltungen gehört.

---

65 Vgl. BT-Drs. 557/12, S.5.

Kolibri 360 GmbH
Ferdinand-Jühlke-Straße 7
99095 Erfurt, Deutschland
produktsicherheit@kolibri360.de